D1832763

हिन्दी समुदाय और राष्ट्रवाद

हिन्दी समुदाय और राष्ट्रवाद

सुधीर रंजन सिंह

राजकमल प्रकाशन

ISBN : 978-81-267-1670-8

मूल्य : ₹495

© सुधीर रंजन सिंह

पहला संस्करण : 2009
This book is printed on **Print on Demand** Technology : 2025

प्रकाशक : राजकमल प्रकाशन प्रा.लि.
1-बी, नेताजी सुभाष मार्ग, दरियागंज
नई दिल्ली-110 002

शाखाएँ : अशोक राजपथ, साइंस कॉलेज के सामने, पटना-800 006
पहली मंजिल, दरबारी बिल्डिंग, महात्मा गांधी मार्ग, प्रयागराज-211 001
1, अनमोल सोराबजी संतुक लेन, धोबी तलाव, मरीन लाइंस, मुम्बई-400 002

वेबसाइट : www.rajkamalprakashan.com
ई-मेल : info@rajkamalprakashan.com

HINDI SAMUDAAY AUR RASTRAWAD
by Sudhir Ranjan Singh

इस पुस्तक के सर्वाधिकार सुरक्षित हैं। प्रकाशक की लिखित अनुमति के बिना इसके किसी भी अंश को, फोटोकॉपी एवं रिकॉर्डिंग सहित इलेक्ट्रॉनिक अथवा मशीनी, किसी भी माध्यम से, अथवा ज्ञान के संग्रहण एवं पुनःप्रयोग की प्रणाली द्वारा, किसी भी रूप में, पुनरुत्पादित अथवा संचारित-प्रसारित नहीं किया जा सकता।

रामविलास शर्मा
की हिन्दी जाति के लिए

भूमिका

तलवार की धार पे धावनो

पिछली डेढ़ शताब्दियों की कुछ ख़ास वस्तुगत परिस्थितियों (भाषायी विकास, वैचारिक-सांस्कृतिक अभिव्यक्तियों, सुधार आन्दोलनों और स्वाधीनता संग्राम) के योग से हिन्दीभाषी समुदाय की ज़मीन तैयार हुई, लेकिन यह जातीय पहचान की दृष्टि से अभी अधूरी अवस्था में ही है। देश के दूसरे आधुनिक भाषा-समुदायों की तुलना में इसमें जातीय अनुभूति के स्तर पर अधिक असमानताएँ और विभाजन हैं। दूसरे शब्दों में, इसमें पिछड़ी और टूटी-फूटी अस्मिताओं का ही अस्तित्व अधिक है।

स्वाधीनता से पहले देश के भविष्य की दृष्टि से अन्य भाषा-भाषी समुदायों की तुलना में हिन्दी समुदाय को ज़्यादा महत्त्व प्राप्त हुआ। इसे राष्ट्र की रीढ़ के रूप में देखा गया। इसके बावजूद इसके निर्माण की प्रक्रिया परिपक्व होने से पहले शिथिल हो गई। कुछ अन्दरूनी कारणों से, और कुछ स्वतन्त्रता के बाद की राष्ट्रव्यापी राजनीतिक परिस्थितियों के कारण। चाहे जिन कारणों से, लेकिन यह तथ्य है कि स्वतन्त्र देश में आन्दोलनकारी और प्रगतिशील समाज के लिए जो भी थोड़ा अवसर सामने आया, उसका लाभ लेने में यह पीछे रह गया, तो उसका एक बड़ा कारण है इसकी सर्वमान्य पहचान नहीं बनने देना। इसे शहरी क्षेत्रों में हिन्दी के रूप में सर्वमान्य भाषा विकसित करने में सफलता अवश्य मिली, लेकिन भाषायी आधार पर पुनर्गठन का लाभ नहीं मिला। 1956 में जहाँ देश के दूसरे प्रदेशों को भाषा के आधार पर पुनर्गठित किया गया, विस्तृत हिन्दीभाषी क्षेत्र को अव्यवस्थित ही रहने दिया गया। बोलियों तक को एकाधिक प्रान्तों में अपने अपने हाल पर छोड़ दिया गया। कोई आवाज़ नहीं, पुनर्गठन के लिए कोई आन्दोलन नहीं। आगे देखिए, स्वाधीनता के पचास साल पूरे होने के कुछ ही समय पश्चात् हिन्दी के तीन प्रदेशों के दो-दो टुकड़े किए गए, जिसका आधार बिलकुल स्थूल क्षेत्रवाद रहा है। पृथकतावादी आन्दोलन देश के दूसरे क्षेत्रों—तेलंगाना, सौराष्ट्र, विदर्भ, कोंकण, दार्जीलिंग, त्रिपुरा आदि में भी हुए, और कुछ में ज़्यादा ही दबाव बने; लेकिन उनमें से कोई नहीं टूटा, केवल हिन्दी प्रदेश—उत्तरप्रदेश, मध्यप्रदेश और बिहार का बँटवारा हुआ। कोई प्रतिरोध नहीं। स्वाधीनता के बाद जैसे विखंडन का सारा इतिहास हिन्दी प्रदेशों को सौंप दिया गया हो।

समकालीन आलोचनात्मक सिद्धान्तों में जैसे विभिन्न हाशिया-समुदायों को विस्थापित, अधीनस्थ, डायसपोरा आदि ऐतिहासिक दंडवाचक शब्दावली में पुकारा जाता

है, आजकल वैसे ही हिन्दी भाषा-भाषी क्षेत्र को काउबेल्ट और हिन्दी पट्टी कहने से लोग नहीं हिचकते। इस प्रकार के सम्बोधनों में गैर-हिन्दी मानस का विद्वेष तो झलकता ही है, उसमें उत्तरऔपनिवेशिक साम्राज्यवादी विचारधारा भी दिखाई पड़ती है। यह एक ऐसा तथ्य है जिसे देखते हुए कहा जा सकता है कि आज हिन्दी समुदाय की पहचान को विकृत किया जा रहा है तो कल देश के दूसरे समुदायों की पहचान पर भी हमला होना तय है।

साम्राज्यवाद का भूमंडलीय विस्तार 19वीं शताब्दी के उत्तरार्द्ध की सर्वाधिक महत्त्व रखनेवाली घटना था, जिससे सहमति और संघर्ष का संश्लिष्ट रिश्ता बनाते हुए हमारे यहाँ राष्ट्रवाद और आधुनिक राष्ट्रीय समुदायों का विकास हुआ था। सहमति के द्वारा संघर्ष के अवकाश की खोज उस ज़माने की सीमा थी, जिसका उत्तरोत्तर लड़ाकू रूपान्तरण सम्भव हो सका। हिन्दी समुदाय के निर्माण के साथ यह प्रक्रिया तो जुड़ी ही थी, लेकिन उसमें कुछ अन्य बातें भी शामिल थीं। पृष्ठभूमि में गुलामी के अपमान के खिलाफ़ लड़ी गई '57 की शानदार लड़ाई थी तो स्वाधीनता आन्दोलन के द्वारा इस समुदाय को अपनी विकासमान अवस्था में अतिरिक्त भरोसा प्राप्त हुआ था। दूसरी बात का महत्त्व कुछ ज़्यादा है। इसके आधार पर यह भी कहा जा सकता है कि हिन्दी समुदाय का स्वाभाविक विकास कम हुआ; इसके निर्माण में स्वाधीनता आन्दोलन की भूमिका अधिक थी।

स्वाधीनता के बाद स्वाधीनता आन्दोलन का जादू टूटा, और हिन्दी सामूहिकता भी विचलन का शिकार हो गई। सम्प्रदायवाद, जातिवाद और क्षेत्रवाद—सभी पुरापन्थी विचारों का हिन्दी क्षेत्र केन्द्र बनता चला गया। जो रही-सही कसर थी, उसे 20वीं शताब्दी के अन्तिम दशक से शुरू होनेवाला 'दूसरा भूमंडलीय विस्तार' पूरा करने में लगा है। कभी साम्राज्यवाद से लोहा लेने के लिए हिन्दी समुदाय के निर्माण पर अतिरिक्त मेहनत करनी पड़ी थी। कुछ कमियों को छोड़ कर देखें तो उसका अच्छा नतीजा सामने आया था। उस बात को बीते लगभग आधी शताब्दी के बाद अब साम्राज्यवादी भूमंडलीकरण के लिए ज़रूरी है कि वह इस समुदाय की जातीय अनुभूति को विकसित होने से रोके और इसके लड़ाकूपन का इस्तेमाल इसी के आत्मविघटन के लिए करे।

ये कुछ बातें हैं जो हमें पिछले अनुभवों को टटोलने के लिए विवश करती हैं। यह सही है कि जातीय अस्मिता के लिए हिन्दी समुदाय ने वैसा संघर्ष नहीं किया, जैसा बंगाल, महाराष्ट्र और दक्षिण ने किया; लेकिन सांस्कृतिक-सामाजिक सवालों को लेकर यह बिलकुल चुप बैठा समुदाय भी नहीं रहा है। इसकी सांस्कृतिक-साहित्यिक गतिविधियों में जातीय जोश रहा है, जिसे राष्ट्रीय एकता के खंडित होने का भय दिखा कर बाद में दबाया गया। यह ठीक है कि इसकी गतिविधियों में कुछ झोल हो सकता है, फिर भी इसकी सभी बातें अमान्य कर देने योग्य नहीं हैं। आज के अनेक बौद्धिक विवेचनों में इस तथ्य को नज़रअन्दाज़ करते हुए हिन्दी समुदाय के निर्माण काल की अधिकांश बौद्धिक-साहित्यिक गतिविधियों में संकीर्ण अन्तर्वस्तु की खोज मुख्य विषय

बन गई है। यह प्रवृत्ति जाने-अनजाने साम्राज्यवादी भूमंडलीकरण की सहयोगी है।

हिन्दी समुदाय, इसमें शक नहीं, यह कहने में असफल है कि 'हम हैं'। इस रूप में यह राष्ट्रीय हित में परिपक्व जिम्मेदारी उठाने में असफल है। यह दुर्भाग्यपूर्ण है। वर्तमान दशा को देखते हुए यहाँ कहने की आवश्यकता नहीं है कि देश के सबसे बड़े समुदाय को आत्म-पहचान से दूर रखने का अर्थ है जाति और धर्म से जुड़ी पहचानों को बढ़ावा देना और राष्ट्रीयता की रीढ़ को कमज़ोर करना। 'आत्म-पहचान', हमारी समझ से, राष्ट्रीयता की 'जान'' (स्पिरिट) है। इसी से किसी देश का चौतरफा विकास होता है। आर्थिक, वैज्ञानिक, कलात्मक, साहित्यिक सभी क्षेत्रों में।

राष्ट्रवाद राजनीतिक अभिप्रायों की वैचारिक शैली के रूप में अत्यन्त विवादप्रिय विषय है। पिछली शताब्दी के दो महायुद्ध उसकी उत्पीड़नकारी शैली के गवाह हैं। लेकिन उससे अलग यह सामान्य नागरिक की भाषा-संस्कृति का भी मामला है। राष्ट्रीय समुदायों की भाषाओं से उनकी अस्मिता निर्धारित होती है। उन्हें दबाने का अर्थ राष्ट्रबोध को कमजोर करना है। अपनी भाषाओं की रक्षा सांस्कृतिक पहचान से जुड़ा मामला है, और यह राष्ट्रवादी कार्य है। इस रूप में राष्ट्रवाद एक व्यावहारिक विचारधारा है जो सामान्य नागरिक को जाति और धर्म की संकीर्णता से ऊपर उठाती है।

यह पुस्तक मुख्य रूप से हिन्दी समुदाय की बौद्धिक-साहित्यिक गतिविधियों और उनसे जुड़े समकालीन विवादों पर केन्द्रित है। विषय को सही सन्दर्भ में देखने के उद्देश्य से राष्ट्रवादी आन्दोलन और उससे जुड़ी समस्याओं में झाँकने की कोशिश की गई है। यह एक बहुत सीमित अध्ययन है। सच पूछा जाए तो इस विषय में मेरी गति कम ही है। थोड़ा बल मिला है तो अपनी उस भाषा से जिसमें मेरा जन्म हुआ है। वह बल भी अपर्याप्त होता, यदि रामविलास शर्मा के कामों में निहित हिन्दी जाति के प्रति पूर्ण समर्पण से प्रेरणा प्राप्त न होती।

रामविलास शर्मा की कुछ मान्यताओं से असहमति अलग बात है, जो इस अगण्य कृति में दिखाई पड़ जाएगी। लेकिन इससे हिन्दी जाति के 'महानायक' का तेज घटने का प्रश्न नहीं उठता। हमारा मानना है कि इस विषय पर जितनी बहस होगी, रामविलास शर्मा की प्रासंगिकता बढ़ेगी। यह बात मैं खास तौर पर उनके आलोचकों को ध्यान में रखकर कह रहा हूँ।

हिन्दी की जातीय अनुभूति—उसकी परिपक्वता बाधित हुई है; मार्ग बिलकुल बन्द नहीं हो गया है। भूमंडलीकरण ने अपने आर्थिक पूँजीवादी उपक्रमों से समुदायों की आत्म-पहचान के लिए जहाँ ख़तरा पैदा किया है, वहीं उसके कारण जातीयता के दायरे में विस्तार की सम्भावना बढ़ी है। आज इकहरे अर्थ में बंगाली, मराठी या तमिल रहने का युग नहीं है। हिन्दी समुदाय की मिश्रित प्रकृति, बोली और जीवनशैलीगत भिन्नताएँ उसकी हदबन्दी-मुक्त संस्कृति की सूचक हैं। इसमें आश्चर्य नहीं कि यह समुदाय अपने इस गुण के कारण देश के दूसरे समुदायों के बीच कभी आदर्श बने। बस इसकी सामाजिक संरचना को थोड़ा दुरुस्त करने की ज़रूरत है।

हम जिस 'अतिवादी युग' में रह रहे हैं उसमें राष्ट्रवाद और राष्ट्रीय समुदायों जैसे विषय पर लिखते हुए मन में अहसास बना रहा कि यह 'तलवार की धार पे धावनो' है। हमने एकांगी और 'अतिवादी व्याख्या' से मुक्त रहने का प्रयास किया है। वैसे भी जातीय संकीर्णता और क्षेत्रवादी आक्रामकता हिन्दी लेखन के स्वभाव में नहीं है। मतान्धता हिन्दी में बहुत कम है।

बहरहाल, बात को हिन्दी लेखन की प्रकृति की ओर मोड़कर मैं सिर्फ़ यह कहना चाहता हूँ कि हिन्दी के लेखकों में अपनी सामुदायिक अस्मिता को लेकर जैसी चिन्ता है, और उसके साथ ही दूसरी भाषाओं के साहित्य और राष्ट्रीय जीवन की समस्याओं से जुड़े विषयों से जैसा लगाव है—यह बात सामान्य जन में और दूसरी जगहों पर भी उसी अनुपात में दिखाई पड़े तो सभी राष्ट्रीय समूहों की पहचान निखरेगी, और राष्ट्रव्यापी चेतनागत असमानताएँ भी कम होंगी।

—सुधीर रंजन सिंह

अनुक्रम

भूमिका : तलवार की धार पे धावनो 7

राष्ट्रवाद : इतिहास का वैचारिक पाठ 15

राष्ट्र और उसके समुदाय 41

भाषायी राष्ट्रवाद, नवजागरण और हिन्दी समुदाय 57

हिन्दी समुदाय : भाषा, साहित्य और सांस्कृतिक चेतना 79

राष्ट्र का वर्तमान और हिन्दी समुदाय 103

टिप्पणियाँ और सन्दर्भ 111

संदर्भिका 122

अनुक्रमणिका 127

आज के समय में हमें कभी नहीं भूलना चाहिए कि जिन लोगों को राजनीतिक स्वतन्त्रता मिल गई है, जरूरी नहीं कि वे सचमुच आजाद हों...।

—रवीन्द्रनाथ टैगोर

राष्ट्रवाद : इतिहास का वैचारिक पाठ

राष्ट्रों का इतिहास कोई-न-कोई गोपनीय नैरन्तर्य दर्ज करता है।

—बोर्खेज़

राष्ट्रवाद का इतिहास, भाषा और संस्कृति के प्रश्नों के समान और उनसे अभिन्न होकर, ग्रहण और त्याग, संघर्ष और सहमति, और संघटन और विघटन के आख्यानों से बना है। यह आख्यान भारतीय सन्दर्भ में औपनिवेशिक दौर में सौ से अधिक वर्षों से अपनी भौगोलिक सीमाओं और सभ्यतागत इतिहास से जुड़े प्रश्नों के अधीन आत्मगत पहचान के प्रयासों का सिलसिला रहा है। 1947 में मिली स्वाधीनता से उसमें एक उल्लेखनीय मोड़ आया। उससे एक नये राष्ट्रीय जीवन का सूत्रपात हुआ और उसमें सबसे पहले यह राजकीय समझ विकसित करने की चेष्टा की गई कि पूर्व-उपस्थित अस्मितागत विचारों को आधुनिक लोकतान्त्रिक और विकासोन्मुखी राष्ट्र की सुपरिभाषा के अन्तर्गत 'भावनात्मक एकात्मकता' का नया आधार प्रदान किया जा सकेगा। इस तरह, राष्ट्रवाद के पूर्व-विद्यमान विमर्शों में शामिल विविध द्विभाजन और भेदों के अतिरिक्त स्वाधीनता से पहले और स्वाधीनता के बाद के राष्ट्रवाद में भी तकनीकी अन्तर पैदा हुआ। खुद रजनी पाम दत्त ने, जिन्हें आधुनिक भारत के इतिहास-लेखन के प्रथम पुरुषों में गिना जाता है, 'आज का भारत' के पहले अध्याय में 'भारतीय राष्ट्रीय आन्दोलन' पद का इस्तेमाल करते हुए अलग से एक टिप्पणी भी आवश्यक समझी, जिससे स्वाधीनता आन्दोलन के राष्ट्रवाद और बाद के 'बहुराष्ट्रवादी विकासशील राष्ट्र' के अन्तर को समझा जा सके।[1]

स्वाधीनता के बाद का राष्ट्रवाद, लोकतन्त्र के निर्वाह के बावजूद, अतीत के दूसरे द्विविभाजित राष्ट्रवादी विमर्शों के समान ही कष्टकर साबित हुआ है। क्योंकि स्वतन्त्र भारत में उन विवादों को लगभग अनदेखा करने का प्रयास किया गया जिन्हें उपनिवेशवाद के विरुद्ध संघर्ष करते हुए नहीं सुलझाया जा सका था। परिणाम यह हुआ कि राजकीय और उच्च वैचारिक दायरे में एकीकृत भारत की पहचान तो बनी रही; लेकिन दूसरी ओर विस्तृत जन-जीवन में विभिन्न समुदाय, धर्म, भाषा और जाति से जुड़ी भावनाएँ भी क्रमशः जोर पकड़ती गईं।

यह सच है कि तनाव और टकराव के अधिकांश सूत्र उपनिवेशवाद से ही विरासत

में मिले थे, जो बगैर बाहरी शत्रु की उपस्थिति के देश को कमजोर करने के लिए काफी थे। इस दृष्टि से राष्ट्रीय आन्दोलन की भूमिका भी निरापद नहीं रही है। उसके राजनीतिक-सांस्कृतिक अभ्यासों में एकता और फूट दोनों प्रकार की वसीयतें लिखी गई थीं, जिसकी कोई एकमात्र परिणति भारत और पाकिस्तान का बँटवारा नहीं था। बँटवारे के बाद प्राप्त विस्तृत भारत में टूट-फूट के वे सभी बीज बच गए थे, जो स्वाधीनता आन्दोलन के दरम्यान ही नष्ट हो जाने चाहिए थे। चाहे वह हिन्दू धर्म की भीतरी परतों की रस्साकशी हो या साम्प्रदायिकता, क्षेत्रीयतावाद और भाषा की समस्या—वर्तमान में वे सभी भयानक परिणति के लिए आतुर हैं।

उस आसन्न अतीत में, जिसकी राष्ट्रीय अस्मिता की तलाश के अभियानों के साथ पहचान जुड़ी है, झाँकने का आज एक दूसरा महत्त्वपूर्ण कारण वह वैश्विक धरातल है जिसमें विकसित पश्चिमी देशों की एकता और उनका आर्थिक-सांस्कृतिक अभियान तीसरी दुनिया के देशों की राष्ट्रीय एकता और संस्कृति को कमजोर कर रही है। राष्ट्रवाद की जितनी सीमाएँ गिनाई जाती हैं, उन्हें मंजूरी देते हुए इस तथ्य से भी इनकार नहीं किया जाना चाहिए कि उसके बग़ैर उपनिवेशवाद-विरोध का कोई आख्यान नहीं तैयार हो सकता था, और न ही राष्ट्रीय जनों की वह एकता सम्भव थी, जो तमाम मतभेदों और छोटे-मोटे संघर्षों के बावजूद एक हद तक बनी हुई है। उसकी इस शक्ति को उत्तर-औपनिवेशिक सन्दर्भ में प्रभावशाली अर्थ दिया जा सकता है।

उपनिवेशवाद और राष्ट्रवाद, इसमें शक नहीं, एक ही इतिहास के आपस में उलझे हुए दो पक्ष हैं। इस बात को समझने के लिए पश्चिमी राष्ट्रवाद और पूर्वी राष्ट्रवाद के भेद को भी समझना जरूरी है। भारत में राष्ट्रवाद का उदय, दूसरे पूर्वी देशों के समान, बहुत हद तक यूरोपीय श्रेष्ठता की प्रतिक्रिया के रूप में हुआ था। राष्ट्रवाद, यह सच है, सिद्धान्त रूप में यूरोपीय आविष्कार है, जिसे पूर्वी देशों ने पश्चिमी भौतिक प्रगति के महत्त्व को स्वीकार करते हुए अपनाया; लेकिन समान रूप से उन्होंने पश्चिमी वर्चस्व का प्रतिकार भी किया। प्रगति सबको स्वीकार होती है, लेकिन पराधीन रह कर नहीं। व्यक्ति से अधिक यह बात जनसमूहों पर लागू होती है। भारतीयों के लिए बड़ा आसान तरीका यह था कि वे पश्चिम की भौतिक प्रगति को अपनी सांस्कृतिक श्रेष्ठता के धरातल पर चुनौती दें और गुलामी के दायरे से बाहर प्रगति का मार्ग निकालने का प्रयास करें।

पश्चिम में राष्ट्रवाद एक राजनीतिक तथ्य है जो जमींदारी आधारित सामन्तवाद के विरुद्ध संघर्ष के परिणाम के रूप में आया। भारतीय राष्ट्रवाद के उदय का प्रथम सन्दर्भ सांस्कृतिक है। राजनीतिक राष्ट्रवाद का उदय बाद में हुआ।

भारत में राष्ट्रवाद पश्चिमी विचार के प्रभाव से आया है। यह बात गैर-अकादमिक समुदाय में राष्ट्रवाद को राष्ट्रभक्ति के पर्याय के रूप में ग्रहण करने के कारण हज़म नहीं हो पाती है। इसे ध्यान में रखकर यह उल्लेख आवश्यक है कि राज्य के तत्त्व के रूप में 'राष्ट्र' शब्द का उपयोग कई प्राचीन ग्रन्थों[2] में है, लेकिन सामुदायिक पहचान

और राष्ट्र-राज्य के अर्थ में इसका प्रचलन आधुनिक युग में ही सम्भव हुआ। औपनिवेशिक युग से पहले 17वीं-18वीं शताब्दी में मराठियों और सिखों ने कुछ समय के लिए राष्ट्रीयता की भावना ज़रूर जगाई थी, जिसका आधुनिक युग में भी मुख्यतः धार्मिक राष्ट्रवाद के सन्दर्भ में इस्तेमाल हुआ; लेकिन इसी कारण यह नहीं माना जा सकता कि पूर्व-आधुनिक काल में राष्ट्रवाद का उदय हो चुका था। भौगोलिक स्फीति, भाषा-विविधता और बहुरंगी संस्कृतियों के बावजूद पूरे भारत में धर्म, दर्शन, तीर्थस्थानों के प्रति श्रद्धा, कला, साहित्य और शास्त्र सम्बन्धी तालमेल प्राचीन काल से रहे हैं, जिनसे हमारे स्वाभाविक राष्ट्रत्व का पता चलता है। राष्ट्रवादी विचार के विकास में निःसन्देह इसे एक महान भेंट कहा जा सकता है। दूसरी बात, राष्ट्रवाद का सम्बन्ध मुख्यतः किसी समुदाय की आत्मगत अस्मिता के बोध से होता है; राष्ट्रभक्ति अथवा देशप्रेम समुदाय-विशेष के आत्मबोध से ऊपर और वस्तुगत रूप से अधिक व्यापक है—उसमें देश की भूमि, उसका प्राकृतिक सौन्दर्य और पशु-पक्षी सबके प्रति राग-भाव शामिल होता है। रवीन्द्रनाथ ठाकुर राष्ट्रवाद के हिमायती नहीं थे। भारत के बारे में उनका मानना था कि यह 'कभी भी सही अर्थों में राष्ट्रवादी नहीं रहा।'[3] इसके बावजूद, उनकी कविताओं में देश के प्राकृतिक सौन्दर्य और मनुष्य से जो गहरा लगाव है, वह राष्ट्रप्रेम का विषय है, जिसकी शक्ति को राष्ट्रवादियों ने भी समझा था।

राष्ट्रवाद अनुभूति के स्तर पर आपस में जुड़ने का समुदायगत प्रयास है, जिसके कई कारक तत्त्व हो सकते हैं। राष्ट्रवाद की प्रकृति और उसकी सीमाओं को स्पष्ट करते हुए जॉन स्टुअर्ट मिल ने लिखा है :

> *मानव-जाति का कोई हिस्सा एक राष्ट्र की संस्थापना की बात कह सकता है यदि उसके लोग उस समान अनुभूति के आधार पर आपस में जुड़ते हैं जिसका उनमें और दूसरों में अस्तित्व ही नहीं होता है। राष्ट्रवाद की यह भावना विभिन्न कारणों से उत्पन्न हो सकती है। कभी-कभी यह बात नस्ल और वंश की अस्मिता के प्रभाव के कारण होती है। भाषा-समुदाय और धर्म-समुदाय का इसमें गहरा योगदान होता है। भौगोलिक सीमाएँ भी उन्हीं कारणों में से हैं। लेकिन पूर्वविद्यमान राजनीतिक वृत्तान्त, राष्ट्रीय इतिहास पर क़ब्ज़ा और गौरवपूर्ण समुदाय की स्मृति, सामूहिक अभिमान और अपमान, आनन्द और दुख, अतीत में घटी समान घटनाएँ सबसे शक्तिशाली कारण होते हैं।*[4]

जैसा कि फूको[5] ने ज्ञान और सत्ता के सम्बन्धों का निरूपण किया है, उसके सहारे कहा जा सकता है कि राष्ट्रवाद का निर्माण प्रत्येक ज्ञान के समान सत्ता-संरचना के भीतर होता है। वह अपने अभ्यास में नस्ल, भाषा-समुदाय, धर्म-समुदाय, आदि किसी भी बिन्दु से शुरू हुआ हो, सत्ता के इतिहास और राज्य के सन्धि-स्थलों से अलग होकर नहीं उभरता है। प्रतिरोध का राष्ट्रवाद भी सत्ता-सम्बन्ध से अलग नहीं है। भारतीय राष्ट्रवाद, जो उपनिवेशवाद के प्रतिरोध के रूप में उभरा था, वह विदेशी सत्ता के विरुद्ध देशी सत्ता के विचार से संचालित था। वह अपने प्रारम्भिक स्वर में राजनीतिक नहीं था तो

यह उस दौर में सत्ता-संरचना में भारतीयों की बहुत कुछ हीन दशा के कारण था। स्वभावतः उसकी क्षतिपूर्ति अपने सांस्कृतिक गौरव को आगे करके की गई, और इस तरह सत्ता-संरचना में प्रवेश का थोड़ा रास्ता भी खोला गया। दूसरे शब्दों में, राष्ट्रीय अभियानों को औपनिवेशिक सत्ता द्वारा प्राप्त दायरे के भीतर काम करना पड़ा और लम्बे समय तक संघर्ष के बाद ही वे राजनीतिक स्वर अर्जित कर सके।

पार्थ चटर्जी ने उपनिवेशवाद विरोधी राष्ट्रवाद के विकास का ध्यान देने योग्य एक सूत्र पेश किया है;

> *औपनिवेशिक शक्ति के विरुद्ध राजनीतिक युद्ध के प्रारम्भ से पहले उपनिवेशवाद विरोधी राष्ट्रवाद ने औपनिवेशिक समाज के भीतर ही अपनी सम्प्रभुता का क्षेत्र तैयार किया था। यह सामाजिक संस्थाओं की दुनिया को बाँटकर भौतिक और आध्यात्मिक दो अलग-अलग क्षेत्रों से जुड़े व्यवहार के द्वारा सम्भव हुआ। भौतिक क्षेत्र 'बहारी' क्षेत्र था, जिसमें आर्थिक और राजकीय कौशल, विज्ञान और तकनीक आते हैं, उसमें पश्चिम ने अपनी श्रेष्ठता प्रमाणित की थी और पूरब ने उसके सामने घुटने टेक दिए थे। इस तरह, उसे यूरोपीय श्रेष्ठता के रूप में चिह्नित करते हुए इसकी उपलब्धियों का सावधानीपूर्वक अध्ययन-मनन किया गया। दूसरी तरफ, आध्यात्मिक यानी जो 'आन्तरिक' क्षेत्र है, वह सांस्कृतिक अस्मिता के 'तात्त्विक' चिह्न के रूप में आया। इस तरह, भौतिक क्षेत्र में पश्चिमी कौशल के अनुकरण में सफलता भी अपनी आध्यात्मिक संस्कृति की रक्षा की महान आवश्यकता पर निर्भर हुई। यह सूत्र, हमारी समझ से, एशिया और अफ्रीका के उपनिवेशवाद-विरोधी राष्ट्रवाद की बुनियादी विशेषता है।*[6]

आध्यात्मिक क्षेत्र में अस्मिता की तलाश शुरुआती दौर में एक बड़ी विवशता का मामला था। भौतिक और राजकीय क्षेत्रों में अँगरेज़ों का वर्चस्व था। इसलिए इन क्षेत्रों पर देशी सम्प्रभुता का सवाल ही नहीं उठता था। अँगरेज़ी शिक्षा के प्रभाव से 19वीं शताब्दी के प्रारम्भिक दौर में भारतीय प्रबुद्ध वर्ग को गहरा अहसास हो गया था कि पुरानी देशी राज्य-व्यवस्था वर्तमान दुनिया में अप्रासंगिक है। वे उस खोई हुई दुनिया पर आँसू तो बहा सकते थे, जो साहित्यिक अभिव्यक्तियों में दिखाई भी पड़ती है, लेकिन उसे दुबारा पाने का विचार उनके दिमाग से निकल चुका था। इस वर्ग के लिए नई व्यवस्था से जुड़ना जरूरी हो गया था। एक तरह से यह अवसर भी था कि वे भारतीयों को कूपमंडूकता और अविवेकपूर्ण जीवन-प्रणाली से मुक्त कराने का प्रसास करें और उनके समर्थन से अपनी शक्ति का दायरा बढ़ाएँ।

अँगरेज़ी साम्राज्य-शक्ति और राज्य-व्यवस्था ने भारतीयों को चकित कर दिया था—जहाँ यह सोचने के लिए विवश कर दिया था कि उनकी शक्ति का रहस्य क्या है, वहीं आत्मनिरीक्षण के लिए भी प्रेरित किया था। यह एक महत्त्वपूर्ण सवाल के रूप में उभरा कि भारत हमेशा विदेशी हमलों और शासन का शिकार क्यों होता रहा है। यूरोपीय

बौद्धिकों और इतिहासकारों द्वारा 'छवि-विकृति' के प्रयासों से प्रभावित हुए बिना भी अपनी कमजोरियों को समझना अब मुश्किल नहीं था। भारत की दुर्दशा दोषपूर्ण राष्ट्रीय चरित्र और सामाजिक संरचना में निहित थी, इसे समझते हुए नई और आधुनिक अस्मिता तैयार करने की आवश्यकता समझी गई। लेकिन अतीत से पूरी तरह पल्ला झाड़ लेना भी सम्भव नहीं था, क्योंकि उसी में वे सांस्कृतिक चिह्न भी छिपे थे जिनके सहारे पहचान कायम करनी थी। बहुत प्रयत्नों से एक शानदार अतीत गढ़ा गया, जिसे स्वाधीनता आन्दोलन में भी गम्भीरता से लिया गया था।

चूँकि अधिकांश सांस्कृतिक चिह्न धार्मिक दायरे में आते हैं, इसलिए यह हिन्दू पुनरुत्थानवाद का भी मामला बना, जो देश के मुसलमानों के खिलाफ जाने वाली बात थी। लेकिन इससे न तो बचा जा सकता था, और न ही पृथक् मुस्लिम अभियानों को रोका जा सकता था। हालाँकि हिन्दू अतीत की खोज और उसमें अपनी अस्मिता ढूँढ़ने के प्रयास को, राष्ट्रवाद के चरित्र में लगातार आने वाले परिवर्तनों को देखते हुए, अलगाववादी कहना ठीक नहीं होगा। राष्ट्रवादियों के लिए यह मुश्किल काम नहीं था कि वे हिन्दू अतीत का ही सहारा लेकर दूसरे धर्म के लोगों से भी एकता का क्षेत्र तैयार करें। अतीत में लोग आपस में जहाँ लड़ते देखे गए थे, वहीं साहित्य, कला और यहाँ तक कि धर्म से जुड़े आचारों में भी समन्वय का भाव देखा गया। यही कारण है कि मुस्लिम उभार भी शुरू में साम्प्रदायिक मनोविज्ञान का शिकार नहीं हुआ। 19वीं शताब्दी के उत्तरार्द्ध तक भारत हिन्दू और मुस्लिम दो भिन्न समुदायों में नहीं बँटा था, इसका अन्दाज़ उस समय की प्रिंट मीडिया द्वारा प्रकाशित सामग्री के अध्ययन से लगाया जा सकता है। सर सैयद अहमद ने 1875 में मुस्लिम हितों को ध्यान में रखकर प्रयास शुरू किए थे। 1884 तक वे मानते देखे गए कि हिन्दू और मुसलमान शब्द सिर्फ़ धार्मिक अन्तर बताते हैं, वरना भारत में रहनेवाले सभी धर्म के लोग एक ही राष्ट्र के हैं।[7]

मुस्लिम साम्प्रदायिकता सत्ता में हिस्सेदारी के विचार से उभरी। 1885 में कांग्रेस अस्तित्व में आई और उसने जल्दी ही साम्राज्यवाद-विरोधी दृष्टिकोण अपना लिया। सैयद अहमद के लिए अवसर था कि वे मुसलमान जागीरदारों के साथ मिलकर अँगरेज़ों के प्रति वफ़ादारी का परिचय दें, जिससे मुसलमानों की तरक्की का मार्ग प्रशस्त हो सके। औपनिवेशिक सत्ता से पहले देश में पाँच-छह सौ साल तक मुस्लिम बादशाहों की हुकूमत मुसलमानों में श्रेष्ठता की भावना पैदा करने के लिए काफी थी। 1857 की क्रान्ति की असफलता ने मुस्लिम सत्ता की वापसी की उम्मीद पूरी तरह समाप्त कर दी थी। उसके बाद मुस्लिम नेताओं को लगने लगा कि हिन्दुओं के बहुसंख्यक होने के कारण बदली हुई व्यवस्था में मुसलमानों के लिए कम जगह होगी। 1906 में मुस्लिम लीग की स्थापना के बाद यह मनोविज्ञान मुस्लिम चेतना का अनिवार्य अंग हो गया, जिसे समय-समय पर उग्र रूप धारण करनेवाली हिन्दू साम्प्रदायिकता ने भी पुख़्ता होने में मदद की। उसकी अनिवार्य परिणति 1947 में देश के बँटवारे के रूप में हुई।

टकराव का सन्दर्भ केवल हिन्दू और मुस्लिम साम्प्रदायिकता नहीं है। हिन्दू धर्म की

आन्तरिक संरचना तो सबसे अधिक द्वन्द्व-ग्रस्त रही है, जिसका असर राष्ट्रवादी आन्दोलन पर भी पड़ता था। राष्ट्रवाद के आलोचकों की यह मुख्य शिकायत है कि यह आन्दोलन ब्राह्मण वर्चस्व की विचारधारा के रूप में ही स्फुरित हुआ। इसके तहत वर्णाश्रम धर्म और जाति-व्यवस्था को सफलता के साथ सक्रियता प्रदान करना था।

सबाल्टर्न इतिहासकार जोर देकर कहते हैं कि राष्ट्रवाद प्रभुत्वशाली वर्ग के फायदे के लिए गढ़ा गया सिद्धान्त है। बावजूद इसके, वे यह भी स्वीकार करते हैं कि इसमें आम जनता का इतिहास बनने की सम्भावनाएँ भी थीं।[8] राष्ट्रवाद के साथ प्रजातीय, क्षेत्रीय और भाषायी भेद और उससे जुड़े विचारों के टकराव भी उभरते रहे। अभिजात महत्त्वाकांक्षाएँ इसके उभार में शामिल रही थीं। लेकिन महत्त्व की बात यह है कि अभिजातीय प्रयासों की सीमाओं और अन्तर्विरोधों से इतर इसके माध्यम से, बहुत ढीले-ढाले अर्थ में सही, एक राष्ट्रीय समुदाय को विकसित होने में मदद मिल रही थी, और देशी भाषाओं का राष्ट्रीय विकास सम्भव हुआ था। इस योगदान को स्वीकार करते हुए ही इसके विघटनात्मक पक्ष की आलोचना की जानी चाहिए। दूसरे शब्दों में, राष्ट्रवादियों के प्रयासों को आलोचना के दायरे में जरूर रखा जाना चाहिए, लेकिन आत्मचेतना के निर्माण में उनकी भूमिका को भी नहीं झुठलाया जाना चाहिए।

राष्ट्रवाद पूर्व-विद्यमान संस्कृतियों के उच्चत्तर रूप को समाज पर आरोपित करता है, और सामान्यतः एक प्रक्रिया के तहत रूपान्तरित करता है, जिसमें युग के अनुरूप लगातार काट-छाँट की गुंजाइश बनी होती है। औपनिवेशिक परिस्थितियों में वह सत्ता के अभाव से और उसमें स्थान पाने की अभिलाषा से उभरता है, और ज्ञानोदय की परियोजना के अंग के रूप में वह चली आ रही सामाजिक व्यवस्था पर असर डालता है। राष्ट्रवाद के सहारे, जैसा कि बेनेडिक्ट ऐंडरसन ने इसे एक सामान्य तथ्य के रूप में चिह्नित किया है, व्यापक जनता को जोड़ने और विद्यमान शासनतन्त्र और पुरोहिती को भी चुनौती देने का काम होता है; यह राष्ट्रवाद ही है जिसने पुरानी जर्जर प्रथा और व्यवस्था की जड़ें खोदने का भी काम किया है।[9]

दूसरी बात, राष्ट्रवाद सिर्फ़ सत्ता-अभिजात के ज्ञानोदय-उद्यम के कारण प्रकट नहीं हुआ था, इसमें जनता की इच्छा भी थी। इस दृष्टि से ऐंडरसन के विचार अत्यन्त महत्त्वपूर्ण हैं कि संचार-माध्यमों के विकास के साथ लोग पूर्व आधुनिक और आत्यन्तिक क्षेत्रीयता से ऊपर होकर भाषा के स्तर पर बड़े समुदाय में अपनी जगह देखने लगे। 'प्रिंट कैपिटलिज्म' ने यह सम्भव किया कि लोग नए रूप में एक-दूसरे से सम्बन्धों को पहचानें।[10]

सम्बन्धों को पहचानने का काम इकहरे ढंग से नहीं होता है। क्षेत्रीयता से ऊपर होकर भाषा के स्तर पर बड़ा समुदाय बनता है और उसमें बिना कहे-पूछे राष्ट्रीयता का भाव पैदा होता है। लेकिन इस क्रम में सामाजिक अन्तर्विरोधों और राजनीतिक महत्त्वाकांक्षाओं के कारण वर्ग-विभाजन के रूप में विघटन भी पैदा होता है। यह एक ऐसी परिस्थिति है जिसमें राष्ट्रवाद का काम केवल उपनिवेशवाद विरोधी संघर्ष नहीं रह

जाता, उसे जनसाधारण के वर्गों के हितों के लिए आगे होना होता है। इससे स्वभावतः राष्ट्रवाद के अभिजातीय चरित्र में परिवर्तन आता है।

प्रिंट कैपिटलिज्म ने, राष्ट्रीय समुदाय के विकास में जिसके योगदान को हिन्दी के सुचिन्तक रामविलास शर्मा उतना महत्त्वपूर्ण नहीं मानते, हिन्दी सहित अधिकांश आधुनिक भारतीय भाषाओं के प्रसार में अहम भूमिका निभाई है। आधुनिक शिक्षा और नई साहित्यिक विधाओं के आगमन और प्रसार का यह सिंहद्वार है। यह स्वयं में कोई आर्थिक व्यवस्था नहीं, एक खास आर्थिक व्यवस्था–पूँजीवाद–में विकसित साधन है जिसने अर्थव्यवस्था को मदद पहुँचाने के साथ-साथ राष्ट्रीय समुदाय के विकास के उपकरणों को भी कारगर बनाया है।

राष्ट्र, ऐंडरसन के विचार में, एक कल्पित समुदाय है जिसे प्रिंट मीडिया ने सम्भव किया है। रामविलास शर्मा का कहना है कि यह विचार जातीय इतिहास को छोटा करता है। जातीय विकास, रामविलास शर्मा की थीसिस है, औद्योगिक पूँजीवाद से पहले व्यापारिक पूँजीवाद के युग में हुआ।[11] ऐंडरसन ऐतिहासिक संगठन के रूप में उसके विकास और संविलयनपरक चरित्र को महत्त्व न देकर धर्म, भाषा आदि आधारों पर बँटे समुदायों को राष्ट्र की कल्पना में जरूरी तथ्य के रूप में पेश करते हैं। यह स्वाभाविक आपत्ति का विषय हो सकता है, क्योंकि इससे विभिन्न वर्गों के योग से गठित जातीय संस्कृति, उसका पूर्व औपनिवेशिक-पूर्व पूँजीवादी इतिहास और स्वाधीनता आन्दोलन द्वारा किए गए प्रयास सब राष्ट्रीय अस्मिता के निर्माण की दृष्टि से गैरमहत्त्वपूर्ण हो जाते हैं।[12]

इसमें शक नहीं कि पूर्व आधुनिक भारतीय अर्थव्यवस्था में पूँजीवाद के विकास की सम्भावनाएँ मौजूद थीं, जिसमें जातियों के उदय का भी संकेत था। उसी युग में प्रादेशिक भाषाओं का प्रसार हुआ, जो बंगला, मराठी, गुजराती, तमिल, हिन्दुस्तानी आदि जैसी जातियों की आत्मिक संस्कृति के प्रतिबिम्बन में कारगर हुईं। इसलिए रामविलास शर्मा द्वारा जातीय गठन और भाषा-प्रसार की प्रक्रिया को राष्ट्र की अन्तर्वस्तु से जोड़कर देखना उचित है। हिन्दी की क्षेत्रीय बोलियों और दूसरी प्रादेशिक बोलियों की काव्य-रचनाओं को आधार बनाकर उनके स्वर में राष्ट्रीयता के विकास के संकेतों की खोज भी ठीक काम है। लेकिन रामविलास शर्मा की ही शब्दावली में कहें तो यह मूलतः परम्परा के मूल्यांकन के क्षेत्र में आता है। इसे पूर्व आधुनिक काल में राष्ट्रीयताओं के उद्गम को साबित करने की दृष्टि से पर्याप्त नहीं कहा जा सकता। निर्णायक भूमिका आत्मचेतना की ही होती है। यह इस रूप में कि किसी क्षेत्र, भाषा अथवा प्रजातीय समूह के लोग दूसरों से अलग अथवा उन्हें समेटते हुए अपनी भिन्न पहचान बनाने की इच्छाशक्ति अर्जित कर पाए हैं या नहीं। पूर्व आधुनिक काल में हमारे लोगों का ध्यान सामाजिक सन्तुलन पैदा करने की ओर अवश्य गया था, राष्ट्रवादी आन्दोलन में भी जिसके सफल इस्तेमाल का प्रयास हुआ। सन्तुलन के पूर्व आधुनिक प्रयासों पर रवीन्द्रनाथ की सुन्दर टिप्पणी है :

बड़ी कठिनाइयों के बावजूद भारत ने कुछ किया है। उसने अपने यहाँ की जातियों के बीच सन्तुलन का प्रयास किया है, उनके बीच के वास्तविक मदभेदों को स्वीकार किया है, और किसी समय कुछ एकता का भी प्रयास किया है। ऐसे प्रयास हमारे सन्तों ने किए हैं, जैसे नानक, कबीर, चैतन्य और दूसरों ने भी सभी जातियों को ईश्वर के एक होने के उपदेश दिए हैं।[13]

नानक, कबीर, चैतन्य का यह उदाहरण सामाजिक सन्तुलन पैदा करने की दृष्टि से तो महत्त्वपूर्ण है ही; समग्र भक्ति आन्दोलन सांस्कृतिक अग्रगामिता की मिसाल था जिसके सहारे औपनिवेशिक सत्ता के समक्ष अपनी श्रेष्ठता साबित की जा सकती थी। बंकिम ने खुलकर कहा था कि चार सौ साल पहले पन्द्रहवीं सदी तक यूरोप भारत से अधिक असभ्य था। ग्रीक संस्कृति के पुनराविष्कार (रेनेसाँ) ने यूरोप को आगे किया। 'रेनेसाँ' भक्ति आन्दोलन के रूप में भारत में पहले घटित हुआ था।[14]

बंकिमचन्द्र ने अपने उदाहरणों को बंगाल तक सीमित रखा है। महत्त्व की बात इसमें उस जातीय श्रेष्ठता की है जिसे वे अँगरेज़ों को बता रहे होते हैं। यहाँ वे भारत की उस जाति अथवा समुदाय के प्रतिनिधि के रूप में उपस्थित होते हैं जिसके पास अपनी अग्रगामिता सिद्ध करने के लिए अतीत का सांस्कृतिक गौरव है।

बंकिम समेत 19वीं शताब्दी के सभी राष्ट्रवादियों के समक्ष स्पष्ट था कि सांस्कृतिक गौरव को सिद्ध करने का मार्ग मातृभाषा का व्यापक प्रयोग ही हो सकता है। बंकिम की मनोचेतना में बंगाल ज़्यादा ही रचा-बसा था, इसके बावजूद कि उनका सर्वाधिक बल इस बात पर रहा कि पूरे भारत को एक राष्ट्रीय बन्धन में आबद्ध करना जरूरी है। उनकी दृष्टि धर्म के 'मनोहारी' रूपों में अंटकती रही और उसमें समन्वय-चेतना का अभाव रहा। लेकिन वे पहले ऐसे साहित्यिक मेधा थे जिनमें वाणी-पाश से देश के बहुत बड़े समुदाय को जोड़ने की क्षमता थी।

रवीन्द्रनाथ की दृष्टि सहज-स्वाभाविक रूप से बंग-बद्ध है और भारत-व्यापी भी है, और उसका आधार सार्वभौमिकतावाद है। राष्ट्रवाद की धारणा से वे सहमत नहीं थे, और उसका बड़ा कारण यूरोपीय राष्ट्रवाद का नस्लवादी चरित्र था। उन्होंने राष्ट्रवाद पर 1916-17 में गहन विचार प्रस्तुत किए थे। उसमें उन्होंने अमरीकी-पश्चिमी नस्लवाद के बरअक्स भक्ति आन्दोलन की सार्वभौमिक दृष्टि को प्रस्तुत किया था।

सांस्कृतिक गौरव की प्राप्ति के लिए भक्ति आन्दोलन से पहले, यहाँ तक कि वेदों तक जाया जा सकता है, और उसमें 'जाति की मानसिक उद्दीप्ति' का आधार खोजा जा सकता है। राष्ट्र के संयोजन में इसका मूल्य है; लेकिन इसी के आधार पर राष्ट्र की अवधारणा को पूर्व आधुनिक काल में खींच कर ले जाना युक्तिसंगत नहीं है। इसका मनोवैज्ञानिक महत्त्व अवश्य है। उपनिवेशवाद विरोधाभासी रूप से अपने विरुद्ध शासितों को मौका देता है उनके अहं के निर्माण का; अहं के क्षेत्र की सम्प्रभुता को अतीत तुष्ट करता है। दूसरे शब्दों में, जैसा कि फ्रांज फैनन ने नीग्रो राष्ट्रों के सन्दर्भ में कहा है- "अतीत मूल्य प्रदान करता है।"[15] नीग्रो राष्ट्रों और भारत में अन्तर यह है कि उन्हें

गौरवशाली अतीत की बहुत हद तक कल्पना करनी पड़ी अथवा दूसरे भौगोलिक क्षेत्रों से उसे उधार लेना पड़ा; भारत के पास यह स्वाभाविक रूप से उपलब्ध था। इस अन्तर को औपनिवेशिक सत्ता भी समझती थी।

जातियों की विकास-प्रक्रिया पीछे से चली आ रही थी; भाषाएँ आधुनिक युग में अचानक पैदा नहीं हो गईं; सबके बावजूद, राष्ट्रों का अभ्युदय और देशी भाषाओं का राष्ट्रीय बोध के स्तर पर प्रसार आधुनिक काल में ही सम्भव हुआ। ऐंडरसन की अवधारणा से परिचित हुए बगैर भी समझा जा सकता है कि इसमें प्रिंट मीडिया की अहम भूमिका थी। स्वयं रामविलास शर्मा ने इसे 'भारतेन्दु हरिश्चन्द्र और हिन्दी भाषा की विकास परम्परा' में बखूबी समझा है।[16]

दूसरी बात, राष्ट्रीय पहचान से जुड़ी उलझनें 19वीं सदी में शुरू हुई थीं, जो क्रमशः जटिल होती गई हैं। इसका कुछ कारण उसी बीज में रहा है जहाँ से राष्ट्रवाद का आरम्भ माना जाता है। सांस्कृतिक अभ्युदय ने राष्ट्रवादी सोच विकसित करने में मदद की, लेकिन उसकी सीमाएँ थीं। ब्राह्मोसमाज और आर्यसमाज के कार्यक्रम अथवा बंकिम या भारतेन्दु जैसे लेखकों की साहित्यिक अभिव्यक्तियाँ अखिल भारतीय राष्ट्रवाद विकसित करने में एक हद के बाद कारगर नहीं हो सकती थीं। उसके लिए राजनीतिक अभियान आवश्यक था, जो 1885 में कांग्रेस के अस्तित्व में आने के बाद ही सम्भव हुआ। सांस्कृतिक अभ्युदय के साथ दूसरी मुश्किल थी, जिसकी तरफ सुनील खिलनानी ने इंगित किया है, 'उसकी धाराएँ अकसर दुहरे और परोक्ष अर्थों से लैस होती थीं,[17] जो विभिन्न क्षेत्रों और समुदायों में एकता पैदा करने में आड़े आती थीं, और यह राजनीतिक चेतना के विकास की दृष्टि से भी एक कमज़ोर मामला ठहरता था। इसकी सबसे बड़ी सीमा थी राष्ट्र और क्षेत्र के सम्बन्धों का दुर्बोध स्वरूप पेश किया जाना, जिसे बाद के दौरों में भी हल नहीं किया जा सका।

सुनील खिलनानी ने इस प्रसंग को सुन्दर ढंग से पेश किया है। देशी भाषाओं के व्यापक प्रयोग के माध्यम से, बड़ी कुशलता और कल्पनाशीलता का सहारा लेते हुए, दावा किया जाता था कि यह देश एक है और इसका एक राष्ट्रीय समुदाय है। इस दृष्टि से बंगाल और महाराष्ट्र के लोग सबसे आगे दीखे। ये प्रदेश ही अँगरेज़ों के संसर्ग में सबसे पहले आए और उनसे सबसे ज़्यादा जुड़े रहे, और इसी का असर था कि इनमें जहाँ भारतीय समुदाय का विचार पनपा, वहीं क्षेत्रीय पहचान की भावना भी जागी। रामविलास शर्मा ने जातीय इतिहास को जितना लम्बा-चौड़ा करके देखा है, वास्तव में वह उतना रहा नहीं है। असली बात तो यह है कि जो क्षेत्र पश्चिम के सम्पर्क में जितना पहले आए और उससे जितना ज़्यादा जुड़े, उनमें अपनी पहचान का उसी अनुपात में अहसास भी पैदा हुआ। उन्होंने कुछ बातों में, विशेषकर धर्म और राजनीति के प्रश्न पर, अपने को अखिल भारतीय माना, लेकिन उस 'राष्ट्र' के समान्तर जो आत्मपरिभाषाएँ थीं, उनकी अन्तर्वस्तु और शैली सभी क्षेत्रों में अलग-अलग थी।[18]

बहरहाल, यह तय है कि देशी भाषाएँ, जिनके माध्यम से अलग-अलग क्षेत्रों में

आत्म-चेतना के आकर्षक चित्र खींचे जा रहे थे, राष्ट्रीय समुदाय होने की अनुभूति से भी अभिभूत थीं। उनके विकास में औपनिवेशिक संस्कृति के विरुद्ध बौद्धिक और रचनात्मक ऊर्जा प्रकट हो रही थी, और यह बात बहुत दूर तक राष्ट्रीय समुदाय को ठोस रूप देने में मददगार साबित हुई। लेकिन विरोधाभासी रूप से इसी ने राष्ट्र और क्षेत्र के द्वन्द्व की आधार-भूमि तैयार की। दूसरी बात, भाषाओं के विकास और उनमें निहित सांस्कृतिक प्रयासों के कारण समुदायगत पहचान बनती ही है, यह अनिवार्य नहीं था। इसका सबसे बड़ा उदाहरण है हिन्दी। बंगला, मराठी आदि भाषाओं के विकास से जैसे बंगाली अथवा मराठी अस्मिता निर्धारित हुई, वैसी ही हिन्दी के विकास से कोई हिन्दी अस्मिता तैयार नहीं हुई।

हिन्दी के आधार-क्षेत्र को, जो देश के उत्तर और मध्य में फैला है और क्षेत्रफल की दृष्टि से सबसे बड़ा है, वैसी पहचान से मुक्त रखा गया जिसके कारण उसे राष्ट्रीय एकता की कोई महत्त्वपूर्ण कड़ी माना जा सके। इससे भी भयानक तथ्य है इस क्षेत्र को जाति-विभाजित और साम्प्रदायिकतावादी पहचान के दायरे में रखकर राष्ट्रीय गौरवपूर्ण प्रयासों से अलग रखना। 1857 की लड़ाई इसी क्षेत्र में लड़ी गई थी, और यह अन्त तक स्वतन्त्रता संग्राम का केन्द्र रहा। यह क्षेत्र हिन्दी-उर्दू विवाद के बावजूद एक ऐसी भाषा विकसित करने में सफल रहा, जो देश में सबसे ज़्यादा बोली-समझी गई, और जिसने स्वाधीनता आन्दोलन को आगे बढ़ाने में पुल का काम किया। साहित्यिक दृष्टि से राष्ट्रीय स्तर पर हमेशा शीर्ष पर न होने के बावजूद इसमें वैसे महान लेखक भी पैदा हुए, राष्ट्रीय पहचान की दृष्टि से जिनका लेखन महत्त्वपूर्ण है। शिक्षा और विज्ञान के क्षेत्र में इसकी उपलब्धियाँ सीमित रहीं, राजनीतिक नेतृत्व की दृष्टि से इस क्षेत्र के कम लोगों ने ही अपनी योग्यता साबित की। हमारी समझ से, दूसरे कारणों से ऊपर, यही सबसे बड़ा कारण रहा इसकी पहचान झुठलाए जाने का।

हिन्दी क्षेत्र की पहचान को उपेक्षित रखना स्वयं में दूसरे क्षेत्रों को जितना आत्मतुष्ट करनेवाला हो, अथवा इस भय से मुक्ति देनेवाला हो कि इस तरह वे एक बड़े क्षेत्र के वर्चस्व से मुक्त रह सकेंगे; राष्ट्रीय एकजुटता की दृष्टि से यह बात एक बड़ी खाई—सिर्फ़ दरार नहीं—पैदा करती है। इस दृष्टि से रामविलास शर्मा के वैचारिक प्रयास महत्त्वपूर्ण हैं। उन्होंने यह ठीक अनुभव किया है कि दबी हुई जातीय चेतना के कारण ही इस क्षेत्र में साम्प्रदायिकता और जातिवादी भावना को बढ़ावा मिलता रहा, और यह बात भारतीय पैमाने पर बहुजातीय राष्ट्रीयता को कमजोर करने में मदद करती रही है।

रामविलास शर्मा ने अपने लेखन में हिन्दी प्रदेश की जातीय पहचान को एक अभियान के रूप में लिया। व्यापक जनसमूह को उसकी खबर लगने का अभी सवाल नहीं उठता, लेकिन उसका गम्भीर असर हिन्दी के साहित्यिक समुदाय पर जरूर पड़ा है। लेकिन दूसरे अन्तर्विरोधों को छोड़ भी दें तो रामविलास शर्मा के साथ एक उल्लेखनीय सैद्धान्तिक कठिनाई ये है कि वे पहले से विद्यमान ऐतिहासिक राष्ट्र की पहचान कर लेते हैं, और राष्ट्रवाद को बाद की परिघटना के रूप में चिह्नित करते हैं।

इसके विपरीत, दूसरे विचारक, रामविलास शर्मा जिनसे सहमत नहीं हैं,[19] मानते हैं राष्ट्रवाद पहले आता है, और वही किसी भौगोलिक क्षेत्र को भावनात्मक, वैचारिक और राजनीतिक स्तर पर संगठित करता है। यह सही भी है। राष्ट्र का ऐतिहासिक निर्माण पहले से पूरा हो गया हो तो अलग से एकता के प्रयासों की आवश्यकता क्या है? इस सम्बन्ध में देशी चिन्तकों में आश्चर्यजनक रूप से जिनकी समझ बहुत साफ है, उनमें से एक हैं किशन पटनायक। वे लिखते हैं :

> *दुनिया के इतिहास में राष्ट्र बनते हैं, बिगड़ते हैं, सीमाएँ बदलती हैं। आज के राष्ट्र हज़ार साल बाद ज्यों के त्यों नहीं रहेंगे। भारत भी वैसा नहीं रहेगा, जैसा आज है। लेकिन किसी काल-खंड में एक समूह का आचरण आगे के परिवर्तनों को प्रभावित करता है। इसलिए सवाल वर्तमान का होता है—हम चुनौतियों का मुकाबला किस तरह से कर रहे हैं? टूट रहे हैं या जुटे हुए हैं?*[20]

हमारे प्रयासों से ही एक नया राष्ट्र सामने आता है। 19वीं शताब्दी के नवजागरण का राष्ट्र वही नहीं है जो मध्ययुग में था; या कांग्रेस की स्थापना के बाद राष्ट्रीय स्वाधीनता आन्दोलन में राष्ट्र का जो स्वरूप उभरा, वह वही नहीं है जो नवजागरणकाल में था। निरन्तरता और परस्पर सम्बद्धता के बावजूद दोनों में किंचित भेद है। वस्तुतः राष्ट्रवाद के चरित्र में ही भेद उत्पन्न होता रहा है। जैसा कि हमने पहले कहा कि सांस्कृतिक उभार बड़े पैमाने पर राष्ट्रीय अस्मिता की दृष्टि से पर्याप्त नहीं था, उसके लिए राजनीतिक अभियान की आवश्यकता थी, जो 19वीं शताब्दी के अन्त में कांग्रेस की स्थापना के साथ सम्भव हुआ। सांस्कृतिक उभार की, जो मुख्यतः सामाजिक सुधारों के रूप में सामने आया, सीमा यह भी थी कि वह बहुत हद तक औपनिवेशिक सत्ता की कृपादृष्टि पर निर्भर था, और उसमें ज़्यादा ही राजभक्ति प्रकट करने की विवशता थी। 19वीं शताब्दी के अन्तिम वर्षों में यह शक्ति पैदा हुई कि अँगरेज़ों को 'राष्ट्रीय संस्कृति' में हस्तक्षेप करने से मना किया जा सके। इस दृष्टि से बालगंगाधर तिलक सबसे उग्र दिखाई पड़े। यह दूसरा चरण ही, पार्थ चटर्जी की दृष्टि में, राष्ट्रवाद का काल है।[21]

हालाँकि यह दूसरा चरण भी राजभक्ति की विवशता से मुक्त नहीं हो गया था। राजभक्ति के विचार अभी बने ही हुए थे। सुनील खिलनानी ने गांधी जी का उदाहरण देकर इस तथ्य को ब्रेकेट किया है : "1911 में गांधी ने भारतवासियों को सलाह दी थी कि वे ब्रिटेन के नए सम्राट जार्ज पंचम के सिंहासनारोहण के मौके पर वफ़ादारी व्यक्त करें, जबकि दो साल पहले ही वे पश्चिम की कड़ी आलोचना करते हुए हिन्द स्वराज की रचना कर चुके थे। यह कृति आगे चलकर राष्ट्रवाद की मूर्तिमान प्रतीक मानी गई।"[22]

'हिन्द स्वराज' में गांधी जी 'राष्ट्र' अथवा 'स्वाधीनता' की धारणा को कांग्रेस की भूमिका से जोड़कर देखते हैं। वे राष्ट्रीय का अर्थ 'स्वराज'[23] करते हैं और मानते हैं कि "कांग्रेस ने अलग-अलग जगहों पर हिन्दुस्तानियों को इकट्ठा करके उनमें 'हम एक

राष्ट्र हैं' ऐसा जोश पैदा किया।"[24] यह थोड़ा रणनीतिक मामला था जिसके तहत गोखले और गांधी जी जैसे नेता अँगरेज़ों के प्रति निष्ठा जताते रहते थे। दूसरी बात, गांधी जी को ज़्यादा सावधानी बरतने की जरूरत इसलिए भी पड़ी कि भारतीय राजनीति में उनके आगमन से पहले मुस्लिम लीग पैर जमा चुकी थी; खुद हिन्दू समाज के जातिगत मतभेद उभर कर सामने आने लगे थे; और कांग्रेस के अभियानों के अन्तर्गत साँस ले रहे राष्ट्रवाद को उच्चवर्गीय हिन्दू वर्चस्व से जोड़ कर देखने की प्रवृत्ति जोर पकड़ रही थी। दूसरी ओर द्वितीय महायुद्ध ने राष्ट्रवाद के पीछे छुपी नस्ली क्रूरता को सामने ला दिया था। यह कुछ ऐसी स्थितियाँ थीं, जिनसे गुज़रते हुए बंकिम के इस विचार के विपरीत 'हमारे पास एक इतिहास होना चाहिए,' गांधी जी को कहने में संकोच नहीं हुआ : "मुझे यकीन है कि वह राष्ट्र सुखी रहता है जिसके पास कोई इतिहास नहीं होता।"[25]

कांग्रेस ने भारतीयों में 'हम एक राष्ट्र हैं' का भाव पैदा किया था, लेकिन इसमें प्राण फूँकने का असली काम गांधी जी के अभियानों ने ही किया था, और सबसे अधिक असहयोग आन्दोलन ने। असहयोग आन्दोलन की असफलता और उससे उत्पन्न निराशा को ध्यान में रखते हुए भी कहा जाना चाहिए कि वह 'राष्ट्रीय एकता' और 'राष्ट्र जनता' की खोज का पहला सबसे बड़ा और सफल प्रयास था। उससे पहले राष्ट्रव्यापी कोई अभियान सम्भव नहीं हुआ था। दूसरे शब्दों में, उस समय भारतीय राष्ट्रवाद को जैसे एकबारगी मंजिल मिल गई थी, और भारत क्या है?—इसका नक्शा जन-मन में खिंच गया था।

गांधी जी के प्रयत्नों का फल था कि असहयोग आन्दोलन और ख़िलाफ़त आन्दोलन के बीच एका कायम हुआ। उस्मानिया की पराजय के बाद मुसलमान डर गए थे कि ज़ज़ीरतुल अरब ख़लीफ़ा को, जिसे वे अपना मजहबी शासक मानते थे, कहीं बेदख़ल न कर दिया जाए। इस बात से इस्लाम की प्रतिष्ठा को आघात पहुँचता था। गांधी जी ने आगे बढ़कर मुसलमानों का साथ दिया और असहयोग आन्दोलन के प्रति उनमें जुड़ाव का भाव पैदा किया। इन दोनों आन्दोलनों के जुड़ाव ने लगभग अखिल भारतीय स्वरूप ले लिया था। दक्षिण में केवल कर्नाटक ही इससे मुक्त रहा। असहयोग आन्दोलन ने देश के लगभग सभी क्षेत्रों, धर्मों और सामाजिक वर्गों पर गहरा असर डाला, जिससे लोगों में भारतीय होने का बोध तगड़ा हुआ।

गांधी जी के इस प्रयत्न ने, इसमें शक नहीं, भारत के मानचित्र को जनमानस में बैठाने में अभूतपूर्व भूमिका निभाई थी, लेकिन यह भविष्य की दृष्टि से काफ़ी नहीं था। धार्मिक और क्षेत्रीय दरारें कुछ दिनों के लिए कम हुईं, लेकिन असहयोग आन्दोलन की असफलता के बाद एकता के सन्देशों का असर कम होता गया। असहयोग आन्दोलन के दरम्यान भी राष्ट्र की वैसी कल्पना के लिए कम जगह थी जैसी गांधी जी के मन में थी। गांधी जी राष्ट्रीयता को स्वतन्त्रता से जोड़ कर देखते थे, और उसे प्रजातीयता से अलग रखने में विश्वास करते थे।[26] इससे भिन्न, असहयोग आन्दोलन के ही दरम्यान, ख़िलाफ़त आन्दोलन के लोगों के द्वारा जमायतुल-उल्मा-ए-हिन्द के एक कार्यक्रम में

स्वतन्त्र भारत की परिकल्पना विभिन्न धार्मिक समुदायों के संघ के रूप में की गई। यह मुस्लिम राष्ट्र की कल्पना की दिशा में एक उल्लेखनीय कदम था। इसके साल-डेढ़ साल बाद ही 1923 में विनायक दामोदर सावरकर के द्वारा हिन्दुत्व अथवा हिन्दू राष्ट्र का सिद्धान्त पेश किया गया।

ख़िलाफ़त आन्दोलन की अन्तर्वस्तु ने, जिसमें ज़ज़ीरतुल अरब ख़लीफ़ा को अपना मजहबी सुलतान मानने का मामला था, हमारी समझ से सावरकर के मनोविज्ञान को विशेष रूप से प्रभावित किया था। उससे उन्हें सन्देश मिल रहा था कि मुसलमान इस देश को हिन्दुओं के समान अपना नहीं मानते। उन्होंने हिन्दुत्व की धारणा को आगे किया, जिसमें 19वीं शताब्दी के नवजागरण की प्रेरणा भी शामिल थी, लेकिन यह उससे अधिक मुखर और लड़ाकू थी। हिन्दुस्तान, जिसे वह हिन्दुस्थान कहना पसन्द करते थे, उनकी दृष्टि में हिन्दुत्व की पितृभूमि और पुण्यभूमि है।[27] यह मुस्लिम, ईसाई और पारसी की भूमि नहीं है।

सावरकर से पहले भारत की कल्पना माता के रूप में की गई थी। 1905 में प्रसिद्ध चित्रकार अवनीन्द्रनाथ ठाकुर ने भारत को गैरिक-वसना तपस्विनी के वेश में चित्रित किया था। उनके पहले बंगाल में देश-माता सिंहवाहिनी दुर्गा के रूप में थी। सावरकर ने मराठी परम्परा के अनुरूप भारत को पितृभूमि कहा, जो देश-स्तर पर लोकप्रिय नहीं हो सका, लेकिन उनके द्वारा विचारित हिन्दुत्व और हिन्दू राष्ट्र चल पड़ा।

बंकिम ने अपना एक इतिहास होने पर जोर दिया था, उस इतिहास का दर्शन सावरकर ने तैयार किया—यानी हिन्दुत्व के इतिहास का दर्शन। "वस्तुतः", उन्होंने कहा, "हिन्दुत्व केवल शब्द नहीं, बल्कि अपने-आप में सम्पूर्ण इतिहास है। हिन्दुत्व से अभिप्राय हमारी जाति का कोरा धार्मिक तथा आध्यात्मिक इतिहास ही नहीं जैसा कि कई बार भ्रमवश इसी से मिलते-जुलते शब्द हिन्दू से लिया जाता है। हिन्दूवाद तो वस्तुतः हिन्दुत्व का एक अंश मात्र ही है।"[28] सावरकर ने हिन्दुत्व के माध्यम से सारतः भारत के वंशज की अवधारणा को आगे किया है। मुसलमान, ईसाई और पारसी को छोड़कर बाकी भारतीय—सनातनी, बौद्ध, जैन, सिख—बिना किसी अन्य कारण और दबाव के, आपस में स्वाभाविक रूप से बँधे रहे हैं। यानी इनके आपस में बँधे रहने का कारण धार्मिक नहीं है, एक स्वाभाविक जातीय सम्बन्ध है। सावरकर, इस अर्थ में, राष्ट्र से अधिक हिन्दुत्व आधारित जाति को महत्त्व देते हैं। भारतीय होना उनके लिए गौण विषय है : "हिन्दू भारतीय राज्य के नागरिक साथ ही नहीं हैं, क्योंकि उनका संगठन केवल इसी एक बात पर आधारित नहीं है कि वे सभी एक ही मातृभूमि को प्रेम करने की भावना से परस्पर आबद्ध हैं, अपितु वे उनकी रक्त की समानता के बन्धनों से भी एकता के सूत्र में आबद्ध हैं। वे एक राष्ट्र-मात्र नहीं अपितु एक जाति भी हैं। जाति शब्द का मूल जन धातु से आरोपित है, जिसका अर्थ है जनता, जिसका अर्थ है भ्रातृ संघ।"[29]

सावरकर में बेशक एक बौद्धिक शक्ति थी जो ब्राह्मण धर्म के विचारों को राष्ट्रवाद में रूपान्तरित कर रही थी। हालाँकि वे जिस मनोविज्ञान के अधीन मुसलमानों को बाहरी

मान रहे थे, उसे हिन्दुत्व के सन्दर्भ में उलटकर देख रहे थे। मुसलमानों या ईसाइयों से यह शिकायत कि वे अपनी अस्मिता की तलाश किसी और भूमि पर जाकर करते हैं, सावरकर के हिन्दुत्व पर भी वह लागू होती है, जब वे कहते हैं, "भविष्य में समस्त पृथ्वी पर भी यदि हिन्दू अपनी बस्तियाँ स्थापित कर लें तो भी उसकी प्राचीन, परम्परागत, जातीय एवं राष्ट्रीय पूर्वजों की पितृभू यह भारत भूमि ही होगी।"[30]

सावरकर का यह राष्ट्रवाद हिन्दू, हिन्दुत्व और हिन्दुस्तान का एक ऐसा सघनीकरण है जो धार्मिक प्रेरणाओं से आगे संस्कृति का राजनीतिक रूपान्तरण है। जिसे आज सांस्कृतिक राष्ट्रवाद कहा जाता है, हमारी समझ से, उसकी जड़ें 19वीं शताब्दी के नवजागरण में भले हों, लेकिन उसकी असली पौध सावरकर के यहाँ विकसित हुई। सावरकर के समय राष्ट्रवाद के विचारकों की मान्यता थी, "भारत में धार्मिक पुनर्जागरण हिन्दू रूढ़ियों को शक्ति प्रदान करने के रूप में उभरा था। बाद में उसके सभी अभियान भारतीय राष्ट्रवाद की नई चेतना के अंग हो गए।"[31] 1924 में एच. कोंह का लिखा यह विचार अनदेखा करता है कि उस समय तक दो चेतनाएँ स्थापित तथ्य बन गई थीं, जिन्हें आगे अलग-अलग चलना था। कोंह के विचार के अनुरूप गांधी जी के नेतृत्व वाला राष्ट्रीय अभियान था; दूसरे की शुरुआत सावरकर ने की, जिसे 1925 के बाद आगे बढ़ाने का बीड़ा राष्ट्रीय स्वयंसेवक संघ ने उठाया।

तीसरा दशक राष्ट्रवादी उत्थान का काल था, और यह पर्याप्त अन्तर्कलह को भी लेकर आया था। मुसलमानों द्वारा ख़लीफ़ा के लिए किए गए आन्दोलन का हिन्दू जनमानस पर गहरा असर पड़ा था। हिन्दुओं द्वारा जवाबी संगठन बनने लगे थे। 1923 में स्वामी श्रद्धानन्द ने पश्चिमी उत्तर प्रदेश में एक आन्दोलन शुरू किया था, जिसका उद्देश्य मुसलमान बन गए मलकान राजपूतों, गूजरों और बनियों को फिर से हिन्दू धर्म में लाना था। इस तरह के कार्यक्रम आर्यसमाज के द्वारा भी चलाए गए जिसके उद्देश्यों में अछूतोद्धार भी शामिल था। महत्त्वपूर्ण तथ्य यह भी है कि दशक के मध्य में चुनावी अभियानों में तात्कालिक लाभ के लिए धर्मनिरपेक्ष कांग्रेस नेता भी धार्मिक भावनाओं को भड़काने में पीछे नहीं रहे। इस कारण साम्प्रदायिक दंगों के लिए अवसर पैदा हुआ, और कस्बों में भी हिन्दुओं और मुसलमानों में अलग-अलग पहचान की भावना प्रबल होने लगी।

तीसरे दशक में ही दलित प्रश्न मुखर होकर सामने आया, जिसमें बाबा साहब आम्बेडकर की भूमिका अग्रणी थी। हालाँकि दलितों के हित में 19वीं शताब्दी में ही जोतिबा फुले और उनके सत्यशोधक समाज के द्वारा आवाज उठ चुकी थी, और उसके बाद भी कई आन्दोलन हुए।[32] लेकिन दलित आन्दोलनों को राजनीतिक आधार बीसवीं शताब्दी के दूसरे दशक में ही प्राप्त हो सका। फुले कांग्रेस से दलितों को अलग रहने के लिए कह चुके थे, क्योंकि उसमें उच्च जाति के लोगों का वर्चस्व था। उन्होंने न केवल दलितों को कांग्रेस से अलग रहने की सलाह दी थी, बल्कि अँगरेज़ी शासन को दलितों के हित में माना था। सामाजिक अलगाव और संघर्ष ने, इसे स्पष्ट करना यहाँ

आवश्यक है, औपनिवेशिक सत्ता को महत्त्वपूर्ण बना दिया था। अँगरेज़ी राज हिन्दुओं को इसलिए स्वागत योग्य लगा कि इसके कारण मुसलमानों के शासन से मुक्ति मिल गई थी। इस बात के संकेत भरपूर रूप से 19वीं शताब्दी के नवजागरण में मिलते हैं। मुसलमानों को बादशाहत चले जाने का दुख था, लेकिन यह अहसास उन्हें सन्तोष प्रदान कर रहा था कि वे हिन्दू बहुसंख्यक के अधीन होने से बच गए। चूँकि अँगरेज़ी राज में सबके लिए समान कानून की व्यवस्था की गई थी, यह दलितों के लिए वास्तव में एक बड़ी बात थी। जोतिबा फुले ने खुले हृदय से माना था: "देश में अंग्रेज सरकार आने की वजह से शूद्रादि : अतिशूद्रों की जिन्दगी में एक नई रोशनी आई। ये लोग ब्राह्मणों की गुलामी से मुक्त हुए, यह कहने में किसी भी प्रकार का संकोच नहीं है।"[33]

विभाजित भारतीय समाज, कहने की आवश्यकता नहीं, उपनिवेशवाद की रक्षा में कवच का काम कर रहा था। दूसरी तरफ, खुद औपनिवेशिक सत्ता एक भारी असमंजस का शिकार थी—यानी वह सुधार के प्रयासों में राष्ट्रवादियों का हृदय से साथ देती तो यह उसके लिए आत्मघाती साबित होता, और यदि देशी समुदायों के टकरावों में बीच-बचाव के लिए आगे नहीं आती तो यह शासन करने के नैतिक आधार को खो देनेवाली बात होती। दलित इस दूसरी बात के महत्त्व को समझते थे। आम्बेडकर ने नवम्बर में 1917 की एक सभा का उल्लेख किया है, जिसमें प्रस्ताव पारित किया गया था : "भारत का शासन तब तक अधिकतर अंग्रेज़ों के हाथ में रहना चाहिए जब तक यहाँ के सभी वर्ग, विशेष रूप से दलित वर्ग, देश के शासन में कारगर ढंग से भाग लेने योग्य न हो जाएँ।"[34]

राष्ट्रवाद पर भारत के सन्दर्भ में तब तक कोई बात नहीं हो सकती, जब तक कि जाति, धर्म और भाषा से जुड़े विवादों को सामने न रखा जाए। इनमें से जाति-व्यवस्था से जुड़े विवादों का चरित्र सबसे जटिल रहा है। बाकी विवादों से राजनीतिक समझौतों के द्वारा भी निबटा जा सकता है; लेकिन जाति-व्यवस्था चूँकि सामाजिक संरचना के भीतर गतिमान रही है, इसलिए उससे निबटना टेढ़ी खीर ही रहा है। दलितों को इस व्यवस्था के भीतर इतिहास के प्रारम्भिक दौर से अपमान और पीड़ा का शिकार होना पड़ा है। इसलिए उन्हें हक था कि वह अपने को उस राष्ट्रीय पहचान से मुक्त रखें, जो सवर्णों द्वारा निर्धारित हो रही थी। दलितों के वर्ग को हमेशा संस्थानिक-सत्तागत संरचना से बाहर रखा गया, और उसके रोज़मर्रा के हालात आपातकाल जैसे रहे। ऐसे में, उसका राष्ट्र से जुड़ना तभी सम्भव होता, जब राष्ट्र की अवधारणा ईमानदारी से 'जन' की अवधारणा के निकट होती। राष्ट्रवादी अभियानों से जुड़े लोग, यह मान लेने में कोई आपत्ति नहीं होनी चाहिए, समाज के दलित वर्गों के साथ वह संवेदनात्मक सम्बन्ध नहीं बना पाए थे जिसके कारण राष्ट्रीय संस्कृति और उसके इतिहास की रचना होती है।

कांग्रेस दलित समस्या को हिन्दू धर्म की संरचना के भीतर ही सुधार के प्रयासों से सुलझाना चाहती थी। जकड़ी हुई सामाजिक संरचना के भीतर इसका व्यावहारिक मूल्य

बहुत कम था। दूसरी बात, कांग्रेस के सवर्णवादी होने से सम्बन्धित आरोप भी निराधार नहीं था। हालाँकि दलित कांग्रेस के भीतर जगह बनाकर इस स्थिति से निबट सकते थे। इस दृष्टि से सबसे अधिक विश्वसनीय गांधी जी हो सकते थे, जिन पर आम्बेडकर और उनके अनुयायियों को विश्वास नहीं था। यह एक ऐसा सन्दर्भ था जो साम्राज्यवादी नीतियाँ बनाने वाले ब्रिटिश राजनयिकों के द्वारा राष्ट्रवादियों के विरुद्ध प्रत्युत्तर तैयार करने में मदद पहुँचा रहा था।

आम्बेडकर, जो बात नवम्बर 1917 के प्रस्ताव में कही गई थी, उसे 1931 में गोलमेज़ कान्फ्रेंस की अल्पसंख्यक समिति में दोहराने से नहीं चूके—भारत को तुरन्त सत्ता सौंपी जाए, इसके लिए दलित वर्ग उत्सुक नहीं है। उनकी ब्रिटिश हुकूमत से भी शिकायत थी कि उसने कुछ समुदायों को शासन में बहुत बड़ा हिस्सा दे दिया है और दलित वर्गों को जो उचित हिस्सा मिलना चाहिए, वह उन्हें नहीं दिया गया। आम्बेडकर के विपरीत गांधी जी को कांग्रेस के अन्तर्विरोधों से अवगत होने के बावजूद भरोसा था कि वह देश के तमाम वर्गों और सम्प्रदायों के हितों की रक्षा कर सकेगी। उन्होंने दूसरी गोलमेज़ कान्फ्रेंस में कांग्रेस के प्रतिनिधि के रूप में स्पष्ट करना जरूरी समझा था कि भारतीय राष्ट्रीय कांग्रेस अपने नाम के अनुरूप राष्ट्रीय है। वह किसी सम्प्रदाय विशेष, किसी वर्ग विशेष, किसी हित विशेष का प्रतिनिधित्व नहीं करती। वह अपने सार रूप में भारत के सात लाख गाँवों में बिखरे लाखों मूक अधभूखे लोगों का प्रतिनिधित्व करती है। गांधी जी को विशवास था कि आम्बेडकर अथवा दूसरे दलित नेता की तुलना में और कांग्रेस की तुलना में भी दलित उन पर अधिक भरोसा करते हैं। इसका एक कारण यह था कि जहाँ दलितों को आम्बेडकर एक समुदाय के रूप में देखना चाहते थे, वहीं गांधी जी इस समस्या को ही समूल नष्ट करने पर विश्वास करते थे। उन्होंने अल्पसंख्यक समिति की बैठक में अपने को दलितों का प्रतिनिधि घोषित किया और कहा :

> *अस्पृश्यों की विशाल जनसंख्या का प्रतिनिधित्व अपने निजी रूप में करने का दावा करता हूँ। यहाँ मैं सिर्फ़ भारतीय राष्ट्रीय कांग्रेस की ओर से ही नहीं बल्कि अपने निजी पक्ष से भी बोल रहा हूँ। मैं दावा करता हूँ कि यदि अछूतों का जनमत किया जाए तो मैं उनका मत प्राप्त करूँगा और सर्वाधिक मत मुझे मिलेंगे। हम नहीं चाहते कि हमारे रजिस्टर और हमारी जनगणना में अछूतों को एक अलग वर्ग के रूप में वर्गीकृत किया जाए। सिख भले ही सदा सिख रहें, इसी प्रकार मुसलमान मुसलमान रहें और यूरोपियन यूरोपियन, पर क्या अछूत सदा के लिए अछूत ही बने रहेंगे?*[35]

गांधी जी ने उपर्युक्त वक्तव्य में दलितों के सन्दर्भ में कांग्रेस से अधिक अपने आप को विश्वसनीय रूप में पेश किया है। इस तरह इसमें निहित है कि उन्हें कांग्रेस के अन्तर्विरोधों का पूरा अहसास था। इतिहासकारों ने मुसलमानों को भारतीय राष्ट्रवाद की संरचना में शामिल करने के मामले में गांधी जी को असफल बताया है। यही स्थिति

दलितों के मामले में नहीं थी। उन्हें सवर्णों और दलितों के बीच के मतभेदों को घातक होने से रोकने में बड़ी सफलता मिली थी। 1932 के पूना समझौता में विधानमंडलों में दलित वर्गों के स्थानों की संख्या, जो ब्रिटिश शासन द्वारा 71 निर्धारित की गई थी, गांधी जी के कहने पर 148 कर दी गई। उनके इस प्रस्ताव से आम्बेडकर भी अभिभूत हुए थे।

दलित समस्या को लेकर गांधी जी का वह उद्‌गार, जो 20 नवम्बर, 1932 को विधानमंडल में अलग दलित प्रतिनिधित्व के सरकार के फैसले के विरोध में उनके आमरण अनशन शुरू करने के समय का है, अत्यन्त महत्त्व रखता है :

> *मेरा विश्वास है कि यदि अस्पृश्यता समाप्त हो गई तो इससे न केवल हिन्दुत्व का एक भयंकर अभिशाप मिट जाएगा बल्कि इसके प्रभाव भी विश्वव्यापी होंगे। अस्पृश्यता के विरुद्ध मेरा संघर्ष मानवता में जो कुछ अशुद्ध है उसके विरुद्ध संघर्ष है।*[36]

इसमें धर्म अथवा राष्ट्र और मानवता के बीच चुनाव का प्रश्न निहित है, और वक्ता का स्पष्ट झुकाव मानवता के प्रति है; और यह रवीन्द्रनाथ के उस उद्‌गार का स्मरण दिलाता है, जो उनके राष्ट्रवाद से सम्बन्धित 1916 के निबन्धों में व्यक्त हुआ था :

> *भारत कभी यथार्थ में राष्ट्रवादी नहीं रहा। जब मैं बच्चा था तभी से मुझे पढ़ाया जाता रहा कि राष्ट्र ईश्वर की अराधना और मानवता से बढ़कर है। मेरा मानना है कि मैं उस शिक्षा से ऊपर उठ गया हूँ, और मेरी दृढ़ धारणा है कि मेरे देश के लोग, उस शिक्षा से लड़कर, जो सिखाती है कि देश मानवता के आदर्शों से बढ़कर है, सचमुच अपने भारत को प्राप्त कर सकेंगे।*[37]

रवीन्द्रनाथ की दृष्टि में भारत को प्राप्त करना महत्त्वपूर्ण है, और वह भी राष्ट्र की अवधारणा से मुक्त मानवता के आदर्शों के मुताबिक। मानवता के आदर्शों के मुताबिक ही गांधी जी दलित समस्या को देखते थे। जब गांधी जी कह रहे थे कि यदि अस्पृश्यता समाप्त हो जाएगी तो इसके प्रभाव विश्वव्यापी होंगे, तो उससे अर्थ निकालना मुश्किल नहीं था कि भारतीय राष्ट्र का भविष्य पश्चिम के प्रजातीय राष्ट्र से भिन्न होगा।

पश्चिमी राष्ट्रवाद मुख्यतः प्रजातीय अस्मिता का राष्ट्रवाद रहा है, जिसका कुपरिणाम वह विश्वयुद्धों में झेल चुका है। रवीन्द्रनाथ उस राष्ट्रवाद के कुपरिणामों से प्रथम विश्वयुद्ध के समय ही परिचित हो चुके थे, और उसी की परिणति उनकी 'राष्ट्रवाद' पुस्तक है। पश्चिमी राष्ट्रवाद उनके लिए चिन्तित करनेवाला इसलिए था कि भारत में किसी एक प्रजाति के लोग नहीं रहते : "भारत का इतिहास...सृजन की ऐसी प्रक्रिया है जिसमें विश्व की अनेक प्रजातियों ने योगदान दिया है—द्रविड़, आर्य, प्राचीन यूनानी, फ़ारसी, पश्चिमी और मध्य एशिया के मुसलमानों ने।"[38]

रवीन्द्रनाथ किसी एकल प्रजातीय राष्ट्र (धर्म, क्षेत्र, वर्ण, जाति चाहे वह जिस आधार पर हो) की धारणा के विरुद्ध थे। यह बात उनके द्वारा प्रदत्त राष्ट्रगान 'जन गन मन' से भी स्पष्ट है। एक दूसरी महत्त्वपूर्ण बात, जो हुमायूँ कबीर की स्थापना

है, भारतीय विदेश नीति और भारतीय संविधान, दोनों दृष्टियों से भारत को गुटनिरपेक्षता और संघात्मक स्वरूप देने में रवीन्द्रनाथ के राष्ट्रवाद सम्बन्धी विचार का महत्त्वपूर्ण योगदान है।[39]

रवीन्द्रनाथ की मुख्य दृष्टि यह थी कि मनुष्य पूरे विश्व से सम्बन्धित है। इस विचार के अभाव में कोई भी देश आपसी कलह और कर्महीनता का शिकार हो जाता है, जैसा कि भारत के साथ घटित होते दिखाया जाता रहा है :

> *...हमने भारत के चरित्र को इस रूप में खो दिया है कि व्यक्ति पूरे विश्व से सम्बन्धित है। हमारे कार्यकलाप और विचार उस मनमानी व्याख्या के अधीन हो गए हैं जिसमें भारत संकीर्ण और श्रीहीन है। यह व्याख्या प्रमुखता देती है हमारे जुगाड़पन्थ की, और सिद्ध करती है कि कुछ भी महान करने की क्षमता हममें नहीं है।*[40]

आशीष नन्दी ने रवीन्द्रनाथ के इस कथन को उद्धृत करते हुए ठीक ही स्मरण किया है राममोहन राय को, जिन्होंने भारत की समस्या को पूरे विश्व से काटकर देखने से इनकार कर दिया था। रवीन्द्रनाथ को बंगाल का नवजागरण विरासत में मिला था, जिसमें कुछ अपवादों को छोड़कर 'शुद्ध' राष्ट्रवाद की धारणा कभी नहीं रही।[41] रवीन्द्रनाथ ने पश्चिम की युग-चेतना का उल्लेख किया है, जो उसके राष्ट्र से भिन्न है, और माना है कि उसके कारण भारत की विभिन्न नस्लों में समान सम्बन्ध-सूत्र में बँधने की इच्छा पैदा हुई।[42] पश्चिम की युग-चेतना के महत्त्व का प्रतिपादन रवीन्द्रनाथ को आधुनिकता के विचार से जुड़े लोगों की पंक्ति में खड़ा करता है। लेकिन इसे उनकी पश्चिमोन्मुखता नहीं कहा जा सकता है। वे पश्चिम के मानववादी मूल्यों का स्वागत करते हैं और मानते हैं कि उसमें कुछ देने की क्षमता है; लेकिन यह भी कहने से नहीं चूकते कि वह एक-दूसरे का सर्वश्रेष्ठ देने-लेने में अक्षम है।[43]

रवीन्द्रनाथ और गांधी जी में देखने की दिशा का अन्तर है। एक का सर्वभौमिकता में विश्वास है, दूसरे का राष्ट्रवाद में; दोनों के लिए महत्त्वपूर्ण मानवता है। गांधी जी मानते हैं अन्तर्राष्ट्रवाद तक पहुँचने का मार्ग भी राष्ट्रवाद है, जैसे युद्ध के मार्ग के द्वारा शान्ति तक पहुँचने की बात कही जाती है।[44] इस तरह, गांधी जी मानवता को प्राप्त करने का प्रथम स्रोत देशीय परम्परा को मानते हैं। रवीन्द्रनाथ, इसके विपरीत, जैसाकि अमर्त्य सेन लिखते हैं : "टैगोर विवेक के लिए अधिक जगह देते हैं, और शेष दुनिया के बड़े हित को ध्यान में रखकर परम्परावादी दृष्टि पर उनका जोर कम है; और वे सामान्यत : विज्ञान और वस्तुनिष्ठता को ज़्यादा आदर देते हैं।"[45]

रवीन्द्रनाथ और गांधी जी का विचार-मिश्रण जवाहरलाल नेहरू में देखा जा सकता है। उन्हें दोनों का सघन सान्निध्य प्राप्त हुआ, जो स्वयं उनके लिए सबसे अधिक गर्व के विषयों में से था। देश को नेहरू ने रवीन्द्रनाथ और गांधी जी के समान आत्मसात अवश्य किया था, लेकिन उसकी प्रक्रिया उनके यहाँ भिन्न थी—वे पश्चिम के मार्ग से देश की ओर लौटे थे। इसे उन्होंने स्वीकार किया है :

हिन्दुस्तान मेरे खून में समाया हुआ था और उसमें बहुत कुछ ऐसी बात थी, जो स्वभाव से मुझे उकसाती थी। फिर भी, मौजूदा जमाने को और पुराने जमाने की बहुत-सी बची हुई चीजों को नफरत की निगाह से देखता हुआ मैं जैसे एक विदेशी आलोचक की हैसियत से उस तक पहुँचा। अगर कहा जाय कि पश्चिम के रास्ते से उस तक पहुँचा और मैंने इस तरह देखा जिस तरह कि कोई पश्चिम वाला दोस्त देखता है, तो बेजा न होगा। मैं इस बात के लिए उत्सुक और फिक्रमन्द था कि उसके नजरिये को और उसकी रूपरेखा को बदल दूँ और उसे हाल के ज़माने का जामा पहनाऊँ। फिर भी जी में सन्देह उठते थे। मैं जो उसके अतीत की देन को मिटाने का साहस करने जा रहा था, क्या मैं हिन्दुस्तान को ठीक-ठीक समझ सका था?[46]

नेहरू अतीत की देन को मिटाने का साहस नहीं कर सकते थे, लेकिन उसकी एक ऐसी व्याख्या करने में अवश्य सक्षम थे जो भारत को मेल-मिलाप की संस्कृति की प्राचीन भूमि साबित करे, और उनकी आधुनिक दृष्टि का भी लोहा मनवाए। इतिहास की अपर्याप्तता के बावजूद वे ऐसा कर सके, इस बात में उनकी मौलिकता झलकती है और उनका आधुनिक विवेक भी। यूरोपीय प्रज्ञा से वे किंचित अभिभूत थे। वे भारतीय राष्ट्रवाद को उसके उस मॉडल से अलग ले जाकर देखते थे, जिसमें रवीन्द्रनाथ और गांधी जी के विचारों की भी भूमिका थी। नेहरू राजनीति में मूलतः इतिहास-बोध के आदमी थे। एक ऐसे इतिहास-बोध का जो वर्तमान की ज़रूरतों के मुताबिक इतिहास गढ़े, और वह भी अतीत को बगैर क्षति पहुँचाए। इस बात ने उन्हें भारतीय राजनीति में नए विचार और व्यवहार का अगुआ बना दिया था। वे राष्ट्रीयता और अन्तर्राष्ट्रीयता में गहरे संवाद और समझौते के पक्षपाती थे।

पुरानी परम्पराओं को बहुत हद तक कबूल करना पड़ता है और उन्हें नये विचारों और नई हालतों के मुताबिक लाने के लिए उनमें हेर-फेर करना पड़ता है। साथ ही नई परम्पराओं को कायम करना भी जरूरी है। राष्ट्रीयता का आदर्श एक गहरा और मजबूत आदर्श है और यह बात नहीं कि इसका ज़माना बीत चुका हो और आगे के लिए इसका महत्त्व न रह गया हो; लेकिन और भी आदर्श, जैसे अन्तर्राष्ट्रीयता और श्रमजीवी वर्ग के आदर्श, जो मौजूदा जमाने की असलियतों की बुनियाद पर ज़्यादा कायम हैं, उठ खड़े हुए हैं, और अगर हम दुनिया की कशमकश को बन्द कर अमन कायम करना चाहते हैं, तो हमें इन जुदा-जुदा आदर्शों के बीच एक समझौता कायम करना होगा, आदमी की आत्मा के लिए राष्ट्रीयता का जो आकर्षण है, इसका लिहाज करना पड़ेगा, चाहे उसके दायरे को कुछ सीमित ही करना पड़े।[47]

नेहरू राष्ट्र की व्याख्या में मानवता के विचार की दृष्टि से रवीन्द्रनाथ और गांधी जी के निकट अवश्य थे लेकिन वे न तो रवीन्द्रनाथ के समान 'प्रति-राजनीतिक'[48] थे और न ही गांधी जी के समान धर्म के गुणों के प्रति झुकाव रखनेवाले। इसके बावजूद

कि उनके विचारों में एक खास संस्कृतिक अन्तर्दृष्टि सक्रिय रही, उनका रुख मुख्यत : तर्कबुद्धिवादी था। उनके इस रुख में मार्क्सवाद का योगदान है, जिसे यूरोपीय ज्ञानोदय की विकसित अवस्था माना जाता है। नेहरू ने खुद माना है :

> *मार्क्सवादी सिद्धान्त और दर्शन ने मेरे मस्तिष्क के कई अँधेरे कोने को प्रकाशित किया है। इतिहास मेरे लिए नए अर्थ के रूप में उपस्थित हुआ। उस पर मार्क्सवादी व्याख्या का भरपूर प्रकाश पड़ा। कुछ अनुशासन और उद्देश्य के साथ यह आँख खोलने वाले नाटक के रूप में आया, तथापि अवचेतन रूप से...*[49]

नेहरू के द्वारा अन्तर्राष्ट्रीय और श्रमजीवी वर्ग के आदर्श को ज़माने की असलियत पर कायम बताना और उसके पक्ष में राष्ट्रीयता के दायरे को सीमित करने की सिफारिश करना उनके दृष्टिकोण की प्रगतिशीलता पर आधारित है। उसी तरह गांधी जी का 'रामराज्य' पुनरुत्थानवाद से भिन्न एक ऐसा यूटोपिया है जिसमें मानवता और सर्वभौमिकता का भाव मुख्य है, और राष्ट्रीयता उसकी रीढ़ है। रवीन्द्रनाथ ने रूसी क्रान्ति को हसरत की निगाहों से देखा था, और 1930 में अपनी रूस-यात्रा के दरम्यान रूसी जनता की प्रगति और शिक्षा के प्रति आश्चर्यमिश्रित प्रशंसा व्यक्त की थी।[50] रवीन्द्रनाथ, गांधी जी, नेहरू और उन जैसे विचारक, हमारे कहने का आशय है, विश्व में हो रहे परिवर्तनों और वैचारिक प्रवाहों को आशा भरी निगाहों से देख रहे थे, और इसके पीछे मानवतावादी प्रेरणाएँ काम कर रही थीं। उस ज़माने के मार्क्सवादी, इसके विपरीत, स्तालिनवादी प्रभाव के कारण इनके महत्त्व को अस्वीकार करने की मुद्रा में थे। इस सन्दर्भ में बिपनचन्द्र, जो स्वयं मार्क्सवादी इतिहासकार हैं, की टिप्पणी उल्लेखनीय है :

> *लगभग सभी मार्क्सवादी, और अकेले स्तालिन नहीं, इस रोग से पीड़ित रहे कि सत्य पर मार्क्सवाद का एकाधिकार है; वे गैरमार्क्सवादी विचार और चिन्तकों के प्रति उपेक्षा की भावना से ग्रस्त रहे और अपने विचार की अपूर्णता को समझने में असफल रहे। हमारे देश में मार्क्सवादियों द्वारा भारतीय समाजवादी और मुक्तिवादी चिन्तन के योगदान के प्रति लगभग पूरी उपेक्षा का भाव प्रदर्शित किया गया। वे गांधी और नेहरू से सीखने में असफल रहे अथवा उन्हें नकार ही दिया। वे दादाभाई नौरोजी, राजा राममोहन राय, जस्टिस रानाडे, जोतिबा फुले अथवा विवेकानन्द पर बोलने से चुप रहे—अथवा तुलसी, नानक, कबीर, तुकाराम, रामानुजम और चैतन्य पर भी बोलने से।*[51]

यह बात सोवियत संघ के पतन के ठीक बाद लिखी गई, जब साम्यवादी शासन व्यवस्था पश्चिमी राष्ट्रवाद की चुनौतियों का सामना करने में नाकाम हो गई थी। सोवियत संघ के पतन ने एक बार फिर पश्चिमी देशों के नेता और राजनीति के जानकारों को चिंतित कर दिया। उन्हें विश्वयुद्धों के जमाने के राष्ट्रवाद के पुनरुत्थान और विश्वशान्ति के प्रति खतरों का अन्देशा होने लगा। उसके बाद राष्ट्रवाद पर विचार

का एक नया सिलसिला देखने को मिलता है। भारत में राष्ट्रवाद पर विचार का वह सिलसिला बाबरी मस्जिद के विध्वंस और हिन्दुत्व के साम्प्रदायिक विस्तार की चिन्ता से जुड़ कर चला। साम्यवादी और सबाल्टर्न इतिहासकारों के अतिरिक्त वैसे कई इतिहास और राजनीति में दखल रखनेवाले लेखक उभरे जिनके लिए राष्ट्रवाद के प्रश्न पर विचार की मुख्य प्रेरणा लोकतन्त्र और बहुलतावादी संस्कृति की रक्षा रही है।

स्तालिन युग से पहले यानी लेनिन के समय में, तब भारत में कम्युनिस्ट पार्टी नहीं बनी थी, मानवेन्द्र नाथ राय (भारतीय कम्युनिस्ट पार्टी के संस्थापक पुरुष) का गांधी जी के प्रति आलोचनात्मक रुख था। वे गांधी जी को बुर्जुवा राष्ट्रवादी मानते थे और राजनीति के प्रति उनकी धार्मिक प्रवृत्ति के सख्त खिलाफ थे। यह बहुत बाद में उन्होंने स्वीकार किया कि गांधी जी का विचार 'नैतिक, मानववादी, सार्वभौम था'।[52]

साम्यवाद और पश्चिमी राष्ट्रवाद में एक समानता है, जिसकी ओर भारतीय कम्युनिस्टों का ध्यान बहुत कम जाता है। साम्यवादी क्रान्ति, जैसा कि एंगेल्स के एक कथन से प्रकट है, "किस प्रकार आबादी के एक हिस्से की इच्छा का दूसरे हिस्से पर रायफल, संगीन और तोप से आरोपण है।" पश्चिम में यही भूमिका राष्ट्रवाद ने भी निभाई है। भारतीय राष्ट्रवाद की दो-तिहाई से अधिक प्रवृत्तियाँ इस अपराध से मुक्त हैं।

कम्युनिस्ट, यह अच्छी बात है, वर्ग प्रभुत्व, असमानता, गरीबी, अर्थिक और सांस्कृतिक मूल्यों में गिरावट, जातिवाद, सम्प्रदायवाद आदि विषयों पर गम्भीर रहे हैं। भारत की सांस्कृतिक बहुलता की रक्षा पर उनका जोर रहा है। राष्ट्रों के आत्मनिर्णय के अधिकार के सम्बन्ध में उनके विचार का सैद्धान्तिक महत्त्व है। लेकिन व्यवहार में उन्होंने उसे विघटन के विचार में बदलने की गलती की है। आत्मनिर्णय के अधिकार का यह अर्थ नहीं कि धर्म के आधार पर राष्ट्र हो, लेकिन इसे मुहम्मद अली जिन्ना ने कर दिखाया। गांधी जी ने सबसे पहले और तर्कयुक्त ढंग से जिन्ना द्वारा पाकिस्तान की माँग का खंडन किया था।[53] कम्युनिस्ट इस मुद्दे पर 'विचार की वैज्ञानिकता' को सिद्ध करने में असफल रहे। उनका आदर्श सोवियत संघ था जिसने जातियों के आत्मनिर्णय के अधिकार को स्वीकार किया था, और इसे तीसरे कम्युनिस्ट इन्टरनेशनल से वैधता प्राप्त हुई थी। यह सोवियत संघ जैसे भौगोलिक और नस्ली विविधता वाले देश के लिए भले ही ठीक हो सकता था, लेकिन उसे भी पचहत्तर साल बाद नब्बे के दशक में दुनिया ने विघटित होते हुए देखा। वह दुर्भाग्यपूर्ण था, लेकिन उससे भी अधिक दुर्भाग्यपूर्ण 1947 में भारत के तीन टुकड़े होना था। सोवियत संघ में शामिल कजाक, दगिस्तान, उजबेक, तातर, बशकिर आदि भिन्न-भिन्न राष्ट्रों में नस्ल के आधार पर बँटे थे। भारत में हिन्दू और मुसलमान नस्ली कारण से अलग नहीं रहे, धार्मिक कारणों से रहे हैं। धर्म के आधार पर दो राष्ट्र के सिद्धान्त के पीछे सामाजिक जीवन और राजनीति की कई पेचीदगियाँ काम कर रही थीं, जिसे नहीं समझने के अभिनयों के पीछे भी, अनुमान किया जा सकता है, कुछ पेच रहे हैं।

देश के विभाजन के मामले में लीग और जिन्ना के पक्ष को समझना खास कठिन नहीं है। जिन्ना मार्च, 1940 में लाहौर के अध्यक्षीय वक्तव्य से पहले मुस्लिम समुदाय को राष्ट्र के रूप में नहीं देखते थे। वे खोजा समुदाय में जन्मे थे, जिसे मुसलमान नास्तिक मानते रहे हैं। खुद जिन्ना धार्मिक विश्वास से रहित व्यक्ति थे। हिन्दुओं और मुसलमानों की एकता के प्रयास की दृष्टि से उनकी भूमिका कांग्रेस में भी महत्त्वपूर्ण मानी जाती थी। उन्हें सरोजिनी नायडू ने 'हिन्दू-मुस्लिम एकता के राजदूत' का खिताब दिया था। सेकुलर होने का उनका दावा पाकिस्तान की स्थापना के समय में भी बना रहा था। पाकिस्तान की संविधान सभा के समक्ष, अत्यन्त विरोधाभासी रूप से, उन्होंने अध्यक्षीय वक्तव्य में कहा था :

> *आप आजाद हैं : आप अपने मन्दिरों में जाने के लिए आज़ाद हैं, आप अपनी मस्जिदों में जाने के लिए आज़ाद हैं, या पाकिस्तानी हुकूमत में कहीं भी इबादत के लिए आजाद हैं। आप किसी भी मजहब या जाति या ख़याल को अपना सकते हैं—इन बातों से हुकूमत को कोई लेना-देना नहीं है।...आप देखेंगे कि यहाँ हिन्दू हिन्दू रहेगा और मुसलमान मुसलमान, न केवल मजहबी मायने में, क्योंकि वह हर आदमी के निजी विश्वास का मामला है, बल्कि राज्य के नागरिक होने के नाते सियासती मायने में भी।*[54]

पाकिस्तान की संविधान सभा के समक्ष दिए गए इस अध्यक्षीय वक्तव्य का अभिप्राय क्या हो सकता है? इसे थोड़ा विस्तृत ऐतिहासिक सन्दर्भ में देखें तो दिलचस्प निष्कर्ष निकलेंगे।

मुहम्मद अली जिन्ना से पहले उर्दू के प्रख्यात शायर और चिन्तक इक़बाल ने मुसलमानों के अलग राज्य की इच्छा व्यक्त की थी। 1930 में लीग के अध्यक्षीय वक्तव्य में उन्होंने कहा था कि 'पश्चिमोत्तर-भारतीय मुस्लिम राज्य' होना चाहिए। इसमें कुछ लोग पाकिस्तान की माँग का सूत्र खोजते हैं, जो सही प्रतीत नहीं होता। इक़बाल 'भारतीय मुस्लिम राज्य' कह रहे थे। 'भारतीय' पूर्वपद से स्पष्ट है कि वे भारत से अलग मुस्लिम राज्य की माँग नहीं कर रहे थे। उनकी बात में मुसलमानों को स्वायत्तता प्रदान करने की इच्छा-भर थी। पाकिस्तान की कल्पना सबसे पहले रहमत अली नाम के व्यक्ति ने 1933 और 1935 में लिखे अपने दो परचों में की थी, जिसे लीग ने भी बचकानी बात करार दी थी।

भारतीय मुस्लिम राज्य की इच्छा इक़बाल ने क्यों व्यक्त की थी, इसे समझना भी कोई मुश्किल नहीं है। हिन्दू धर्मावलम्बी वर्ण, जाति, पन्थ आदि में बँटे होने के बावजूद भारतीय मुसलमानों की तुलना में सांस्कृतिक अस्मिता बनाने में ज़्यादा सक्षम थे। इसमें उनका देशीय अतीत मदद पहुँचाता था। मुसलमान धार्मिक हठ के बावजूद इस स्थिति में नहीं थे। वे विभिन्न क्षेत्रों और उसकी संस्कृतियों में बँटे हुए थे। उत्तर भारत के शहरों में ही तहजीब और भाषा के खास अन्दाज के कारण उनकी थोड़ी-बहुत पहचान तय हुई। दूसरी बात, जिन क्षेत्रों में वे बहुसंख्यक कहे जा सकते थे, आर्थिक कारणों

से वहाँ भी शक्तिशाली नहीं कहे जा सकते थे। ये ऐसी परिस्थितियाँ थीं जिनके कारण अलग भारतीय मुस्लिम राज्य की बात सोची गई होगी। जिन्ना ने 'दो राष्ट्र' की बात कहकर अलगाववाद को प्रबल आधार अवश्य प्रदान कर दिया था, लेकिन उनकी भी मंशा दो सम्प्रभुता की नहीं रही थी। 1940 में लाहौर-भाषण में जिन्ना ने जब कहा था– "मुस्लिम अल्पसंख्यक नहीं हैं। मुस्लिम किसी भी परिभाषा से राष्ट्र हैं,"[55] तो उसमें जज़्बात की ही मात्रा अधिक थी, जिसे सुधारा जा सकता था। दूसरी बात, मुसलमानों के पास धर्म के अलावा कोई आधार नहीं था जिसके आधार पर वे अपने हितों की रक्षा की बात कर सकें, और धर्म के कारण ही वे भारतीय अस्मिता का पूर्ण अंग बनने में विफल थे। इस द्वैत को भारतीय राष्ट्रवादी अभियानों में ज़्यादा ही गम्भीरता से लिया जाना चाहिए था।

अगस्त, 1947 के अध्यक्षीय वक्तव्य में जिन्ना ने जब कहा था 'आप आज़ाद हैं', उसका मतलब निकलता है : हम आज़ाद हैं–हम अल्पसंख्यकता की मजबूरी से आज़ाद हैं।

पाकिस्तान जिन्ना ने बनाया है, इस बात में आधी सच्चाई है। सबसे पहली बात, जिन्ना उतने बड़े नेता थे ही नहीं कि वे किसी पृथक् देश की रचना कर डालें। मुस्लिम नेताओं में उनका कद कांग्रेस के मौलाना अबुल कलाम आजाद से छोटा था। वे नहेरू और पटेल की बराबरी की योग्यता कदापि नहीं रखते थे। दूसरी बात, वे घोर अभिजातवादी थे, और नास्तिक अलग से। इस कारण वे मुस्लिमों का प्रतिनिधित्व करने की योग्यता कम ही रखते थे। हिन्दुओं और मुसलमानों में एकता के उनके पूर्व प्रयासों ने उन्हें अगली कतार में खड़ा किया था। दूसरी बात, आधुनिक शासन व्यवस्था के विचार से मुसलमानों में शिक्षित-दीक्षित नेतृत्व की कमी थी। इस बात ने उन्हें पाकिस्तान की रचना का कर्ता-धर्ता बना दिया।

दूसरी ओर, जो लोग यह मानते हैं कि पाकिस्तान के निर्माण में गांधी जी द्वारा राजनीति में धर्म को महत्त्व दिए जाने की प्रकट भूमिका रही है, वे अपने वैचारिक निष्कर्ष में जिन्ना के करीब पड़ते हैं। जिन्ना जब तीसरे दशक के अन्तिम वर्षों में राजनीतिक कैरियर की दृष्टि से पिछड़ रहे थे और ज़्यादा समय इंग्लैंड में बिताने लगे थे, उस समय गांधी जी ने उन्हें मुस्लिम समुदाय का प्रतिनिधि माना था, और कांग्रेस और लीग में समझौते की दृष्टि से उनमें सम्भावना देखी थी। यह तो 1938 में जब जिन्ना को लीग का अध्यक्ष चुना गया और राष्ट्रीय आन्दोलन अपने निर्णायक मुकाम पर था, तब उन्हें गांधी जी पर आरोप लगाने का सुनहरा मौका मिला कि गांधी जी का आदर्श है हिन्दू धर्म को पुनर्जीवित करना और इस देश में हिन्दू राज कायम करना। यह एक बेबुनियाद बात थी। क्योंकि न तो हिन्दू धर्म मरा था, जिसे पुनर्जीवित करने की जरूरत पड़ती, और न ही गांधी जी ने हिन्दू राज कायम करना चाहा था।

उस निर्णायक दौर में, जब भारतीय राजनीति में संघटन और विघटन की अनेकानेक प्रवृत्तियाँ सक्रिय हो गई थीं, गांधी-चिन्तित धर्म और राजनीति के सम्बन्धों

में विघटन पैदा करने का अर्थ था उग्र धार्मिकता के लिए पूरी तरह मैदान खाली कर देना। गांधी जी के लिए, हमारी समझ से, धर्म स्वदेश-चिन्तन और मानवता के श्रेष्ठ मूल्यों के साथ होने से अधिक कुछ नहीं था।

गांधी जी में कमी इस मामले में कहीं थी तो वे राजनीति और धर्म के अतिरिक्त समकालीन दूसरी गतिविधियों पर, विशेषकर सांस्कृतिक संगठनों की कोशिशों की तरफ, कम ध्यान दे पाते थे। यह कमी परवर्ती राष्ट्रवाद की ही थी जो मूलतः राजनीति-केन्द्रित थी। उसकी दो-तिहाई शक्ति साम्राज्यवाद-विरोध में खरच होती थी और बाकी शक्ति विभिन्न समुदायों में एकता के प्रयासों में जाती थी। संस्कृति का क्षेत्र जिसे ज़्यादा असरकारी और मूलगामी बनाया जा सकता था, राष्ट्रवादी कार्यसूची में उसका महत्त्व क्रमशः कम होता गया था।

देश के बँटवारे का एक कारण भाषा-विवाद को भी माना जाता है। हिन्दू समुदाय और मुस्लिम समुदाय के हितों को एक बार राजनीतिक समझौतों से तो सुलझाया जा सकता था, लेकिन हिन्दी और उर्दू का अन्तर जिस मुकाम पर पहुँच चुका था उसमें बीच का रास्ता निकालना लगभग असम्भव था। गांधी जी समस्या के समाधान के रूप में जिस हिन्दुस्तानी की बात करते थे उसकी समाज और साहित्यिक लेखन में कोई जड़ ही नहीं थी। दूसरी ओर, हिन्दी और उर्दू से जुड़ी अलग-अलग भावनाएँ इतनी प्रबल हो गई थीं कि किसी प्रकार के समझौते की गुंजाइश नहीं रह गई थी। इसका कोई ऐतिहासिक हल एक प्रक्रिया में निकल सकता था, लेकिन पाकिस्तान के निर्माण ने उस समस्या को लगभग समाप्त कर दिया। अब राष्ट्रभाषा के सवाल पर हिन्दी का विवाद उर्दू से कम और अँगरेज़ी की सत्ता से अधिक था, जिसमें देश के दूसरे भाषा-भाषियों ने हिन्दी का बहुत कम साथ दिया।

बहरहाल, जिन्ना के द्वारा पाकिस्तान की माँग के बाद यह अहसास होने लगा था कि राष्ट्रभाषा का सवाल पाकिस्तान की कल्पना में सहायक हो रहा है। यह भी समझ सामने आने लगी थी कि यह एक कृत्रिम झगड़ा था जिसका आधार शहरी क्षेत्र था, इसके बावजूद यह देश को तोड़ने में कारगर साबित हो रहा था। राष्ट्रभाषा के सवाल को 'जनता' से जोड़ कर देखा गया होता तो दूसरी तसवीर सामने आ सकती थी। 1943 में माखनलाल चतुर्वेदी ने इस पूरे प्रसंग पर प्रकाश डालते हुए कहा था :

> *उर्दू और हिन्दी का झगड़ा हम कृत्रिम रूप से राष्ट्रभाषा का सवाल बनाये हुए हैं। हमने जो भाषाएँ गढ़ रखी हैं, वे शहराती हैं और फ़ारसी और अरबी के विदेशी शब्द तथा संस्कृत के कठिन शब्द दोनों की हिमायत हमें एक ही जगह पहुँचाती है—यानी वह राष्ट्रभाषा को शहरों में रोक लेती है; उसकी गाँवों तक जाने की क्षमता नष्ट कर देती है। जो लोग पाकिस्तान की माँग करते हैं, उन्हें भाषा में भी पाकिस्तान चाहिए। किन्तु गरीबों द्वारा की जानेवाली देश की सर्वांगीण क्रान्ति में ये पाकिस्तान टिकेंगे नहीं। जब कठिन उर्दू और फ़ारसी के शब्दों की मांग की जाती है, तब देश के टुकड़े कर, तब भाषा के टुकड़े*

कर, उसका एक अलग स्वरूप, बोझ की तरह देश पर लादा जाता है। किन्तु जब हम कठिन संस्कृत शब्द हिन्दी में ठूँस कर उसकी गतिशीलता नष्ट करते हैं, तब हम भाषा के सन्त वाणी की तरह सरल होने के पथ में रोड़े अटकाते हैं और पाकिस्तान की माँग का सिद्धान्ततः समर्थन करते हैं।[56]

आजादी जैसे-जैसे करीब आती जा रही थी राष्ट्रभाषा के ही समान राजनीति को शहरों में रोक लेने के प्रयास की भी गति बढ़ गई थी। गांधी जी ने राजनीति को गहन रूप से सामाजिक नजरिए से देखा था, और अंचलों और गाँवों को बदहाली से मुक्त करने में भारत की खुशहाली समझी थी। इस मामले में कांग्रेस अपने राजनीतिक मकसद से ही गांधी जी के साथ थी। उसके अधिकांश नेताओं का गाँवों से वास्तविक जुड़ाव बहुत कम था। ग्रामीण स्तर पर सामाजिक-शैक्षणिक तरक्की के प्रयासों का अभाव रहा। यह भी एक पक्ष था जिसके कारण जन-जीवन में सकारात्मक राजनीतिक सोच की तुलना में जाति और धर्म आधारित संगठनों को आगे बढ़ने का मौका मिला। यहाँ माना जा सकता है कि इसी कारण विघटनकारी शक्तियों को चुनौती देने की नैतिक शक्ति कांग्रेस के बहुत कम नेताओं में थी।

जिन्ना ने पाकिस्तान की माँग की, यह ठीक है; लेकिन इसी से वे अपने मकसद में कामयाब नहीं हुए; यह काफी कुछ, जैसा कि सुनील खिलनानी ने माना है, हिन्दू बहुसंख्या और कांग्रेस के रवैये और कार्रवाइयों पर भी निर्भर था।[57] कांग्रेस में राजनीतिक स्वतन्त्रता की चाहत जिस मात्रा में थी, उसी मात्रा में राष्ट्रीय एकता के सवालों से जूझने का माद्दा नहीं था। उसकी सबसे बड़ी सीमा थी कि उसे अन्ततः अपने हिन्दू आधार पर निर्भर होना था।

1947 में, सब बातों के बावजूद, जब भारत को आजादी मिली, प्रधानमन्त्री नेहरू की इस घोषणा से अन्तर्राष्ट्रीय स्तर पर देश को नैतिक बल मिला, जिसमें कहा गया—भारत नये उदार, लोकतान्त्रिक और सेकुलर 'राष्ट्रीय दर्शन' पर कायम रहेगा। सफलतापूर्वक चुनाव जीतने के बाद उन्होंने लोकतन्त्र को देश की नई राष्ट्रीय पहचान के रूप में पेश किया, और घोषित किया कि यह भारतीय राज्य की 'पूर्ण' और 'प्रश्नातीत' बुनियाद है जिससे किसी बड़े संकट के कारण ही विचलित होना सम्भव होगा।[58]

1947 में एक दीर्घकालीन राष्ट्रीय आन्दोलन से प्राप्त स्वाधीनता का अर्थ देश का निर्माण एक ऐसे राष्ट्र के रूप में होना था जिसमें आधुनिकीकरण और परम्परा के बीच तालमेल बैठाया जा सके। आर्थिक और औद्योगिक विकास के साथ-साथ देशी जनों को एक ऐसे सांस्कृतिक सूत्र में बाँधना था जो 'सांस्कृतिक बहुलता' और 'संस्कृतियों की संघात्मकता' का आदर्श प्रस्तुत कर सके। विविधता में सह-अनुभूति, अनेक विध्वंसों और टूट-फूट के बावजूद, भारतीय परम्परा की दुर्लभ विशेषता रही है। आधुनिक युग में, इस दृष्टि से, राष्ट्रवादी आन्दोलन की भूमिका महत्त्वपूर्ण रही है। इसने उपनिवेशवाद से मुकाबला करने की शक्ति अर्जित करने की जरूरत से सभी सामाजिक वर्गों को एकताबद्ध करने का प्रयास किया था। अनेक कमियों और अन्तर्विरोधों के बावजूद इसमें संघटन का पहलू भारी था।

1947 के बाद राष्ट्रवाद सरकारी शब्दावली में राष्ट्रनिर्माण का पर्याय हुआ, जिसकी कार्यसूची में औद्योगिक और आर्थिक विकास का मुद्दा सर्वोपरि हुआ। पाकिस्तान बनने के रूप में विघटन का शिकार हुए इस देश के नेतृत्वकारी वर्ग को दृढ़ विश्वास था कि विकास ही वह मन्त्र है जिससे भारत को एक उन्नत और विकसित राष्ट्र बनाया जा सकता है, और इसी प्रक्रिया के सहारे विदेशी शासन द्वारा सार्वजनिक जीवन में फैलाई गई गड़बड़ियों को दूर किया जा सकता है। विकास के मुद्दे से, यह ठीक है, बचा नहीं जा सकता था। लेकिन इससे अलग, सामाजिक और सांस्कृतिक प्रगति पर जो ध्यान दिया जाना चाहिए था, नहीं दिया गया और इस क्षेत्र में कुछ करने का प्रयास हुआ भी तो नौकरशाही के भरोसे। राष्ट्रीय आन्दोलन की परियोजना के अंग रहे विभिन्न मुद्दों को या तो नज़रअन्दाज किया गया, या विभिन्न समुदायों, क्षेत्रों, धर्म अथवा जाति के स्वार्थों के दबाव में आकर उन्हें दबा दिया गया। इसके परिणाम बहुत तेजी से सामने आए। सातवें दशक के आखिरी वर्षों में राष्ट्रीय जीवन को धक्का लगना शुरू हो गया। 'राष्ट्रनिर्माण' जैसी अवधारणा की छाया में राष्ट्रवाद 'प्रजातीय-राजनीति का मामला'[59] होने लगा। विभिन्न प्रकार की प्रजातीय अस्मिताएँ, जो राष्ट्रवादी आन्दोलन के दरम्यान दबती रही थीं, सत्ता-प्रभुत्व के विचार से नए सिरे से सर उठाने लगीं।

स्वाधीनता आन्दोलन के राष्ट्रवाद की बड़ी ताकत थी उसके द्वारा 'राष्ट्र जनता' की तलाश का प्रयास। उसकी यह परियोजना अधूरी रह गई, क्योंकि राष्ट्रीय बुद्धिजीवी वर्ग ने जनता से भावनात्मक एकता की शक्ति ही विकसित नहीं की। बुद्धिजीवियों का आज भी यह दायित्व बना हुआ है कि वे नेतृत्व को अपने हाथ में लें, नेता के रूप में नहीं, सामाजिक बौद्धिक के रूप में—यह सन्देश स्वाधीनता आन्दोलन के राष्ट्रवाद में खोजा जा सकता है। "इस उत्साह के बिना" जैसाकि ग्राम्शी ने लिखा है, "बुद्धिजीवियों और जनता-राष्ट्र के संवेदनात्मक सम्बन्ध के बिना कोई भी व्यक्ति राजनीति और इतिहास नहीं रच सकता।"[60] ऐसे सम्बन्ध के अभाव में शुद्ध नौकरशाही का बोलबाला होता है। लेकिन इस सम्बन्ध के कायम होने पर एक सामाजिक शक्ति के रूप में 'ऐतिहासिक गुट' तैयार होता है।[61]

राष्ट्र और उसके समुदाय

इतिहास के रूप में राष्ट्रवाद की आत्मकथा मूलतः दरारों से भरी है।

—पार्थ चटर्जी

राष्ट्रवाद एक तात्त्विक (मेटॅफिजिकल)[1] संवृत्ति है, जिसका सम्बन्ध व्यक्तियों में कुछ विशेष और ठोस धरातल पर सह-अनुभूति पैदा करने की महत्त्वाकांक्षा से है। यह महत्त्वाकांक्षा एक ओर आपसी जुड़ाव की सफल तात्त्विकी का निर्माण करती है, दूसरी ओर अपने को आदर्श मानकर दूसरे समुदायों पर प्रभुत्व कायम करने का कवायद करती है। इस रूप में राष्ट्रवाद मुख्यतः उपनिवेशवादी और साम्राज्यवादी राष्ट्रों का सिद्धान्त है, जो उनके वैश्विक विस्तार और दमन को वैधता प्रदान करता है। यह अपनी अखंडता और श्रेष्ठता के विचार से आविष्ट दूसरे देशों में, जहाँ-जहाँ इसके पैर पड़ते हैं, छिन्नभिन्नता को साबित करने अथवा ऐसी अवस्था पैदा करने के प्रयास में कोई कसर नहीं छोड़ता है। लेकिन दूसरी ओर, जैसा कि बहुत स्वाभाविक है, यह अपने प्रतिरोध में और कुछ हद तक प्रेरणा-स्रोत बनकर, अधीन क्षेत्रों के निवासियों को अपनी अस्मिता की तात्त्विकी गढ़ने का अवसर देता है।

अँगरेज़ी राज से पहले, यह एक तथ्य है, भारत के समृद्ध अतीत के बावजूद यहाँ के लोग अपनी वैसी कोई पहचान बताने में असमर्थ थे जो जाति, सम्प्रदाय और सीमित क्षेत्रों का अतिक्रमण करती हो। इसके कारण अँगरेज़ों को कहने का मौका था कि 'भारत न है और न कभी था'। दूसरी ओर, भारतीयों के समक्ष अपनी सीमित पहचान से बिलकुल मुक्त होकर राष्ट्रीय चरित्र गढ़ने का मोका नहीं था। पारम्परिक अस्मिता से विचलन का अर्थ अपने से शक्तिशाली समूह के पक्ष में अपने हितों को विसर्जित कर देना होता, अथवा दूसरे छोर से देखें तो यह एक प्रभुत्वशाली समूह का छोटे समूहों पर हावी हो जाना होता। 19वीं शताब्दी के नवजागरण में ऐसे प्रयास मौजूद थे जिनमें पारम्परिक अस्मिताओं का विलोप एकनिष्ठ परम्परा के अधीन होना था। यह बात भारतीय परम्परा के अनुरूप नहीं थी। उस नवजागरण का, इसके बावजूद, महत्त्व इस बात में है कि उसमें अपने लोगों की अस्मिता और उसकी विशेष प्रकृति की खोज का विचार था, जिसके आधार पर भारत के राष्ट्र होने का दावा किया जा सकता था। यह कार्य आत्मालोचना और सुधारवाद की शैली में किया जा रहा था। राममोहन राय ने,

जिन्हें भारतीय नवजागरण का प्रथम पुरुष कहा जाता है, लिखा था :

> *मुझे यह कहते हुए दुख हो रहा है कि हिन्दू धर्म की जिस वर्तमान प्रणाली पर हम लोग चल रहे हैं वह हमारे राजनीतिक हितों को बढ़ावा देनेवाला नहीं है। जात-पांत के भेद-भावों ने, जिन्होंने जनता को कितने ही छोटे-छोटे टुकड़ों में बाँट रखा है, राजनीतिक भावनाओं से शून्य कर दिया है। अनगिनत धार्मिक कर्मकाण्डों और पवित्रता सम्बन्धी नियमों ने हमें किसी भी कठिन कार्य को उठाने के पूर्णतः अयोग्य बना दिया। मेरा विचार है कि इस हिन्दू धर्म में कुछ-न-कुछ परिवर्तन होने ही चाहिए, कम-से-कम इसलिए कि हमको राजनीतिक तौर से लाभ हो और जनता को सामाजिक सुख मिल सके।*[2]

हिन्दू धर्म में परिवर्तन और सुधार की यह भाषा एक राष्ट्र की खोज के उपक्रम से भी जुड़ी है। यह सम्प्रदाय की भावना से अछूती न होकर भी सामाजिक-राजनीतिक हित को आगे करके देखती है। इस रूप में यह राष्ट्रवाद और सम्प्रदायवाद को अलग-अलग मानकर किए गए लेखन से भिन्न अपने प्रति अधिक सूक्ष्म विश्लेषण की अपेक्षा रखती है।

राष्ट्रवाद और सम्प्रदायवाद के गठबन्धन की आधारभूमि उपनिवेशवाद था। राममोहन राय द्वारा प्रवर्तित नवजागरण राष्ट्रवाद का आरम्भिक रूप था जिसमें सीमित साम्प्रदायिक अनुभूति थी जो ब्राह्मोसमाज में आगे के दिनों में तीव्र हुई, और उसका कारण ईसाइयत का दबाव था। इसलिए इसे साम्प्रदायिक से अधिक स्वदेशवादी (नेटिविस्टिक) माना जाना चाहिए। दूसरी बात, औपनिवेशिक सांस्कृतिक आक्रमण को जिस क्षेत्र से सबसे पहले मुँहतोड़ जवाब मिल सकता था वह था धर्म; उसके बाद भाषा और शिक्षा के क्षेत्र थे। भारत में प्राचीन काल से विभिन्न धार्मिक सम्प्रदायों को अपने विचारों और विश्वासों के प्रचार की आज़ादी रही है। यही आज़ादी ईसाई मिशनरियों को भी मिली हुई थी। लेकिन 19वीं शताब्दी में ईसाई प्रचारों ने किस हद तक भारतीय धर्म और चिन्तन के समक्ष खतरा पैदा कर दिया था, 1840 में अक्षय कुमार दत्त के द्वारा ब्रह्मोसभा में दिए गए एक भाषण से इसका अन्दाज लगाया जा सकता है :

> *हम एक विदेशी शासन के अधीन हैं, एक विदेशी भाषा में शिक्षा प्राप्त करते हैं, और विदेशी दमन झेल रहे हैं, जबकि ईसाई धर्म इतना प्रभावशाली हो चला है गोया वह देश का राष्ट्रीय धर्म हो।...मेरा हृदय यह सोचकर फटने लगता है कि हिन्दू शब्द भुला दिया जाएगा और हम लोग एक विदेशी नाम से पुकारे जाएँगे।*[3]

देवेन्द्रनाथ ठाकुर और अक्षयकुमार दत्त के नेतृत्व में 'तत्त्वबोधिनी सभा' बनी थी जिसकी वैचारिक अन्तर्वस्तु स्वदेशवाद था। पैंफ्लेटों और सभा की तत्त्वबोधिनी पत्रिका के जरिए किए गए हिन्दू धर्म और वेदान्ती सिद्धान्तों में मौजूद विचारों के प्रचार का प्रभाव ईसाई-प्रचारों की तुलना में भारी पड़ने लगा था। महाराष्ट्र भी इस काम में पीछे नहीं था। हिन्दू धर्म से सम्बन्धित विल्सन की व्याख्या और छवि-विकृतीकरण के विरुद्ध

अनेक पुस्तिकाएँ छपी थीं। विष्णुबाबा ब्रह्मचारी का इस दृष्टि से योगदान बढ़-चढ़ कर था। मुम्बई चौपाटी पर प्रत्येक शनिवार को वे भाषण देते थे और लोगों को बहस के लिए आमन्त्रित करते थे। उनके भाषणों में बहुत-सी ज्ञान-विज्ञान सम्बन्धी बातें शामिल होती थीं। जैसे, कलाओं, विज्ञान और ईश्वर के ज्ञान में क्या अन्तर है, आदि। विष्णुबाबा के विचारों ने ईसाई मिशनरियों को चकित और परेशान कर दिया था। 1859 में उनके विचारों को 'वादोक्त धर्मप्रकाश' नामक पुस्तक में व्यवस्थित रूप से संग्रहीत किया जा सका।

मुसलमानों ने भी ईसाई मिशनरियों के प्रत्युत्तर में इस्लाम धर्म में निहित धार्मिक सत्यों को जोर-शोर से बतलाना शुरू कर दिया था। वे ईसाइयत और यूरोपीय प्रजाति की तुलना में इस्लाम की सार्वभौमिकता को आगे करके रखते थे। लेकिन उनकी तर्क-प्रणाली उन्हें 'महानता' में निहित 'कमी' और अविचलित मध्ययुगीनता की ओर ले जाती थी। यह सिलसिला सर सैयद अहमद का दौर शुरू होने तक लगभग निरअपवाद रूप से बना रहा।

ईसाई प्रयासों को लेकर केवल भारत के हिन्दू और मुसलमान ही आशंकित नहीं थे, स्वयं उस समय के प्रबुद्ध ईसाइयों ने इसे लेकर चिन्ता व्यक्त की थी। जे.ए. डबाय नामक एक पादरी ने अत्यन्त विवेक का परिचय देते हुए ईसाई प्रयासों की आलोचना की थी और हिन्दुओं की श्रेष्ठता पर रोशनी डाली थी, जिसका उल्लेख सखाराम गणेश देउस्कर की पुस्तक 'देश की बात' में है :

> *भारतवर्ष के शान्ति-प्रिय और कलह-विमुख अधिवासियों को पादरियों के आक्रमण का निशाना बनते देख मेरे मन में अत्यन्त क्रोध उत्पन्न होता है।...उन लोगों को परदेशियों की आंखों में असच्चरित्र बनाने के उद्देश्य से पादरीगण अत्यन्त घृणित उपायों से उनके बारे में घोर कलंक की बातें फैलाया करते हैं। हाय! दरिद्र हिन्दू न बाइबल चाहते हैं न बाइबल का उन्हें अभाव ही है।...वे चाहते हैं पहनने को कपड़े और पेट के लिए मुट्ठी-भर चना।...हिन्दुओं को बाइबल की आवश्यकता नहीं है।...भारतवासी प्रायः सब सद्गुणों में हमलोगों के बराबर हैं, और यदि वे किसी बात में हमलोगों से कम हैं तो वह दुर्गुणों में। सारांशतः, मुझे विश्वास है कि शिक्षा, रीति, नीति, सौजन्य और सामाजिक कर्त्तव्य-पालन के किसी-किसी विषय में भारतवासी कई यूरोपियन जातियों की अपेक्षा श्रेष्ठ हैं, कम शायद ही किसी जाति से हों।*[4]

भारतीयों की जातीय श्रेष्ठता उनको संगठित करने की दृष्टि से नाकाफी थी। अतीत में सांस्कृतिक धरातल पर लेन-देन और एकता खोजने की गुंजाइश थी, लेकिन वह खंड भी द्विविभाजनों से मुक्त नहीं था। प्राचीन काल से भारत की ब्राह्मणवादी और गैर-ब्राह्मणवादी दो परम्पराएँ रही हैं। दोनों के अभिप्राय एक जैसे होने के बावजूद, उनमें आपसी भिन्नता और टकराव के चिह्न मौजूद रहे हैं, जिन्हें एकपक्षीय आह्वान से नहीं सुलझाया जा सकता था। एक तीसरी धारा इस्लाम धर्म की थी, जिसने पिछले पाँच-छह

सौ वर्षों में यहाँ की जमीन पर अपना खम्भा काफी मजबूत कर लिया था। सबसे ऊपर, एक जातीय व्यवस्था चली आ रही थी, जिसे तोड़ना या जिसका तत्काल रूपान्तरण असम्भव था। एक विस्तृत देश होने के कारण भाषा और क्षेत्र का सन्दर्भ अत्यन्त जटिल था। ऐसे में, यह स्वाभविक था कि भारत में एकाधिक पहचान की भावना प्रबल हो। अँगरेज़ों को सभी पहचानें मान्य थीं, क्योंकि यह उनकी 'फूट डालो' की नीति के अनुरूप थी। देशी जनों की ओर से देखें तो यह एक ऐसी परिस्थिति थी जिसमें छोटे-से-छोटे समूह को भी आगे बढ़कर अपनी पहचान बताने की जरूरत थी, जिसके कारण शक्ति-संरचना में उसे स्थान मिल सकता था। ऐसे में सूत्र यह बनता था कि पहले अपने समूह की पहचान पैदा करो, फिर अपनी शर्तों पर राष्ट्रीय चरित्र में ढलो।

इस तरह, भारतीय राष्ट्रवाद की तात्त्विकी त्रिआयामी है। उसकी एक दिशा सीमित पहचान को आगे करने की रही है, दूसरी दिशा व्यापक क्षेत्र और भाषा के स्तर पर समुदाय बनाने की है; तीसरी दिशा अखिल भारतीय होने की भावना से सम्बद्ध है। पहली दिशा 'वर्ग' की धारणा के समान है, जिसमें भौतिक हित प्राथमिक होता है। दूसरी दिशा भाषा का विकास और जीवन के दूसरे क्षेत्र में व्यावहारिक जुड़ाव की है। तीसरी दिशा व्यापक 'भावात्मक एकात्मकता' की है। इनमें से पहली को छोड़कर दूसरी को आगे करना जनसमूहों की पिछली कतार को कम जगह और महत्त्व देने की इच्छा से प्रेरित हो सकता है। उसी तरह, दूसरी को छोड़कर तीसरी को सब कुछ मान लेना विभिन्न क्षेत्रों और उनसे जुड़े समुदायों की विशिष्टिता को नज़रअन्दाज कर देने के रूप में सामने आ सकता है। इसलिए निचले क्रम अथवा संकीर्ण अवस्था से अखिल राष्ट्रीयता की ओर बढ़ना तब तक अवांछनीय नहीं है, जब तक कि अन्योन्यक्रिया की गुंजाइश बनी हो अथवा किसी बड़े विघटन का मार्ग नहीं खुल गया हो। विभिन्न समूहों और समुदायों की अन्योन्यक्रिया आधारित राष्ट्रीयता से अलग भारत का कोई दूसरा मार्ग हो ही नहीं सकता है। प्राचीन काल से, जैसा कि बर्टन स्टेन ने माना है, स्थानीय स्तर पर विभिन्न समुदायों की एकता भारत की विशेषता रही है।[5]

समुदायगत वैमनस्य मूलतः गैरस्थानिक धारणा है जो राजनीतिक प्रक्रिया के तहत आधुनिक युग में पैदा हुई, और इसमें अँगरेज़ी राज की अहम भूमिका थी। दूसरे शब्दों में, समुदायगत भेद को बढ़ा-चढ़ाकर देखना और सामाजिक परिवर्तनों में उसे बाधा के रूप में खड़ा करना—यह सब नई सत्ता-संरचना की देन थी, जिसे भारतीय राष्ट्रवादी आन्दोलन को जबरन झेलना पड़ा। राष्ट्रवादी आन्दोलन में कई प्रकार की अस्मिताएँ—जातिगत आधार पर, क्षेत्रीय आधार पर, भाषा के आधार पर या धर्म के आधार पर प्रकट हुईं, जो किसी के चाहने से रुकने वाली बात नहीं थी। इसलिए इसे राष्ट्रीय आन्दोलन के अध्ययन में सामाजिक-राजनीतिक सक्रियता और भटकाव के अनिवार्य पहलू के रूप में समझा जाना चाहिए। यह मानते हुए कि ये भारत को साम्राज्यवादी पाश में बाधने में सहायक थीं, इस दृष्टि से भी विचार आवश्यक है कि अगर इस स्तर पर सक्रियता के चिह्न नहीं उभरे होते तो अखिल भारतीय राष्ट्रीय आन्दोलन का महत्त्व

साम्राज्यवाद विरोध तक सीमित होता। विभिन्न समुदायगत पहचानों को उभरने से रोकने का अर्थ परम्परा से चली आ रही गैरलचीली सामाजिक व्यवस्था और सोच को रूपान्तरित नहीं होने देने का भी मामला बन सकता था, जो राष्ट्रीयता की चेतना के विकास की दृष्टि से ठीक नहीं होता। यह स्पष्ट होना चाहिए कि अँगरेज़ अपनी तरह से विभिन्नताओं को बढ़ावा दे रहे थे, भारतीय अपनी तरह से विभिन्न अस्मिताओं के रूप में अपने को आगे कर रहे थे। दोनों बातों में गहरे सम्बन्ध के बावजूद अन्तर्वस्तुगत भेद है। जहाँ अँगरेज़ों का उद्देश्य भारत को बाँटकर रखना था, वहीं भारत के विभिन्न वर्ग और समुदायों को बदली हुई परिस्थितियों के योग्य होना था।

अखिल भारतीय स्तर पर हजारों साल से कोई एक सामाजिक संरचना सक्रिय रही है तो वह है जाति-व्यवस्था। यही वास्तविक अर्थ में, जैसा कि लुइस डुमोंट और ई. आर. लीच जैसे लेखकों ने माना है, पूरी भारतीय सभ्यता की सबसे अनोखी विशेषता है।[6] जाति-व्यवस्था जैविक आधार पर यूरोप, अमरीका और दक्षिणी अफ्रीका में रंग के आधार पर कायम हुई; भारत में जाति व्यवस्था का रूप सांस्कृतिक है, जिसमें समूहों की सामाजिक-आर्थिक स्थिति संकेतित होती रही है, और इसे धार्मिक आधार भी प्रदान किया गया है। आनुवंशिक अन्तर न होने के बावजूद अधिकांश जातियाँ अनगिनत पीढ़ियों से इस व्यवस्था में विश्वास करने और उसके नियमों के अनुरूप आचरण करते देखी गई हैं। "जाति की संस्था ने," एम.एन. श्रीनिवास के शब्दों में, "भारतीयों को एक सामान्य सांस्कृतिक सूत्र दिया है : कोई चाहे भारत के किसी भी हिस्से में रहे, वह जाति की दुनिया में ही रहता है...।"[7]

राष्ट्रीय आन्दोलन से यह अपेक्षा करना कि वह जातियों की दुनिया को तोड़कर क्रान्तिकारी सामाजिक समरूपता पैदा कर देता, यह बात किसी भी प्रकार से ज़मीनी हक़ीक़त के मेल में नहीं हो सकती थी। जातियों की दुनिया के भीतर ही परिवर्तन सम्भव था, और इसी प्रक्रिया से राष्ट्रीयता की चेतना भी प्राप्त करनी थी।

जाति-सम्बन्धी संरचना जितनी जटिल रही है, उसी अनुपात में राष्ट्रीय चेतना में उसकी रूपान्तरणशीलता भी वास्तविक मुश्किलों और मनोग्रन्थियों, दोनों का शिकार रही है, और यह बात अब तक बनी हुई है। ऐसे में राष्ट्रवादियों के सामने एक ही लक्ष्य था कि किसी तरह जातिगत अस्मिताओं को देश को बाँटने के रूप में प्रतिष्ठित न होने दिया जाए। बावजूद इसके, अधिकांश राष्ट्रवादी नेता राष्ट्रवाद की धारणा को हिन्दू और सवर्ण रंग-रूप देने के आरोप से मुक्त नहीं रहे हैं। लेकिन उनके पक्ष में जो बात जा रही थी वह यह कि कुछ विकट परिस्थितियों में और स्वाधीनता आन्दोलन के हितों को ध्यान में रखकर समुदायों और जातियों से जुड़े विवादों को सुलझाने में उन्होंने काफ़ी शक्ति खरच की। दूसरी तरफ, गैर-सवर्ण नेता इस बात के लिए लम्बे समय तक अपने को तैयार नहीं कर पाए; और यह बहुत हद तक स्वाभाविक भी था। क्योंकि उनके समक्ष पहली चुनौती अपने हितों को आगे करने की थी, जिसमें वे राष्ट्रवादी आन्दोलन की तुलना में औपनिवेशिक सत्ता को ज़्यादा मददगार के रूप में देख रहे थे। लेकिन

इस बात का सीमित मूल्य ही हो सकता था, क्योंकि गैर-सवर्णों के लिए भी एक सीमा के बाद औपनिवेशिक संरचना में आगे बढ़ने का अवसर नहीं था। तीसरी बात, भारतीय समाज-व्यवस्था केवल सवर्ण/ब्राह्मण और गैर-सवर्ण/दलित जैसे विपरीत ध्रुवों पर ही नहीं टिकी रही है, बीच के भी कई कमजोर वर्ग रहे हैं। इनमें से कोई भी न तो ठीक से क्षत्रियों का प्रतिनिधित्व करते थे और न ही वैश्यों का। इन्हें अपनी अस्मिता प्रमाणित करने में दलितों की तुलना में कम जोर लगाना पड़ा, लेकिन समाज में ब्राह्मण प्रभुत्व के कारण इनके समक्ष भी कम कठिनाइयाँ नहीं थीं। स्वाधीनता के बाद भी, इनके पिछड़ेपन के बावजूद, इन्हें तत्काल वह लाभ नहीं मिला जिसे दलित और आदिवासी जातियाँ संविधान में आरक्षण के प्रावधान के जरिए हासिल कर सकीं। यह एक ऐसा पहलू है जो बहुत बाद में सामाजिक न्याय और अन्य पिछड़ी जातियों के आरक्षण का मुद्दा बना, और जिसके कारण सामाजिक टकराव का एक बड़ा खाता खुला हुआ है।

बहरहाल, जातियों की अस्मिता से सम्बन्धित आन्दोलनों में भौतिक/आर्थिक हित जुड़ा था, साथ ही वह सामाजिक प्रतिष्ठा का मामला था, जिसे राष्ट्रवादी आन्दोलन की विकास-प्रक्रिया का अंग माना जाना चाहिए। दूसरे शब्दों में, समाज के दबे-कुचले लोगों द्वारा यह मुख्य धारा में आने का प्रयास था, जिसका राष्ट्रवाद से एक स्वाभाविक सम्बन्ध बनता है। ब्राह्मण और अन्य उच्च जातियों के लोग बदली हुई व्यवस्था में पहले ही लाभान्वित हुए थे, निम्न और बीच की जातियाँ सरकारी पद और नौकरियों के क्षेत्र में देर से शामिल हो सकीं। इसके लिए उन्हें **संस्कृतीकरण**[8] की प्रक्रिया से गुजरना पड़ा, जिसमें जाति से सम्बन्धित सभा-समितियाँ सहायक साबित हुईं। संस्कृतीकरण से जुड़ी जटिलताओं को सरल करने में **पश्चिमीकरण**[9] ने योग दिया, जिसे आधुनिकता के सहयोग से परम्परा को पाने की चेष्टा भी कह सकते हैं। हालाँकि आत्मसम्मान के दृष्टिकोण को महत्त्वपूर्ण मानकर देखें तो आर्थिक हित का प्रश्न गौण हो जाता है और संस्कृतीकरण की समाजशास्त्रीय धारणा सभी उदाहरणों पर लागू नहीं होती है। गेल ओम्वेद्त ने इस दृष्टिकोण को अपनाते हुए उदाहरण के रूप में जोतिबा फुले के सत्यशोधक समाज और तमिलनाडु के आत्मसम्मान जैसे जुझारू आन्दोलनों को रखा है।[10] संस्कृतीकरण की सत्यशोधक समाज में विशेष आवश्यकता इसलिए भी नहीं थी कि इसका आधार मुख्यतः समृद्ध किसान वर्ग था, जिसका काम ब्राह्मणवादी प्रभुत्व तोड़ने से चल सकता था। लेकिन अधिकांश जगहों पर निचली और बीच की जातियों को आर्थिक और सांस्कृतिक उन्नति साथ-साथ करनी थी।

संस्कृतीकरण और पश्चिमीकरण का एक बड़ा उदाहरण उत्तर भारत में कायस्थ जाति है। वस्तुतः यह कोई जाति थी ही नहीं। परम्परागत पेशे के रूप में मुंशी का काम करनेवालों को कायस्थ कहा जाता था। इसके लोग कुछ जगहों पर क्षत्रिय और वैश्य, और अधिकांश जगहों पर शूद्र माने जाते थे। अँगरेज़ी सत्ता के दरम्यान इन्हें परिहास में 'पेनमैन' (बुकानन के शब्दों में) कहा जाता था। पूर्व औपनिवेशिक काल में इनकी जातिगत श्रेणी बहुत स्पष्ट नहीं रही थी। सम्भवतः इसलिए इनके साथ मिश्रित जाति

की कल्पना जुड़ गई। रोमिला थापर ने लिखा है, "कुछ लोगों ने इन्हें क्षत्रिय माना और कुछ ने ब्राह्मण-शूद्र से उत्पन्न जाति। कायस्थों के मिश्रित जाति से उत्पन्न होने की धारणा कुछ लोगों ने इसलिए रखी कि इससे उन्हें जाति-व्यवस्था का अंग बनाया जा सके। राजाओं से सम्बन्ध ने इन्हें सामाजिक प्रतिष्ठा दे रखी थी—कुछ प्रकरण ऐसे भी हैं जिसमें उन्हें भूमि-अनुदान प्राप्त हुए और वे सम्पन्न जमींदार बने।"[11]

जाति-व्यवस्था में निचली श्रेणी में रखा जाना कायस्थों के लिए अपमानजनक था; लेकिन चूँकि संस्कृतीकरण की प्रक्रिया उन्होंने सबसे पहले पूरी कर ली थी, और पश्चिमीकरण में भी वे अग्रगामी साबित हुए, यह बात उन्हें कानूनी तौर पर उच्च श्रेणी में लाने में सहायक हुई। कायस्थों को 1884 में कलकत्ता उच्च न्यायालय ने क्षत्रिय मानने से इनकार कर दिया था। इसका कारण स्वयं कायस्थों द्वारा अलग-अलग क्षेत्रों में अपनी जातिगत भिन्नता पर बल देना रहा था। बिहारी कायस्थों की दलील थी कि बंगाल, उत्तरी प्रान्त और बनारस के कायस्थ तो शूद्र हो सकते हैं पर बिहार के लोग क्षत्रिय हैं। बाद में इलाहाबाद और पटना के उच्च न्यायालयों ने उन्हें क्षत्रियों के समकक्ष मान लिया। सत्ता-संरचना में स्थान बनाने की दृष्टि से इसका गहरा असर तो पड़ा ही, इससे यह भी साबित हुआ कि जातिगत श्रेणी में परिवर्तन सम्भव है। दूसरी बात, कायस्थ जाति-व्यवस्था को स्वीकार करते हुए अपने श्रेणी-सुधार की लड़ाई लड़ रहे थे, इसलिए यह बात कोई आन्तरिक तनाव का मामला नहीं बन सकती थी। एक उल्लेखनीय बात यह है कि अपनी श्रेष्ठता की लड़ाई के साथ-साथ यह जाति राष्ट्रीय आन्दोलन में भी गम्भीर रुचि ले रही थी। इसका अन्दाज़ इसी बात से लगाया जा सकता है कि कायस्थ महासभा के वार्षिक सम्मेलन कांग्रेस-सम्मेलनों के स्थल पर ही हुआ करते थे।

बिहार और पूर्वी उत्तरप्रदेश की भूमिहार नामक जाति को, उसके जमींदार वर्ग में आने के बावजूद, जातीय श्रेष्ठता के लिए संघर्ष करना पड़ा है। ब्राह्मण उसे अपनी श्रेणी में आने नहीं देना चाहते थे और राजपूत भी उसे अपने समकक्ष मानने के लिए तैयार नहीं थे। इस समुदाय की पहचान के लिए प्रसिद्ध किसान नेता सहजानन्द सरस्वती आगे बढ़कर आए थे। उन्होंने 'ब्राह्मण समाज की स्थिति' और 'झूठा भय और मिथ्याभिमान' जैसी पुस्तकें लिखकर भूमिहारों के गौरव पर प्रकाश डाला था। हालाँकि भूमिहारों की सामाजिक-आर्थिक स्थिति इतनी मजबूत थी कि सहजानन्द सरस्वती के बगैर ही 1911 की जनगणना में उन्हें ब्राह्मणों के बराबर का दर्जा मिल गया था। सहजानन्द का नाम इस जाति और इसके आन्दोलन के साथ जुड़ जाना स्वयं इसके लिए गौरव की बात हो गई थी, क्योंकि सहजानन्द बाद में स्वामी दयानन्द के समकक्ष समाज-सुधारक और राष्ट्रवादी नेता के रूप में पहचाने गए। वे प्रखर किसान नेता थे, जिनकी विचारधारा लगातार क्रान्ति-उन्मुखी होती गई थी, जो उन्हें लगभग वामपन्थी विचारधारा के निकट ले जाती है।

कायस्थों और भूमिहारों के समान दूसरी कई जातियाँ, जैसे यादव, कुर्मी, कोइरी, गुर्जर, जाट आदि, अपने जुझारूपन के बावजूद ऊपरी श्रेणी में नहीं आ सकीं। इनका

या तो ऐतिहासिक आधार कमजोर था या फिर सामाजिक आधार। इसका अपवाद यादव अथवा ग्वाला जाति है। बिहार के ग्वाला आन्दोलन पर प्रकाश डालते हुए प्रसन्न कुमार चौधरी और श्रीकान्त ने लिखा है :

> *अन्य जातीय आन्दोलन की तुलना में ग्वाला आन्दोलन अधिक व्यापक और जुझारू था। अपने आपको चन्द्रवंशी/यदुवंशी क्षत्रिय घोषित करने और जनेऊ धारण करने के अलावा इन जातीय सभाओं में यादवों से बेगारी नहीं करने और उच्च जातियों के इसी तरह के जुल्म न सहने की भी अपील की जाती। उन्होंने ब्राह्मणों के बाद सबसे (राजपूतों से भी) श्रेष्ठ जाति होने का दावा किया क्योंकि 'राजपूत भी पुराने क्षत्रिय नहीं थे, जबकि वे कृष्ण के क्षत्रियों के चन्द्रवंशी शाखा के वंशज थे।' अन्य जातियों की तरह उन्हें कोई नई कथा नहीं गढ़नी थी। कृष्ण का लोकप्रिय, सर्वविदित आख्यान उनके साथ था। इसके अलावा वह प्रदेश के लगभग सभी हिस्सों/अंचलों/गाँवों में मौजूद अकेली सबसे बड़ी जाति थे। श्रेष्ठता की इस भावना का एक परिणाम यह भी हुआ कि इन जातीय सभाओं में यादव जाति की महिलाओं से घर के बाहर काम न करने, गोयठा नहीं थापने और उसे घर-घर नहीं जाकर बेचने, बाजार-हाट नहीं जाने जैसी अपीलें भी की जाने लगीं। यहाँ तक कि यादवों से हल की मूठ नहीं पकड़ने और बामनों का छुआ नहीं खाने की भी ताकीद की जाने लगी। ये प्रस्ताव कभी लागू नहीं हुए क्योंकि गरीब यादवों के लिए ऐसा करना सम्भव नहीं था। हाँ, समृद्ध तबकों में बात कुछ और थी।*[12]

गोप अपनी जातिगत श्रेष्ठता की घोषणा के बावजूद बीच की जाति से अपने को ऊपर नहीं उठा सके, इससे यह बात साफ है कि बगैर पश्चिमीकरण के औपनिवेशिक संरचना में संस्कृतीकरण कारगर प्रक्रिया नहीं हो सकती थी। बंगाल में बैध, पश्चिम भारत में बनिये, गुजरात के पाटीदार, भारत के विभिन्न हिस्सों के कुछ मुस्लिम समुदाय पश्चिमी शिक्षा और व्यापार की ओर उन्मुख होकर ही अपनी श्रेष्ठ अस्मिता को प्रमाणित कर सके। यहाँ यह भी ध्यान दिलाना आवश्यक है कि उत्तर भारत में जाति-सम्बन्धी अस्मिता का गहरा सम्बन्ध वर्ण-व्यवस्था में अपने को ऊपर रखकर देखने का रहा है, जबकि बंगाल, महाराष्ट्र और दक्षिण भारत के आन्दोलन ब्राह्मणवाद के विरोध के रूप में उभरे, जो मूलतः जातिविरोधी आन्दोलन कहे जाएँगे। इस प्रगतिशील पक्ष के बावजूद, यह दुर्भाग्यपूर्ण था, इसके नेता राष्ट्रवादी आन्दोलन से गहरा सम्बन्ध नहीं बना पाए और प्रायः औपनिवेशिक सत्ता के प्रति झुकाव रखते पाए गए।

हालाँकि, औपनिवेशिक सत्ता से लाभ लेने की प्रवृत्ति कमोबेश सभी जाति-आन्दोलनों की रही है। उस युग के लिए यह मामूली बात थी। लेकिन इसके साथ घातक रूप से जो बात सामने आई वह है प्रजातीय राष्ट्रवाद का उभार। इससे स्वाधीनता के बाद भी मुक्ति नहीं मिली। इसे अकसर चुनावी राजनीति का हिस्सा कहकर टाल दिया जाता है, या इसी की शर्तों पर तालमेल बनाने की कोशिश की जाती है। यह ज़रूर हैरानी

में डालने वाली बात है।

बहरहाल, स्वाधीनता आन्दोलन में और स्वाधीनता के बाद जाति-व्यवस्था की समाप्ति का कोई कारगर उपाय नहीं खोजा जा सका, लेकिन इस पर विचार के मानदंडों का विकास जरूर हुआ, जिसमें यह समझ भी निहित रही कि यह भारत के सम्पूर्ण स्थायित्व को किसी प्रकार से नुकसान नहीं पहुँचा सकती। यह सम्भव है कि कभी जातियों के आन्दोलन ब्राह्मणीकरण के विरुद्ध चरित्र अख्तियार करें, और कभी ब्राह्मण-कल्पनाओं के स्तर पर अपनी छवि प्रस्तुत करने से भी परहेज न करें। दोनों में एक बात की समानता तय है कि सभी जातियाँ आर्थिक समृद्धि, वैचारिक उत्थान और राजनीतिक उपलब्धि की दिशा में काम करेंगी। यही बात दोनों ध्रुवों को कभी एकीकृत करने में मददगार भी हो सकती है। बावजदू इसके, जाति-व्यवस्था की वैकल्पिक विचारधारा की खोज और उस दिशा में सक्रियता की आवश्यकता है; क्योंकि भारत की सामाजिक विभिन्नता के और भी कारण हैं, जिनका निबटारा समग्र प्रयासों के भीतर ही सम्भव है।

राष्ट्रीय समुदाय में बँधने का एक बड़ा और शक्तिशाली आधार धर्म था। धर्म की भूमिका आध्यात्मिक कृत्य के रूप में ईश्वरीय आस्था तक सीमित नहीं रही है, भौतिक जगत में बदलाव और समुदायों के गठन का काम भी उसके द्वारा हुआ है। बौद्ध, ईसाई और इस्लाम जैसे धर्म तो स्थापित ही हुए समुदाय/संघ के रूप में। महान ऐतिहासिक मोड़ आया, जैसाकि मार्क्स ने स्वीकार किया है, इन धर्मों द्वारा किए गए परिवर्तनों के जरिए।[13] भारत की लोक-बौद्धिकता के इतिहास में, अमर्त्य सेन ने इस तथ्य पर काफी बल दिया है, आरम्भिक बौद्धों के योगदान को विचारणीय महत्त्व दिया जाना चाहिए, क्योंकि उनके विमर्श सामाजिक प्रगति के विचार के प्रति आबद्ध थे। इस बात ने दुनिया में सबसे पहले बड़ी सभाओं के लिए उन्हें आगे किया। कथित बौद्ध संघ के रूप में उन्होंने विभिन्न समुदायों और विचारों की एकता के प्रयास किए।[14] विभिन्न समुदायों में एकता की दृष्टि से बाद में ईसाई धर्म और इस्लाम जैसे धर्मों ने काफी व्यावहारिक नज़रिया का इस्तेमाल किया। रोमन साम्राज्य के पतन के बाद यूरोप के देशों में ईसाई धर्म उनके आर्थिक, राजनीतिक और वैचारिक सन्दर्भ में अनुकूल साबित हुआ।[15] उसी तरह, इस्लाम अरब के व्यापारिक वर्गों और पिछड़े कबीला समुदायों को एकजुट करने में सहायक हुआ।[16]

इन धर्मों से भिन्न हिन्दू धर्म की, इसमें शक नहीं, भारत की स्वाभाविक पहचान जुड़ी हुई है। प्राचीन काल से विदेशियों के द्वारा इसे मूलतः हिन्दू देश के रूप में पहचाना गया। हेगेल और मार्क्स की भारत-सम्बन्धी आलोचनाओं में भी हिन्दू को यहाँ के मुख्य समुदाय के रूप में लक्षित किया गया है।[17] अन्तर्राष्ट्रीय पत्र-पत्रिकाओं में आज भी भारत को मुख्यतः हिन्दू धर्म से जोड़ा जाता है। सैमुअल हटिंग्टन ने अपनी पुस्तक 'द क्लैश ऑव् सिविलाइजेशन एंड दी रिमार्किंग ऑव् वर्ल्ड आर्डर' में भारत को 'हिन्दू सभ्यता' के अन्तर्गत वर्गीकृत किया है, जबकि मुस्लिम सभ्यता के लिए कोई एक ज़मीन निश्चित

नहीं की है। संख्या के आधार पर यह निर्धारण, जैसाकि अमर्त्य सेन ने माना है,[18] अनुचित है। बावजूद इसके, 'हिन्दू' शब्द दूसरे धर्मों से अलग धार्मिक पहचान तक सीमित नहीं है। इस शब्द का प्रयोग लम्बे समय से भारत के निवासियों के लिए होता रहा है, जिसमें देश की प्रदीर्घ परम्परा संकेतित होती है। आधुनिक सन्दर्भ में इसकी व्याख्या भारत के दूसरे धर्म-समुदायों के सापेक्ष होनी चाहिए। यानी 'हिन्दू' भारत की पहचान है तो एक परम्परा और उससे जुड़े रीति-रिवाज और अनुष्ठानों के रूप में, न कि अन्य धर्म-समुदायों की नागरिकता को अमान्य करने के रूप में।

भारत की एकता की विस्तृत आधारभूमि, इसमें शक नहीं, हिन्दू परम्परा रही है। प्राचीन काल से तीर्थयात्री देश के सभी कोनों के तीर्थस्थानों के दर्शन के लिए जाते थे और अनुभूति के स्तर पर अनेकता में एकता का विचार प्राप्त करते थे। उनकी इसी चेतना से घुल-मिलकर रामायण और महाभारत की रचना हुई होगी। ये काव्य रचनाएँ भारतीय इतिहास चेतना के अविभाज्य अंग बन गईं, जिनके आधार पर बाद के युगों में भी अनेक पौराणिक ग्रन्थों की सृष्टि हुई, जो अनेकानेक अनुष्ठानों के स्रोत बन गए।

हिन्दू हृदय में उपलब्ध भारत, महाकाव्य-प्रदत्त विशिष्ट इतिहास-चेतना और धार्मिक अनुष्ठान, कहने की आवश्यकता नहीं, आधुनिक राष्ट्रीय चेतना के विकास की खास जरूरतों में शामिल हुए। सभ्यता और परम्परा के इस प्रसंग को छोड़कर राष्ट्रवादी प्रयासों को अखिल भारतीय स्तर पर सफलता शायद ही मिल पाती। यह आकस्मिक नहीं है कि रवीन्द्रनाथ ठाकुर ने अपने 'महात्मा गांधी' नामक निबन्ध की पहली पंक्तियों में इस परम्परा का स्मरण आवश्यक समझा है।

> *भारतवर्ष की अपनी एक सम्पूर्ण भौगोलिक प्रतिमा है। पूर्व-प्रान्त से लेकर पश्चिम प्रान्त तक, उत्तर में हिमालय से लेकर दक्षिण में कन्याकुमारी तक भारत की जो एक विशिष्ट पूर्णता है उसका चित्र हृदय में ग्रहण करने की इच्छा देश में प्राचीन काल से रही है। विभिन्न युगों और स्थानों में जो विच्छिन्न है, उसे एक करके देखने का प्रयत्न 'महाभारत' में स्पष्ट और जागृत रूप में दिखाई पड़ता है।*
>
> *भारत के भौगोलिक स्वरूप को हृदय में उपलब्ध करने का किसी समय एक अच्छा साधन था। वह साधन था तीर्थ-यात्राओं की परम्परा। देश के पूर्वी अंचल से लेकर पश्चिमी किनारे तक, और हिमालय से लेकर समुद्र तक, पवित्र पीठ-स्थान थे। यहाँ तीर्थ स्थापित हुए जिनके द्वारा शक्ति के ऐक्यजाल में समस्त भारतवर्ष को लाने का एक सहज उपाय निर्मित हुआ।*[19]

कांग्रेस और महात्मा गांधी के राजनीतिक अनुष्ठान से पहले, जैसाकि रवीन्द्रनाथ ने माना है, 'भारत को अन्दर बहार से पूरी तरह उपलब्ध करने का प्रयास धार्मिक अनुष्ठान द्वारा ही सम्भव था।'[20] देशवासियों के समक्ष पूर्व औपनिवेशिक युग में देश की अवधारणा को उपलब्ध करने का राजनीतिक अवसर बहुत ही कम था। विदेशी आक्रमण की दशा में लोग थोड़ा-बहुत दलबद्ध होकर प्रतिरोध कर पाते थे। यह

जिम्मेदारी राजाओं की थी, जिसे वे बहुत कम अवसरों पर निभा सके। ऐसे में, औपनिवेशिक सत्ता से सामना के लिए धर्म से जुड़ी परम्परा से जुड़ने की किंचित बाध्यता भी थी। लेकिन यही बात पुनरुत्थानवाद का कारण भी बनी। इससे बचने के लिए गांधी जी धार्मिक परम्पराओं को धर्म-निरपेक्ष छवि प्रदान करने में लगे रहे। दूसरी ओर जवाहरलाल नेहरू ने परम्पराओं को इतिहास में रूपान्तरित करने में शक्ति लगाई।

भारत की अवधारणा को एकमात्र हिन्दू धर्म से जोड़ना, उसकी प्राचीनता के बावजूद, पूरी तरह से न तो राष्ट्रीय आन्दोलन के लिए उचित हो सकता था और न ही आज के सन्दर्भ में इस बात को महत्त्व देने की आवश्यकता है। हिन्दू के अलावा भारत में दूसरे धर्मों का भी लम्बा इतिहास रहा है। मुसलमानों का भी हजार साल का इतिहास रहा है। इस्लाम के आगमन से पहले भी भारत में सिर्फ़ हिन्दू नहीं थे। जैनी और बौद्धों की दीर्घ परम्परा थी, जो अब तक कायम है। चार्वाक के रूप में पूर्णतः नास्तिक परम्परा मौजूद थी। उत्तर मध्यकाल में सिखों का अभ्युदय हुआ, और उन्होंने एक भिन्न किस्म की पहचान कायम की। चार्वाक को छोड़कर, जो धार्मिक परम्परा में शामिल नहीं है, इनमें से किसी के अधिकार को कम करके आँकना अथवा इनके देशी न होने का सवाल उठाना भारतीय राष्ट्र के चरित्र को बिगड़े हुए रूप में पेश करना है।

वस्तुतः भारत का राष्ट्रीय चरित्र विभिन्न परम्पराओं के मेल से बना है। मानव सभ्यता की विकास यात्रा में जैसे धर्म की भूमिका को नहीं नकारा जा सकता, वैसे ही भारत के निर्माण में विभिन्न सम्प्रदायों, धर्मों और उनसे जुड़ी मान्यताओं के योगदान को भी ख़ारिज नहीं किया जा सकता। सामान्य देशी जन लम्बे समय से साथ-साथ रहना-जीना और एक-दूसरे के आचार-विचार को अपनाने के कायल रहे हैं। भारतीय मुसलमान भी मेल-जोल की संस्कृति कायम करने में, इस बात के अनेक उदाहरण हैं, पीछे नहीं रहे हैं। 1901 की जनगणना-रिपोर्ट में यह आश्चर्य व्यक्त किया गया था :

> *सामाजिक तथा धार्मिक नियमों में भारतवासियों की रुचि इतनी उदार है कि उसे देखकर आश्चर्य होता है। जैसे मुसलमानगण हिन्दू साधुओं की पूजा करते हैं, तथा दोनों जातियों के धार्मिक उत्सवों में अल्पाधिक परिणाम से परस्पर योगदान देने का चलन है। वैसे ही वे विवाह-सम्बन्धी सामाजिक रीतियाँ भी परस्पर ले लेते हैं, जिनके लेने से उनकी सामाजिक उन्नति हो सकती है।*[21]

आन्तरिक कलहों की इतिहास-रचना में औपनिवेशिक सत्ता ने कोई कमी नहीं रखी थी। उसने अलग-अलग धार्मिक विश्वासों वाले समुदायों को संख्या के आधार पर बहुसंख्यक और अल्पसंख्यक का द्विविभाजन किया। परिणामतः 'भारतीय राष्ट्र' सम्बन्धी चेतना के उभार के साथ-साथ पुनर्रचित हिन्दू समुदाय और संगठित मुस्लिम समुदाय की कल्पनाएँ भी साकार हुईं, जो सुधार के तत्त्वों के बावजूद विग्रह के बीज लिए हुए थीं। यह खेल इतने पेचीदे ढंग से चला कि राष्ट्रवाद की राजनीतिक अभिव्यक्तियों पर तो इसका असर पड़ा ही, साहित्यिक अभिव्यक्तियाँ भी इससे अछूती नहीं रह सकीं।

उत्तर-मध्य भारत में, जिसे आज हिन्दी प्रदेश कहते हैं, हिन्दी और उर्दू भाषा का विवाद इससे जुड़ा, और उसने कभी न खत्म होनेवाली लड़ाई का रूप लिया। इसके कारण सम्पर्क भाषा और राष्ट्रभाषा का मामला तो अटका ही, पाकिस्तान बनने के कारणों में धर्म के साथ-साथ भाषा का भी मामला जोड़ दिया गया।

मुसलमानों ने भारत की सांस्कृतिक बहुलता में असामंजस्य की दशा पैदा नहीं की थी। सत्ता की लड़ाइयों को छोड़कर विचार करें तो उनके सहयोग से एक नई संस्कृति का विकास हो रहा था। उसकी गति को औपनिवेशिक सत्ता ने बाधित किया। इस्लाम के आगमन के बाद ही, यह एक तथ्य है, भारत की प्राचीन जड़ता कम हुई, भक्ति आन्दोलन के रूप में धर्म-सुधार आन्दोलन उभरा—कबीर, नानक, जायसी, सूरदास, तुलसीदास, तुकाराम, चैतन्य आदि जिसकी सर्वश्रेष्ठ उपलब्धि हैं। धर्म के दायरे से अलग इस समुदाय के प्रभाव से न केवल साहित्य में कला, संगीत, स्थापत्य और रहन-सहन में एक दुर्लभ परिवर्तन देखा गया।

पूर्व-औपनिवेशिक भारत में, जब शासन मुसलमानों का था, भक्ति आन्दोलन के रूप में उपजे जागरण में हिन्दुओं और मुसलमानों का सम्मिलित योगदान देखने को मिलता है; दूसरी ओर, औपनिवेशिक काल में दोनों जातियाँ, जबकि उन पर एक-दूसरे का सत्तागत दबाव नहीं था, एक-दूसरे के विरोध में खड़ी हुईं और भिन्न मार्ग पर चलीं। इसकी एक बड़ी वजह अँगरेज़ों द्वारा हिन्दू बहुसंख्यक और मुस्लिम अल्पसंख्यक का विभाजन है। दूसरी वजह वर्गीय है। जहाँ भक्ति आन्दोलन का कर्त्ता सामान्य जनसमुदाय था, वहीं नवजागरण और राष्ट्रवाद का नेतृत्व समाज के ऊपरी वर्गों के हाथ में आया, जिनके हित गम्भीर रूप से औपनिवेशिक सत्ता से जुड़े हुए थे, और इन्हें ही आगे शासक वर्ग के रूप में उभरना था। यह तो विभिन्न उभरती नई अस्मिताओं का दबाव शुरू हुआ, जिसके कारण जनोन्मुखी और सर्वनिष्ठ राष्ट्रवाद के विकास का रास्ता खुला, और बाद में गांधी जी का उसे कुशल नेतृत्व प्राप्त हुआ।

गांधी जी इस मामले में बहुत स्पष्ट थे कि भारतीय संस्कृति किसी एक जाति-समूह अथवा धर्म से सम्बन्धित नहीं है—'यह न पूरी तरह हिन्दू है, न इस्लामी और न कोई अन्य।'[22] असली मायने में वे पहले बड़े नेता थे जिन्होंने, चाहे वह धर्म का मामला हो या जातीय ऊँच-नीच का, जनसाधारण के मानसिक अलगाव को दूर करने की गम्भीर कोशिश की थी, जिसका खुद कांग्रेस और राष्ट्रीय आन्दोलन पर गहरा असर पड़ा था।

रजनी कोठारी ने माना है कि धार्मिक और जाति-सम्बन्धी समस्या के सन्दर्भ में गांधी जी अन्ततः असफल साबित हुए।[23] धर्म के सन्दर्भ में यह विचार 1947 के विभाजन के आधार पर कायम किया गया है और जातियों के सन्दर्भ में वर्तमान दलित रुख पर आधारित है। इस सीमित ऐतिहासिक दायरे को ध्यान में रखकर देखें तो रजनी कोठारी को ठीक माना जा सकता है; लेकिन चूँकि दोनों मामले ताज़ा हैं, इसलिए यह भी नहीं कहा जा सकता कि भविष्य में गांधी जी गलत ही साबित होंगे। साम्प्रदायिकता

और दलित आन्दोलन, हमारी समझ से, दोनों के ऐसे अंध-बिन्दु हैं, जिनसे टकराने और वापस आने पर गांधी जी ही सही साबित हों, तो इसमें कोई आश्चर्य नहीं।

धर्म और भाषा के आधार पर देश का बँटवारा 1947 के तेईस-चौबीस साल बाद ही गलत साबित हुआ पाकिस्तान से बंगलादेश के स्वतन्त्र होने के रूप में। पूर्वी और पश्चिमी दोनों पाकिस्तानों में जहाँ धार्मिक समानता थी, वहीं भाषा, साहित्यिक रुचि और सांस्कृतिक आचार-विचार में कोई मेल नहीं था। यह आकस्मिक नहीं था कि बँटवारे के दिनों में गांधी जी कांग्रेस के कार्यक्रमों से दूरी बनाते हुए नोआखाली के मुस्लिम गाँवों में रहे और उन्होंने उनके आक्रोश का सामना किया। उन्हें अन्तर्मन से विश्वास था कि पूर्वी पाकिस्तान मुस्लिम लीग या जिन्ना का पाकिस्तान नहीं है। वहाँ के लोग बंगाली पहले हैं, मुसलमान बाद में। पूर्वी पाकिस्तान दो दशक बाद बंगलादेश के रूप में स्वतन्त्र हुआ, इसे गांधी जी की नैतिक जीत कहा जाएगा।

वास्तव में देखा जाए तो पाकिस्तान देश के बँटवारे के रूप में 1947 जरूर बना, लेकिन राज्य के बँटवारे के रूप में बंगभंग के द्वारा 1905 में ही औपनिवेशिक सत्ता ने उसकी नींव डाल दी थी।

बंगभंग के बाद स्वदेशी आन्दोलन ने भारतीय राष्ट्रवाद को जहाँ एक नई मंजिल दी, वहीं यह नहीं भूलना चाहिए कि मुस्लिम अलगाववाद में भी तेजी से वृद्धि हुई। इसे बहुत हद तक रोका जा सकता था बशर्ते खुद बंगाल के क्रान्तिकारी संगठन 'अनुशासन समिति' का, जिससे नरेन्द्र भट्टाचार्य (जो बाद में एम.एन.राय नाम से विख्यात हुए), चितरंजन दास और अरविन्द घोष जैसे दिग्गज नेता और चिन्तकों का जुड़ाव रहा, उस समय मुसलमानों के प्रति अनुदार रुख न होता; अथवा बालगंगाधर तिलक, विपिनचन्द्र पाल और लाला लाजपत राय आदि ने धार्मिक मामलों में वैसी ही उदारता दिखाई होती जो बाद के दौर में गांधी जी के यहाँ दिखाई पड़ी।

गांधी जी ने 'हिन्दस्वराज' बंगभंग के चार साल बाद लिखी। पुस्तक का दूसरा अध्याय ही 'बंगभंग' है, जिसमें उन्होंने व्यंग्यात्मक रूप से उस विभाजन के लिए औपनिवेशिक सत्ता के प्रति आभार प्रकट किया, और कहा कि सही जागृति तो बंगभंग से हुई।[24] दूसरी तरफ, बंगभंग के परिणामस्वरूप कांग्रेस में गरम दल और नरम दल के रूप में पड़ी दरार को उन्होंने 'देश के लिए अच्छी निशानी' नहीं माना।[25] यह देश के लिए अच्छी निशानी नहीं थी तो केवल कांग्रेस के कमजोर होने की दृष्टि से नहीं, बल्कि देशवासियों में फूट पड़ने की दृष्टि से भी, जिसे देश की सक्रिय राजनीति में आने से एक दशक पहले गांधी जी ने अनुभव किया था।

बहरहाल, राष्ट्रवाद की अवधारणा समुदायगत विभिन्न प्रश्नों पर दो प्रकार के तर्कों से कभी मुक्त नहीं रही। एक तर्क अन्योन्यक्रिया पर जोर का था, जबकि दूसरे का जोर विभेद पर था। अन्योन्यक्रिया और विभेद के कशमकश के भीतर ही विभिन्न सामुदायगत अस्मिताएँ उभरीं और सामाजिक-राजनीतिक रूप से मान्य हुईं। लेकिन इसके आधार पर यह नहीं कहा जा सकता वे अन्तिम शक्ल ले चुकी हैं; अथवा उनमें अन्योन्यक्रिया की

अब अधिक गुंजाइश नहीं है; अथवा सभी विभेद आगे भी ज्यों-के-त्यों बने रहेंगे—या उनमें वृद्धि की सम्भावना ही अधिक है। यह सच है कि देश के विभिन्न समुदायों में टकराव कायम है, विशेष करके हाशिए के समुदायों के सन्दर्भ में कुछ प्रतिकूल स्थितियाँ बनी हुई हैं, लेकिन यह भी उतना ही सच है कि विषम परिस्थितियों के बावजूद भारत हमेशा से सहअस्तित्व की ऊर्वर ज़मीन रहा है। सबसे ऊपर, अस्मिताएँ एक विशेष ऐतिहासिक अवस्था की कल्पना हैं, दूसरी ऐतिहासिक अवस्था में इनमें इच्छाशक्ति से परिवर्तन भी सम्भव है। समग्र रूप से, बदली हुई ज़रूरतों के अनुसार सम्बन्धों में परिवर्तन और विकास सम्भव है, और उसी प्रक्रिया से अस्मिताएँ भी पुनः परिभाषित हो सकती हैं।

भारत कई छोटे-छोटे क्षेत्रों में बँटा है। क्षेत्रीय स्तर पर पर्याप्त सांस्कृतिक और भाषायी भेद रहे हैं, जो प्रदेश-स्तर से भी नीचे जाकर दिखाई पड़ते हैं। यदि विभिन्न बोलियों और सभी रीति-रिवाज-गत भिन्नताओं को महत्त्व देने की बाध्यता पैदा हो जाए तो भारतीय एकता वास्तव में किसी फंतासीय दृश्यावली के रूप में ही देखी जा सकेगी। स्थानिक अथवा क्षेत्रीय संस्कृतियों का, इसमें शक नहीं, भारत थोड़ा अजायबघर जैसा रहा है; बावजूद इसके, प्राचीन काल से यह एक ऐसे विशाल क्षेत्र के रूप में रहा, जिसमें सांस्कृतिक और भौतिक आदान-प्रदान से जुड़ी सामाजिक गतिशीलता को आसानी से चिह्नित किया जा सकता है। एक क्षेत्र के भीतर कई जनपदीय और जनजातीय अस्मिताएँ देखी गईं, जो कमोबेश आज तक बनी हुई हैं, लेकिन उन्होंने कभी अपने को एकनिष्ठ बनाए नहीं रखा, और यह भारत की विस्तृत एकता के गुणों से युक्त धार्मिक परम्पराओं, शासन प्रणाली और आर्थिक संरचना के कारण सम्भव हुआ था।

औपनिवेशिक सत्ता ने भारत की आन्तरिक एकता के आधार-सूत्रों को बहुत कम महत्त्व देते हुए शासन-व्यवस्था की आवश्यकता के अनुरूप प्रान्तों का गठन किया था, जिसमें वह फेरबदल भी करती रहती थी। बंगभंग उसी फेरबदल का हिस्सा था। चूँकि बंगाल ने सबसे पहले अपनी भाषा और साहित्य के विकास के ज़रिए एक मजबूत सांस्कृतिक विशिष्टता अर्जित कर ली थी, इसलिए सम्भवतः उसके विभाजन का कड़ा विरोध हुआ। इस उदाहरण के विपरीत, देश के अन्य हिस्सों में, और बाद में खुद बंगाल में बंगाली-असमिया विवाद के रूप में, भाषायी आधार पर क्षेत्रीयतावादी आन्दोलन चले। बंगभंग के कुछ ही वर्ष बाद दक्षिण में आन्ध्र, कर्नाटक और केरल के लोगों ने अलग प्रान्त की माँग की थी। 1911 में मद्रास प्रेसीडेंसी के विरुद्ध आन्ध्र जिलों में विरोध का स्वर उभरा था। कोंडा वैंकटप्पया और पट्टाभि सीतारामैया जैसे राष्ट्रीय नेता भी आन्ध्र आन्दोलन से जुड़े थे, और 1918 में कांग्रेस ने भी अलग आन्ध्र क्षेत्र की मांग पर मुहर लगाई थी। दूसरी ओर, खुद तमिलनाडु में ब्राह्मणविरोधी आन्दोलन के रूप में 'द्रविड़' संस्कृति की पहचान का आन्दोलन चला था। बाद में मैसूर (अब कर्नाटक) और महाराष्ट्र का सीमा विवाद भी देखने को मिला। दक्षिण का चार हिस्सों में बंटना और महाराष्ट्र की सीमा को दुरुस्त किया जाना, यह सब भाषायी संस्कृति के आधार पर

हुआ। बंगाल और महाराष्ट्र में नवजागरण पहले हुआ था, इसलिए उनमें आत्मचेतना का विस्तार हुआ, जिसके कारण बाद में उन्हें अपने पड़ोसियों का विरोध झेलना पड़ा। पूरब में 1911 में बिहार और उड़ीसा नये प्रदेश के रूप में उभरे। महाराष्ट्र को अपने ही प्रदेश के हृदय-स्थल मुम्बई में गुजरातियों के विरोध का सामना करना पड़ा।

बिहार में स्वयं की भाषायी संस्कृति को आगे करके देखने के बजाय बंगाली-विरोध का मामला ज़्यादा था। बिहार समेत पूरे उत्तर भारत में भाषा-आन्दोलन भिन्न ही ढंग से चला। इस विस्तृत क्षेत्र में भोजपुरी, मगही, मैथिली, ब्रज, अवधी, बुन्देली, छत्तीसगढ़ी, मालवी, हरियाणवी, राजस्थानी सहित कई बोलियाँ रही हैं। इनमें से ब्रज, अवधी, मैथिली, खड़ीबोली और राजस्थानी के साहित्य की भी तगड़ी परम्परा रही है। ब्रज का तो मध्यकाल में लगभग अखिल भारतीय विस्तार देखा गया। लेकिन इनमें से किसी के गद्य का विकास नहीं हुआ। सिर्फ़ खड़ीबोली इस दृष्टि से आगे बढ़ सकी और इस क्षेत्र के विभिन्न प्रान्तों में प्रतिनिधित्व करने के योग्य बनी। लेकिन इसके साथ दुर्भाग्यवश हिन्दी और उर्दू, दो भाषा-रूपों का विवाद जुड़ गया, जो कभी न हल होनेवाली सचाई के रूप में सामने है।

हिन्दी-उर्दू विवाद ने, एक सीमा तक यह सच है, अखिल भारतीय स्तर पर एक सम्पर्क भाषा न बनने देने में भूमिका निभाई। इस विवाद ने, दूसरे स्तर पर देखें, उस स्तालिनवादी भाषा सिद्धान्त को झूठा साबित किया कि भाषा विचारधारा का अंग नहीं है। हालाँकि भाषा के इतिहास में यह कोई नई संवृत्ति नहीं है। पूर्व-मध्यकाल में, इसी उत्तर-मध्य भारतीय क्षेत्र में साहित्य और विचार के क्षेत्र में तीन भाषाएँ चल रही थीं– संस्कृत, पालि और प्राकृत, जिसे किशोरीदास वाजपेयी ने साहित्यिक राष्ट्रभाषा की त्रिवेणी कहा है।[26]

बहरहाल, आधुनिक भाषाओं के विकास में क्षेत्रीयतावाद की भूमिका रही है, और यह बात राष्ट्रवाद के विकास के समान्तर घटित हुई। क्षेत्रीयतावाद व्यापक अर्थों में जातीय संस्कृति के निर्माण से जुड़ा है, जो सभी अवसरों पर आत्मसंकुचित नहीं रहा। राष्ट्रवादी आन्दोलन ने इस दृष्टि से आधारभूत भूमिका निभाई है, जिसके अन्तर्गत प्रत्येक जातीय भाषा में अपने विकास के साथ-साथ अखिल भारतीय भाषा के विकास की सोच शामिल थी। और यह भी नहीं कह सकते कि सभी ने अपने को ही आगे रखकर देखा। मराठियों में प्रबल हिन्दी-समर्थन देखा गया। बंगला नवजागरण से जुड़े लोगों ने बंगला के साथ-साथ हिन्दी को महत्त्व दिया। आर्यसमाज के संस्थापक दयानन्द सरस्वती गुजराती थे, लेकिन वे उन्नायक बने हिन्दी आन्दोलन के।

हिन्दी आधुनिक भाषा के रूप में किसी एक क्षेत्र-विशेष की भाषा नहीं रही, इसलिए क्षेत्रीय स्तर पर इसके विरोध की गुंजाइश कम थी; लेकिन चूँकि भारत के हृदय-प्रान्तों में इसे आधार प्राप्त हुआ, इस बात के कारण सत्ता-समीकरण की दृष्टि से इसका विरोध दक्षिण में स्वाभाविक था। क्षेत्रीयतावाद की यह एक बड़ी सीमा रही जिसमें देशी 'अन्य' (हिन्दी) के स्थान पर विदेशी 'अन्य' (अँगरेज़ी) ज़्यादा मान्य हुई। 'कल्पित समुदाय' के

लेखक बेनेडिक्ट ऐंडरसन की टिप्पणी है, "अगर यह कहना सही है तो भारत और फिलिपींस दोनों सामान्य रूप से स्वीकृत राष्ट्रभाषा के निर्माण में असफल रहे। औपनिवेशिक भाषा–अँगरेज़ी और अमेरिकन अभी तक राष्ट्रीय अभिजन की मुख्य भाषा है। दोनों जगहों पर अँगरेज़ी भाषा राष्ट्रीय और साहित्यिक स्तर पर हिन्दी, बंगाली, तमिल, तगालोग, और केब्युनो संस्कृति से कम प्रभावशाली नहीं है।"[27]

ऐंडरसन द्वारा भारत की तुलना फिलिपींस से करना हमारे दुर्भाग्य की ओर संकेत है। एशियाई देशों में फिलिपींस संस्कृति के विभिन्न पहलुओं और भाषायी व्यवहार की दृष्टि से सर्वाधिक पश्चिम-समर्पित देश है। एक सौ सत्तर छोटी-बड़ी बोलियों और भाषाओं वाले इस देश की राजकीय भाषा अँगरेज़ी है। सिनेमा और टी.वी. चैनलों की भाषा जैसे भारत में मुख्य रूप से हिन्दी है, वहाँ तगालोग है। कहना न होगा कि इस रूप में ये दोनों भाषाएँ बाज़ारवादी शोषण का उपकरण बन गई हैं। हिन्दी या अन्य भारतीय भाषाओं की हैसियत तगालोग या केब्युनो के समान होना न हमारी हीनता का सूचक है, इसमें हमारी अस्मिता के लोप का संकेत है। यह हमारी एकता की दृष्टि से ख़तरनाक है।

अँगरेज़ी का, इसमें शक नहीं कि अन्तर्राष्ट्रीय महत्त्व है, लेकिन इसी से उसका राष्ट्रीय महत्त्व तो सिद्ध नहीं हो जाता। अँगरेज़ी को देश में ज़्यादा सिर चढ़ाने का परिणाम खराब ही निकलना है। राष्ट्रीय अस्मिताओं के लोप की बात बाद की है। यह तो आज भी देखा जा सकता है कि उसके कारण निज-भाषा-चेतना से विहीन क्षेत्रीयता और उसकी संस्कृति को कितना बढ़ावा मिल रहा है।

भाषा के स्तर पर 'हम' और 'तुम' नहीं रहनेवाली संस्कृति या तो विदेशप्रेम (एक्सनोगेमी) की ओर झुकती है अथवा संस्कृति की ही आड़ में विद्वेषी प्रजातीयता की ओर; और दोनों बातें एक ही राष्ट्रीय परिस्थिति में सक्रिय रहती हैं। आठवें-नवें दशक में भारत में इस प्रवृत्ति ने जोर पकड़ना शुरू किया, जिससे सौभाग्यवश देश की एकता को अभी तक कोई खास नुकसान नहीं हुआ है। भारत के लोग, असली बात है, बहुलता को अन्तर्मन से स्वीकार करते हैं, और किसी-न-किसी विचार के कारण भारत से प्रतिबद्ध दिखाई पड़ते हैं।

भाषायी राष्ट्रवाद, नवजागरण और हिन्दी समुदाय

हम एक संक्रमणकाल में जी रहे हैं।

—कार्ल मानहाइम

राष्ट्रवाद का एक रूप भाषायी राष्ट्रवाद है, यूरोप में जिसकी उत्पत्ति का दार्शनिक आधार हेर्डर और रूसो की सैद्धान्तिक स्थापनाओं को माना जाता है। इसके अन्तर्गत यह विश्वास निहित है कि प्रत्येक राष्ट्र को सही मायने में उसकी विशिष्ट भाषा और साहित्यिक संस्कृति के द्वारा समझा जा सकता है, क्योंकि यही दोनों जनता की ऐतिहासिक प्रज्ञा को व्यक्त करती हैं।[1]

भारत में राष्ट्रवाद का प्रारम्भ, यह एक तथ्य है, उन्हीं दिनों हुआ जिन दिनों आधुनिक भाषायी अस्मिताएँ प्रकट हुईं, और जिनमें अपनी साहित्यिक परम्पराओं को आगे रखकर देखने की प्रवृत्ति में तेजी आई, जिसके पीछे वर्तमान को सुदृढ़ सांस्कृतिक आधार प्रदान करने की चेतना शामिल थी। प्रिंट मीडिया के आने से भाषा और संस्कृति के अपूर्व रिश्ते का ज़माना शुरू हुआ। गद्य विविध सामाजिक सांस्कृतिक अभिव्यक्तियों का माध्यम बना, और शिक्षा के क्षेत्र में नये युग का आरम्भ हुआ। इसे सभ्यतागत अर्थ में आधुनिक युग का आगमन माना गया, जिसमें पिछले समाज ने नये समुदाय के रूप में अपने को पुनर्गठित करने का प्रयास किया।

हिन्दी में बंगला और मराठी की तुलना में नवजागरण बाद में शुरू हुआ, और इसके गद्य का भी विकास थोड़ा विलम्ब से हुआ। बावजूद इसके, हिन्दी समुदाय के गठन की प्रक्रिया ज़्यादा तीव्र और व्यापक साबित हुई। उन्नीसवीं शताब्दी के उत्तरार्द्ध से शुरू होकर बीसवीं शताब्दी के दूसरे-तीसरे दशक तक उन जगहों पर हिन्दी के प्रसार में बेहद सफलता मिली, जिन्हें ऐतिहासिक रूप से मगध, मिथिला, भोजपुरी क्षेत्र, कोसल, ब्रज, कुरु जनपद, मारवाड़, मालवा आदि के रूप में जाना जाता रहा है, और इनमें से कई क्षेत्रों की बोलियों—ब्रज, अवधी, मैथिली और राजस्थानी—की सशक्त साहित्यिक परम्परा रही है। ब्रजभाषा का तो खड़ीबोली-आधारित हिन्दी से बहुत पहले साहित्य की भाषा के रूप में बंगाल, पंजाब, महाराष्ट्र और गुजरात आदि क्षेत्रों में प्रसार हो चुका था। मैथिली में विद्यापति, अवधी में जायसी और तुलसी, राजस्थानी में मीरा जैसी प्रतिभाएँ साहित्यिक कीर्तिमान स्थापित कर चुकी थीं। इसलिए यह आकस्मिक नहीं कि इनकी

रचनाओं को, और इस श्रेणी में अन्य कवियों को हिन्दी जाति की उत्पत्ति के प्रमाण के रूप में देखा गया। हालाँकि 'जातीयता' के उद्‌गम का यह सटीक प्रमाण नहीं हो सकता, क्योंकि 17वीं-18वीं शताब्दी की साहित्यिक रचनाओं में एकता की वैसी चेतना (दूसरे समुदायों से अलग दीखने अथवा उनसे जुड़ने की) पैदा नहीं हुई थी, जिसे जाति-निर्माण के सन्दर्भ में आवश्यक माना जाता है। जनपदीय आधार से ऊपर उठकर एक सामान्य भाषा से जुड़ाव और उसका विकास आधुनिक चेतना का परिणाम था, जो औपनिवेशिक सत्ता की इच्छा के विरुद्ध राष्ट्रीय चेतना के विकास के रूप में सामने आया; और जिसमें अपने समय के आर्थिक और राजनीतिक परिवर्तनों की भूमिका मुख्य थी। दूसरी बात, राष्ट्रीय चेतना का निर्माण नवजागरण के ढाँचे में प्रारम्भ हुआ था। नवजागरण मुख्यतः भाषा, साहित्य और ज्ञान की परियोजनाओं को लेकर आगे बढ़ा; राजनीतिक स्वर बाद में उभरा था।

स्कूली शिक्षा और उसके पाठ्यक्रम आदि की दृष्टि से एक सामान्य भाषा की जरूरत होती है। एक क्षेत्र की सभी बोलियों को शिक्षा-माध्यम तो बनाया नहीं जा सकता। हिन्दी के सन्दर्भ में उत्तर भारत के बहुबोली क्षेत्र होने के कारण यह आवश्यक हुआ कि उसके साहित्यिक पाठ्यक्रमों में बोलियों के श्रेष्ठ साहित्य को स्थान दिया जाए। यह काम कम समय में ही सफलतापूर्वक किया गया, जिसमें पर्याप्त भाषावैज्ञानिक समझ झलकती है। अपभ्रंश और उसके बाद की मैथिली, ब्रजभाषा, अवधी और राजस्थानी आदि की साहित्यिक रचनाओं को इतिहास के सुव्यवस्थित ढाँचे में लाने का काम किया गया, और इस तरह चार-पाँच बड़ी बोलियों के साहित्य की एक हज़ार साल की जातीय परम्परा उभरकर सामने आई, जिसके अध्ययन की एक सामान्य भाषा खड़ीबोली हिन्दी बनी। संक्षेप में, हज़ार साल की इस परम्परा के निर्माण के द्वारा एक बड़े क्षेत्र के जनसमूहों को आपस में जोड़ने का काम किया गया, जो मूलतः भाषायी राष्ट्रवाद था और जिसमें राष्ट्रवाद और नवजागरण की दूसरी प्रवृत्तियाँ भी शामिल थीं।

एक सामान्य भाषा, हम जानते हैं, बहुत सारी बोलियों को दबाकर उभरती है, और इस प्रक्रिया में उसमें उन बोलियों के भी कुछ तत्त्व धुल-मिल जाते हैं। इस तरह एक सामान्य भाषा का विकास जनसमूहों के राष्ट्रीय चेतना के विकास के रूप में घटित होता है। राष्ट्रीय चेतना पहले सांस्कृतिक चेतना है, बाद में राजनीतिक। सांस्कृतिक चेतना, जो व्यक्तियों और समूहों को न्यूनाधिक रूप में जोड़ती है, उसमें सामान्य भाषा के विकास की भूमिका मुख्य है। अन्तोनियो ग्राम्शी के शब्दों में :

> *संस्कृति, अपने अनेकानेक स्तरों पर बहुस्तरीय श्रेणियों में, जो एक दूसरे से सम्पर्क के द्वारा प्रकट होती हैं, उन व्यक्तियों की न्यूनाधिक संख्या को एकताबद्ध करती है जो विभेदात्मक स्तर पर एक दूसरे की अभिव्यक्ति प्रणाली से परिचित होते हैं। यही ऐतिहासिक-सामाजिक विशिष्टता और भेद हैं जो सामान्य भाषा में प्रतिबिम्बित होते हैं...अतः भाषा का सामान्य प्रश्न सामूहिक रूप से एक जैसा सांस्कृतिक 'वातावरण' बनाने के रूप में लाभकारी हो जाता है।*[2]

वस्तुतः आर्थिक और राजनीतिक विकास भी एक सामान्य भाषा के विकास के प्रश्न से जुड़ा होता है। जनसमूह बोलियों से ऊपर उठकर सामान्य भाषा अथवा राष्ट्रभाषा की दिशा में जब तक आगे नहीं बढ़ते, आर्थिक पिछड़ेपन और राजनीतिक दुष्चक्र का शिकार बने रहते हैं। समाज का विशिष्ट वर्ग हर युग में किसी न किसी भाषा को राष्ट्रीय स्तर पर सम्पर्क-भाषा बनाए रहता है। जैसे, पूर्वमध्य काल में संस्कृत राष्ट्रभाषा थी, मध्यकाल में फ़ारसी शासन की भाषा बनी, और आधुनिक काल में अँगरेज़ी सभी देशी भाषाओं के विकास को बाधित करके ज्ञान, कामकाज और शासन की भाषा बन गई। अँगरेज़ी का प्रभुत्व औपनिवेशिक सत्ता के आर्थिक-राजनीतिक क्रिया-व्यापारों से भी अधिक घातक साबित हुआ। उसने न केवल भारतीय भाषाओं के विकास को बाधित किया, विभिन्न भाषा-भाषी जनता की सांस्कृतिक अभिव्यक्तियों के बीच दीवार बनने का भी काम किया; और सबसे बड़ी बात तो यह है कि उसके कारण सामान्य जन को ऊपर उठने के अवसर बहुत कम मिले। यह औपनिवेशिक युग की नहीं, वर्तमान की भी दशा है। उस युग में तो अँगरेज़ी के सापेक्ष और उसके निषेध में देशी भाषाओं के विकास के गम्भीर प्रयास हुए थे। हिन्दी का विकास उस युग की सबसे बड़ी उपलब्धियों में से एक है। बंगला और मराठी आदि भाषाओं की तुलना में विलम्बित विकास के बावजूद हिन्दी देश के सबसे बड़े हिस्से को जोड़ने में बहुत हद तक सफल रही थी। इसकी सफलताएँ अद्‌भुत थीं, और यही कारण है कि यह स्वाधीनता आन्दोलन और राष्ट्रवादी अभिव्यक्तियों का बड़ा माध्यम बनी। लेकिन इसकी मुश्किलें और असफलताएँ भी किसी बड़ी ट्रेजिडी के समान थीं, जिसे वर्तमान ने भी रंगमंच दे रखा है। आज स्थिति यह है कि इसके व्यापक आधार और प्रसार के बावजूद जब 'हिन्दी' नाम आता है गैरहिन्दी समुदायों और अँगरेज़ीदा लोगों को तरह-तरह के प्रेत दिखाई पड़ने लगते हैं।

आधुनिक हिन्दी के निर्माण और उसके समुदाय के गठन की प्रक्रिया अत्यन्त जटिल रही है। साहित्यिक भाषा के रूप में खड़ीबोली आधारित हिन्दी को ब्रजभाषा से जूझना पड़ा; शासन और अदालती कामकाज की भाषा के सवाल पर अपने ही एक रूप 'उर्दू' से उलझना पड़ा; या फिर अपने नाम और भाषा-प्रकृति को खोकर 'हिन्दुस्तानी' नाम की भाषा की पहचान स्वीकार करने के विचार से संघर्ष करना पड़ा। इस प्रकार, दो प्रकार के द्विभाजन और एक बेसुरी युगलबन्दी की समस्या से हिन्दी को गुजरना पड़ा है। एक द्विभाजन बोलियों और खड़ीबोली हिन्दी के बीच का था, जिससे निबटने में हिन्दी को सफलता मिली। दूसरा द्विभाजन हिन्दी और उर्दू का रहा है, जिसे साम्प्रदायिक आधार प्राप्त होता रहा, जिसके कारण यह समस्या बनी ही रही। हिन्दुस्तानी के रूप में हिन्दी-उर्दू की युगलबन्दी भाषा के सामाजिक आधार को भुलाकर एक राजनीतिक प्रयास भर रहा, जिसकी अवधारणा में ही असफलता के चिह्न मौजूद थे।

ब्रजभाषा का साहित्यिक आधार सबसे मजबूत रहा है। भारत के मध्यक्षेत्र से बाहर भी इसका प्रसार था। आज यदि किसी सीमा में हिन्दी क्षेत्र तैयार हुआ है तो उसमें

ब्रजभाषा के काव्य की बड़ी भूमिका रही है। दूसरे शब्दों में, भाषायी दृष्टि से हिन्दी क्षेत्र नामक कोई क्षेत्र है तो सबसे पहले ब्रजभाषा के कारण है। 'हिन्दी' नाम खड़ीबोली से पहले ब्रजभाषा के लिए प्रचलित था, और यह नाम मुसलमानों के द्वारा दिया गया था। हिन्दू तो इसे 'भाषा' के नाम से पुकारते थे।[3] किशोरीदास वाजपेयी ने 'ब्रजभाषा' नाम और उसके प्रभाव पर प्रकाश डालते हुए लिखा है :

> *...'ब्रजभाषा' देश में साहित्यिक सामान्य भाषा के रूप में फैली। बंगाल, पंजाब, महाराष्ट्र, गुजरात आदि सभी प्रदेशों के सन्तों ने ब्रजभाषा में कविता की है। देश भर में अपनी बात पहुँचाने-फैलाने का वही साधन-माध्यम थी—इसीलिए मुसलमान साहित्यिकों ने उस समय ब्रजभाषा को ही 'हिन्दवी' या 'हिन्दी' नाम दिया है। उस समय ब्रजभाषा हिन्दी थी और 'खड़ीबोली', अवधी, आदि उसकी 'बोलियाँ' थीं।* [4]

खड़ीबोली गद्य के विकास-काल में भी ब्रजभाषा में काव्य-रचना का सिलसिला चलता रहा। स्वयं महावीरप्रसाद द्विवेदी, मैथिलीशरण गुप्त, श्रीधर पाठक ने, जो बाद में खड़ीबोली कविता के उन्नायक बने, अपने साहित्यिक जीवन का आरम्भ ब्रजभाषा में कविता लिखने से किया था। बीसवीं शताब्दी के दूसरे दशक तक रत्नाकर जैसे कुछ ही कवि बच गए थे जो अन्त-अन्त तक ब्रजभाषा में काव्य-रचना करते रहे। वे खड़ीबोली में कविता लिखने को 'सत्यानासी' काम कहा करते थे :

जात खड़ी बोली पै कोऊ भयो दिवानो
काउ तुकान्त बिन पद्य लिखन में है,
अरुझानौ अनुप्रास-प्रतिबन्ध कठिन जिनके उर माँहीं
त्यागि पद्य-प्रतिबन्धहु लिखत गद्य क्यों नाहीं? [5]

इस काव्योक्ति की अन्तिम पंक्तियों से खड़ीबोली की एक शक्ति का तो पता जरूर चलता है कि इसमें वजनदार गद्य सम्भव है। ब्रजभाषा गद्य की भाषा नहीं बन पाई। लेकिन दूसरी तरफ उर्दू काव्य-परम्परा ने बहुत पहले साबित कर दिया था कि खड़ीबोली में महान कविता लिखी जा सकती है। मीर, ग़ालिब और सौदा जैसे शायरों ने खड़ीबोली को उस बुलन्दी तक पहुँचा दिया था, जिसकी कल्पना हिन्दी में साठ-सत्तर साल बाद भी मुश्किल से की जा सकी। दूसरी उल्लेखनीय बात है कि तब उर्दू को 'हिन्दी' नाम से ही पुकारा जाता था। मीर का एक शेर है :

क्या जानूँ लोग कहते हैं किसको सरूरे-कल्ब
आया नहीं है लफ़्ज ये हिन्दी ज बाँ के बीच

हिन्दी और उर्दू की अलग-अलग अस्मिता की लड़ाई में औपनिवेशिक कूटनीति की बात अकसर की जाती है, और बार-बार उसमें गिलक्राइस्ट और फोर्ट विलियम कॉलेज का उल्लेख आता है। इसके साथ ही, हिन्दी और उर्दू के पैरोकारों के साम्प्रदायिक मनोभावों को पढ़ने की कोशिश की जाती है, और जनता पर उनके विचारों का असर खोजा जाता है। फिर यहाँ आकर बात ख़त्म कर दी जाती है कि दोनों भाषाओं की

साहित्यिक-सांस्कृतिक परम्पराएँ भिन्न रही हैं। ऐसे में, अब इस बात का कोई खास मतलब नहीं बच गया है कि ऐतिहासिक रूप से दोनों भाषाएँ एक हैं या उर्दू को पहले 'हिन्दी' नाम से जाना जाता था। इन बातों से अलग उल्लेखनीय तथ्य यह है कि हिन्दी और उर्दू ने अपनी अस्मिता के प्रति अतिरिक्त सजगता के कारण अपने विकासक्रम में व्यापक समुदाय की सामान्य भाषा बनने की अपनी शक्ति को कम किया। उर्दू के साथ उसके निर्माण काल से ही जनसामान्य से दूरी का सिलसिला शुरू हो गया था। रामविलास शर्मा के इस कथन में अतिशयोक्ति हो सकती है, लेकिन इसमें पर्याप्त सचाई है :

> *उर्दू भाषा का विकास तभी सम्भव हुआ जब मुस्लिम साम्राज्य का अधःपतन आरम्भ हो गया। उस युग के साहित्य में सामाजिक और राजनीतिक पतन के अनेक लक्षण स्पष्ट दिखाई देते हैं। जनसाधारण की भाषा छोड़कर दरबारी साहित्यकारों ने एक नई दरबारी भाषा का आविष्कार किया। उसे खूब मार्जित करके उन्होंने उसे अपना सांस्कृतिक चिह्न मान लिया। भाषा में ऊपरी चमक-दमक थी। किन्तु उस भाषा में देश के प्राणों की गूँज नहीं थी।*[6]

दरबारी भाषा के रूप में उर्दू आई; उसके सौ साल बाद छायावादी हिन्दी आई, और उसका जन-साधारण की भाषा से उर्दू की तुलना में कोई कम अलगाव नहीं था। इसलिए साहित्यिक परम्पराओं को भाषा के विकास का एकमात्र आधार नहीं बनाया जा सकता। दूसरी बात, हिन्दी की तुलना में उर्दू ज़्यादा लोगों की मातृभाषा रही है। दिल्ली, लखनऊ और हैदराबाद में उर्दू जब माताओं की गोद में सीखी जाती थी, हिन्दी पछाँह से आई हुई जातियों के घरों में ठेठ रूप में ही बोली जाती थी।[7]

हिन्दी और उर्दू के सम्बन्ध में निर्णायक महत्त्व इस बात का नहीं है कि कौन अपने साहित्यिक रूप में कठिन है और कौन सरल, या कौन मातृभाषा के रूप में पहले से रही है और कौन मातृभाषा के रूप में बाद में विकसित हुई। यह तय है कि दोनों भाषाओं का आधार शहरी समाज ही रहा है। उर्दू अदालती भाषा पहले से अवश्य रही, लेकिन व्यापक मध्यवर्ग की भाषा के रूप में हिन्दी विकसित हुई। यह उत्तर भारत में सामान्य रूप से विभिन्न समुदायों (जो सांस्कृतिक धरातल पर थोड़े अलग-अलग भी थे) की अभिव्यक्ति प्रणाली का अंग बनने में अधिक सफल हुई। इसने बोलियों का संहार करने के बजाय उन्हें बहुत हद तक अपने साथ जोड़ा और उनकी साहित्यिक रचनाओं को अपनी परम्पराओं में शामिल किया। यही कारण है कि हिन्दी कई आवाज़ों में बोली गई, और सभी आवाजें मान्य हुईं। इस तरह, बोली-समुदायों में यह भाषा जगह बनाने में अव्वल रही। उर्दू में इस लचीलेपन का अभाव रहा, और यह आज भी है।

उर्दू के प्राध्यापक और आलोचक एस.आर. किदवई ने हिन्दी और उर्दू की समानता को स्वीकार करते हुए एक संगोष्ठी में कहा है : "आजकल की प्रैक्टिकल रियलटीज को सामने नहीं रखा गया है। लिपि को बदलना, आवाज़ों को बदलना, यह सब सम्भव नहीं है। दोनों के पीछे अपनी एक साहित्यिक, सांस्कृतिक परम्परा है।"[8] प्रैक्टिकल

रियलटीज में यह भी शामिल है कि उर्दू ने बोलियों की परम्परा से जुड़ने में कोताही बरती है। इसलिए उसमें विविधता का अभाव रहा; और इसलिए वह विभिन्न समुदायों की अभिव्यक्ति प्रणाली का अंग नहीं बन सकी।

हिन्दी और उर्दू के रूप में खड़ीबोली के विभाजन से, इसमें शक नहीं, हिन्दी को ज़्यादा ही नुकसान हुआ है। हिन्दी में अरबी-फ़ारसी शब्दों की ग्रहणशीलता में किंचित कमी आई, और विकास की दिशा भी थोड़े समय के लिए गड़बड़ा गई। भाषा में गति होने के बावजूद उन्नीसवीं शताब्दी के उत्तरार्द्ध में उसकी चाल समझ में नहीं आ रही थी। भारतेन्दु कह रहे थे–'हिन्दी नये [नयी] चाल में ढली सन् 1873 ई.' में, यानी इंशा अल्ला खाँ की 'रानी केतकी', जो 'हिन्दवी छुट और किसी बोली का पुट न मिले' की प्रतिज्ञा से लिखी गई थी, के सत्तर साल बाद। अतः भारतेन्दु की 'हरिश्चन्द्र मैगजीन' (बाद में 'हरिश्चन्द्र चन्द्रिका') से हिन्दी की चाल निश्चित हो गई थी, यह भी एक मिथक-रचना है, जिसमें सचाई इतनी है कि भविष्य में हिन्दी को उर्दू शैली के लिए दरवाज़ा लगभग बन्द कर लेना था। फिर भी लम्बे समय तक शैलियों का टकराव बना रहा। इस बात को चन्द्रधर शर्मा गुलेरी की 1904 में लिखी इन पंक्तियों से समझा जा सकता है :

> *...पं. किशोरीलाल गोस्वामी ने, चन्द्रकान्ताकार की तरह, शिवप्रसादी हिन्दी के झंडे की नीचे खड़ा होना स्वीकार किया है। बाबू अयोध्याप्रसाद, पं. लक्ष्मीशंकर मिश्र, और लाला सीताराम बी.ए. भी हिन्दी के मुंशी स्टाइल की ओर झुके हुए हैं। 'नागरी प्रचारिणी सभा' के विशेष अधिवेशन में सभापति के आसन से वाग्मिवर पण्डित मालवीय ने भी सरल और ठेठ हिन्दी की बहुत ही स्तुति की। लोग इससे पण्डित जी को भी उर्दूमय हिन्दी का पक्षपाती न समझें, उनका यह कथन अर्थवाद ही था, क्योंकि उनके भाषण की भाषा असल और पवित्र हिन्दी थी। 'नागरी प्रचारिणी सभा' ने अपने एड्रेस में भी अपने को "उच्च हिन्दी के पक्षपाती नहीं हैं" कहकर पालिसी चली है, किन्तु सरल हृदय लोगों के मन में इससे धोखा हो सकता है। लोग पालिसी में चाहे जो कुछ कह जाएँ, किन्तु अपनी लेखनी की गति को नहीं बदल सकते। पवित्र हिन्दी के कुएँ का सोता सदा संस्कृत ही रहैगा।*[9]

'उच्च हिन्दी' ने हिन्दी का नुकसान किया, लेकिन 'उच्च उर्दू' ने उर्दू का और भी नुकसान किया। उर्दू-पक्ष से मुक्ति के क्रम में हिन्दी ने कुछ कृत्रिमताएँ जरूर अर्जित कीं, लेकिन स्थानीय बोलियों के रंग को अपनाने की प्रवृत्ति का उसने त्याग नहीं किया। उर्दू ने स्थानीय बोलियों के रंग से ही परहेज नहीं किया, उसने भारत की भाषाओं के विकास से भी अपना रिश्ता तोड़ा। बाद का विकास तो यह है कि उसमें फ़ारसी से अधिक अरबी के शब्द पारिभाषिक शब्द के रूप में अपनाए गए। वस्तुतः उर्दू सिर्फ़ मुसलमानों की भाषा नहीं रही थी; मुसलमानों ने हठ करके उसे अपने तक सीमित जरूर कर दिया, जिसमें अँगरेज़ी हुकूमत की चाल काम आई थी।

अधिकांश अँगरेज़ अधिकारियों के ताल्लुकात फ़ारसी-शिक्षित रईसों से होते थे। मुसलमानों के अलावा कायस्थ भी उसी श्रेणी में आते थे। ये लोग फ़ारसी और अरबी मिश्रित भाषा (उर्दू) बोलते थे। आम जनता से अँगरेज़ों का सम्बन्ध तो होता ही नहीं था। इस बात ने उर्दू को फ़ारसी (पाँच-छह सौ वर्षों तक राजभाषा के रूप में जिसका दबदबा रहा था) का उत्तराधिकारी बना दिया था। यह एक प्रकार से भाषा से धार्मिक समुदाय के सम्बन्ध का मामला न होकर सांस्कृतिक अल्पमत को सुविधा देने का मामला था, और इसके कारण आम लोगों को प्रशासनिक और अदालती दायरे में आने वाले कामों में परेशानी का सामना करना पड़ता था। उर्दू की साहित्यिक लोकप्रियता की बात और थी, लेकिन अरबी-फ़ारसी लिपि में लिखे जाने के कारण उसका प्रयोग आसान नहीं था।

आम जनता की भाषा सम्बन्धी समस्या को जो थोड़े-से अँगरेज़ अधिकारी समझते थे, उनमें फ्रेडरिक जॉन शोर का नाम सबसे पहले आता है। वे मध्यभारत के सागर-नर्मदा क्षेत्र के भूतपूर्व गर्वनर जनरल सर जॉन शोर के होनहार पुत्र थे[10] और कई जगहों पर अधिकारी रहने के बाद न्यायाधीश बने थे। उन्होंने 1836 में फ़ारसी लिपि और उसके कठिन शब्दों के स्थान पर देवनागरी लिपि और हिन्दुस्तानी भाषा का प्रस्ताव रखा था।[11] किसी अँगरेज़ के द्वारा हिन्दी के पक्ष में इसे पहली पैरोकारी कही जा सकती है, 1855 तक जिसे मध्यभारत और 1900 तक पश्चिमोत्तर प्रान्त में नहीं सुनी गई।[12]

शोर के अतिरिक्त ईसाई मिशनरी और मिलिट्री ने हिन्दी को आगे बढ़ाने का काम किया था। मिशनरी ने देवनागरी का सुन्दर टंकन तैयार किया था और बंगाल आर्मी के सिपाहियों ने, जिनमें से ज़्यादातर सवर्ण थे, हिन्दी का समर्थन किया था।[13] हालाँकि हिन्दी के समर्थक, यह एक तथ्य है, ज़्यादातर ब्राह्मण और व्यापारी वर्ग के लोग थे, फिर भी मुसलमानों और कायस्थों को छोड़कर यह देखने में नहीं आया कि उत्तर भारत की दूसरी जातियों ने इसका विरोध किया हो। इसकी वजह बहुत साफ़ थी। अरबी-फ़ारसी-उन्मुखी उर्दू आम जनता की पहुँच के बिलकुल बाहर थी। लेकिन दूसरा पक्ष यह भी है कि जनता में हिन्दी की तुलना में दरबारी प्रभाव के कारण उर्दू के प्रति आदर-भाव अधिक था, जैसे आज अँगरेज़ी के प्रति देखा जाता है।

1846 में जे.टी. थाम्पसन ने 'अ डिक्शनरी इन हिन्दी एंड इंगलिश कम्पाइल्ड फ्राम एप्रूव्ड आथरिटीज' नाम का शब्दकोश प्रकाशित किया था। सी.ए. बैली का मत है कि देवनागरी लिपि में लिखी जानेवाली हिन्दी को उत्तर भारत की भाषा मान्य कराने में इसकी बड़ी भूमिका थी।[14] इसमें फ़ारसी शब्दों की जगह संस्कृत के शब्द रखे गए थे। थाम्पसन के कोश की भूमिका से पता चलता है कि हिन्दी के लिए 18वीं शताब्दी के नवें दशक से प्रयास शुरू हो गया था। 1785 में विलियम किरपाट्रिक ने, जो सेनाध्यक्ष के फ़ारसी भाषा के मामले में सचिव थे, ब्रिटेन में बैठे अधिकारी से हिन्दी शब्दकोश तैयार कराने का आग्रह किया था, क्योंकि सेना में उत्तर भारत के ज़्यादा लोग थे, जो

फ़ारसी लिपि की तुलना में देवनागरी पढ़ने में अधिक सक्षम थे। देवनागरी टाइप न होने के कारण वह प्रस्ताव अधर में लटक गया था।[15]

थाम्पसन के शब्दकोश से पहले लल्लूलाल जी ने 'प्रेमसागर' में और बनारस के एम.ए.टी. एडम ने शब्दसंग्रह तैयार किये थे। इनसे थाम्पसन को पर्याप्त मदद मिली थी। दिलचस्प तथ्य है कि उन्हें संस्कृतविदों ने मदद नहीं की थी, फिर भी वे तीस-हजार शब्दों का कोश तैयार करने में सफल हुए थे। उन्नीसवीं शताब्दी के उत्तरार्द्ध में फै   लन ने एक शब्द-संग्रह तैयार किया था, जिसमें अँगरेज़ी, हिन्दुस्तानी (देशज), अरबी और संस्कृत के समान्तर शब्द दिए गए थे। रामविलास शर्मा ने फै   लन और दूसरे विद्वान जॉन शेक्सपियर का विस्तृत उल्लेख किया है।[16] फै   लन का बल दैनिक व्यवहार में आने वाले देशी शब्दों पर था। कोश की विज्ञप्ति बड़ी शानदार थी, जिसे रामविलास शर्मा ने उद्धृत किया है।[17]

हिन्दी के विकास में कुछ अँगरेज़ विद्वानों की भूमिका वास्तव में बड़ी शानदार रही है। दूसरी तरफ, ग्रियर्सन जैसे विद्वान, जिनकी हिन्दी भाषा और साहित्य के अध्ययनों में बहुत चर्चा होती है, विग्रहवादी रूप में सामने आए। संयुक्त प्रान्त से पहले 1881 में बिहार में हिन्दी अदालत की भाषा स्वीकृत हुई थी। ग्रियर्सन ने इसका विरोध करते हुए लिखा था कि हिन्दी नब्बे प्रतिशत बिहार के लोगों की भाषा नहीं है। उन्होंने हिन्दी के ऐतिहासिक अस्तित्व से इनकार करते हुए इस बात पर जोर दिया कि तुलसीदास की ब्रजभाषा बिहार के लिए गैरभाषा है। ग्रियर्सन ने शिक्षा-आयोग से यह भी माँग की थी कि स्कूलों से हिन्दी को बिलकुल हटा दिया जाए।[18]

बहरहाल, भारत में अँगरेज़ी राज कायम होने से भाषा, साहित्य, शिक्षा और टेकनालॉजी के प्रति जागरूकता पैदा हुई थी, जिसे अँगरेज़ चाहकर भी नहीं रोक सकते थे। स्वयं भारतीय ही इस मामले में दोहरी चेतना से ग्रस्त थे। वे आधुनिकता की धारा के साथ आगे बढ़ना चाहते थे और परम्पराओं से बँधे भी रहना चाहते थे। राष्ट्रवाद का उदय इसी मानसिक संवृत्ति के भीतर हुआ था। आधुनिक भाषाओं का विकास इस इतिहास-धारा का अपवाद नहीं था। दूसरे शब्दों में, विकास, चाहे वह भाषा-साहित्य और शिक्षा से सम्बन्धित हो अथवा अर्थव्यवस्था से, साम्राज्यवाद के प्रभाव और प्रभुत्व के अधीन हुआ था, लेकिन यह भी है कि वह परम्परा के ध्वंस की शर्त पर मान्य नहीं हुआ था। हिन्दी के विकास में भाषा-विवाद भिन्न परम्पराओं के बोध से ही जुड़ा था, जिसमें पर्याप्त धार्मिक कटुता का समावेश था। हालाँकि, विरोधाभासी रूप से, इसी के कारण—अर्थात प्रतियोगी चेतना से—आगे बढ़ने और आधुनिक होने की चेतना तीव्रतर हुई। गद्य लेखन की दृष्टि से न केवल हिन्दी बल्कि उर्दू भी अत्यन्त कम समय में दुनिया की बड़ी भाषाओं की कतार में खड़े होने के योग्य हुई।

हिन्दी अपने विकास की प्रारम्भिक अवस्था में ही, भारतेन्दु युग से भी पहले, अपने राष्ट्रीय महत्त्व का आभास देने लगी थी। राममोहन राय, जो अँगरेज़ी को महत्त्व देते थे और संस्कृत शिक्षा के खिलाफ थे, हिन्दी में 'बंगदूत' पत्र निकालते थे। 'बंगदूत' का

प्रथम प्रकाशन 1826 में बंगला में हुआ था, जिससे नवजागरण का प्रारम्भ माना जाता है। बाद में वह हिन्दी और फ़ारसी में भी प्रकाशित होने लगा। बंगला राममोहन राय की मातृभाषा थी, फ़ारसी पहले से अदालती भाषा थी, अँगरेज़ी नये शासक वर्ग की भाषा थी। इन्हीं भाषाओं के क्रम में हिन्दी को रखा जाना उसके सुनहरे भविष्य का सूचक था।

राममोहन राय का परम्परा के प्रति कठोर रवैया आलोचना के योग्य हो सकता है, लेकिन उनके लेखन और गतिविधियों से लोगों के सोचने के तरीके में बदलाव आ रहा था। भाषा सम्बन्धी चेतना का विकास उसी बदलाव का अंग था। बंगला भाषा अपने विकास के लिए राममोहन राय के अवदानों के प्रति ऋणी रही है। ब्राह्मोसमाज की भूमिका पर गौर करें तो हिन्दी भी उनकी कोई कम ऋणी नहीं है। ब्राह्मोसमाज के प्रचार के लिए उन्होंने जो पुस्तकें छपवाई थीं उनमें से ज़्यादातर हिन्दी में थीं। उनके द्वारा हिन्दी में लेखन हिन्दी के लिए एक दुर्लभ उपहार माना जाना चाहिए। उनकी मृत्यु के बाद भी ब्राह्मोसमाज ने पंजाब सहित उत्तर भारत में अपने प्रचार के लिए हिन्दी को महत्त्व दिया था।

राममोहन राय के बाद केशवचन्द्र सेन ब्राह्मोसमाज के बड़े नेता थे। उन्होंने आर्यसमाज के संस्थापक दयानन्द सरस्वती को 1872 में कलकत्ते में मुलाक़ात के दरम्यान हिन्दी के प्रचार के लिए प्रेरित किया था। उसी कलकत्ते की यात्रा में दयानन्द सरस्वती को भूदेव मुखोपाध्याय और राजेन्द्रलाल मित्र जैसे आरम्भिक राष्ट्रवादी बुद्धिजीवियों के विचारों से परिचित होने का मौका मिला था। ये लोग राष्ट्रवादी विचारों के प्रचार की दृष्टि से हिन्दी को उपयोगी मानते थे। उसके दो साल बाद ही दयानन्द सरस्वती ने बनारस में अपना भाषण हिन्दी में दिया था। दयानन्द गुजराती थे और संस्कृत के पंडित थे, इसलिए उन्हें हिन्दी साधने में कठिनाई हुई। उस भाषण में भी आधी बात संस्कृत में कही गई थी।[19] दयानन्द सरस्वती के कार्यों और प्रभाव से हिन्दी का आधार व्यापक हुआ और देवनागरी लिपि में शिक्षा में गति आई; लेकिन संस्कृतनिष्ठ भाषा को बढ़ावा देने के कारण जनसामान्य के सामने समस्या भी खड़ी हुई। इस आर्यसमाजी संस्कृतनिष्ठ हिन्दी के कारण हिन्दुओं और मुसलमानों की भाषा में दूरी भी ज़्यादा बढ़ गई।

19वीं शताब्दी के उत्तरार्द्ध में हिन्दी में शिक्षा और उसकी साहित्यिक प्रगति में सर्वाधिक महत्त्वपूर्ण भूमिका राजा शिवप्रसाद सितारेहिन्द और भारतेन्दु हरिश्चन्द्र की थी। सच्चे अर्थों में हिन्दी आन्दोलन, जिसे रामविलास शर्मा ने हिन्दी नवजागरण कहा है, इन्हीं से शुरू होता है। लेकिन जैसा कि प्रथम संस्था पुरुषों के साथ होता है, हिन्दी और उससे जुड़ी जातीय चेतना के अन्तर्विरोधों को सबसे पहले इन्हीं के यहाँ खोजा जाता है। इनके आपसी सम्बन्ध कुछ कारणों से खराब हो गए थे, जिसका कुछ नुकसान हिन्दी को भी उठाना पड़ा। भारतेन्दु की हिन्दी जिस 'नई चाल में ढली', उसमें उर्दू-शैली से कुछ अव्यावहारिक दूरी बरती गई थी। वस्तुतः हिन्दी-चेतना ही कुछ उसी दिशा में जा

रही थी। भारतेन्दु के व्यक्तित्व का भी कुछ असर था जिसके कारण आन्तरिक विवादों ने विद्वेषी रूप ले लिया था। चूँकि शिवप्रसाद सितारेहिन्द का झुकाव उर्दूनिष्ठ भाषा की ओर था, इसलिए उन्हें हिन्दी आन्दोलन के समर्थक खलनायक के रूप में देखने लगे थे। फिलहाल तक उनकी यह छवि बनी रही है।

भारतेन्दु के परमप्रशंसक रामविलास शर्मा ने शिवप्रसाद सितारेहिन्द के 'अपयश' की ओर ध्यान दिलाते हुए लिखा है : "हिन्दी लेखकों में एक थे सितारेहिन्द; जब किसी को अपनी लेखनी पर शांन चढ़ाना होता, वह उन पर दो-चार वार कर बैठता।"[20] गिलक्राइस्ट के बाद वे हिन्दी के सबसे बड़े खलनायक बना दिए गए। हालाँकि रामचन्द्र शुक्ल और हजारीप्रसाद द्विवेदी जैसे साहित्य के समर्थ इतिहासकारों ने उनकी भाषा-नीति से सहमत न होते हुए भी हिन्दी के प्रति उनके योगदान और उनके हिन्दी-ज्ञान की प्रशंसा की है।[21]

वस्तुतः हिन्दी साहित्य के इतिहास में राजा शिवप्रसाद सितारेहिन्द खलनायक के रूप में जाने गए तो इसका एक बड़ा कारण, वीरभारत तलवार ने जिस पर सर्वाधिक बल दिया है, भारतेन्दु और सितारेहिन्द का व्यक्तिगत विरोध था।[22] भारतेन्दु के चहेतों की संख्या अधिक होने के कारण राजा शिवप्रसाद सितारेहिन्द का ज़्यादा नुकसान हुआ। लेकिन, सितारेहिन्द के चाहनेवालों की संख्या भी कोई कम नहीं थी। इस बात की चर्चा रामचन्द्र शुक्ल के इतिहास में कई जगहों पर है।

राजा शिवप्रसाद सितारेहिन्द ने अपने कॅरियर की शुरुआत वकील के रूप में की थी। बाद में शिमला और बनारस में मीर मुंशी का काम किया। 1856 में ज्वाइंट इंस्पेक्टर नियुक्त किए गए, फिर इंस्पेक्टर आव् स्कूल बने। हिन्दी और उर्दू के अतिरिक्त अँगरेज़ी में उनका गहरा दखल था। खुद भारतेन्दु ने उनसे अँगरेज़ी की शिक्षा ली थी और उन्हें गुरु जी कहते थे। उन्होंने स्कूली पाठ्यक्रम और उससे सम्बन्धित पुस्तकें तैयार की थीं। इस कारण उपयोगी ज्ञान की दृष्टि से उन्हें श्रेष्ठ भारतीय के रूप में देखा गया। 1868 में उन्होंने सरकार को एक मेमोरेंडम दिया था, जिसमें सरकारी कामकाज और कचहरियों की भाषा से अरबी-फ़ारसी लिपि हटाकर नागरी लिपि को स्थान देने की माँग की गई थी। वे संस्कृतनिष्ठ और अरबी-फ़ारसी-निष्ठ दोनों प्रकार की भाषा लिखने में सिद्धहस्त थे। वह भाषा का प्रयोग-काल था। इसलिए उनके यहाँ भाषा के दो रूप मिलना अस्वाभाविक नहीं था। वे जिस तरह की भाषा प्रचलित करना चाहते थे, इसमें शक नहीं कि उससे हिन्दी और उर्दू की दूरी बहुत ही घट गई होती और कालान्तर में दोनों भाषाएँ एक जैसी हो गई होतीं। लेकिन यह सब सितारेहिन्द पर ही निर्भर नहीं था। एक दूसरा पक्ष सर सैयद अहमद खाँ थे, जिन्हें मुहम्मद अली जिन्ना से पहले हिन्दू-मुस्लिम एकता का राजदूत कहा जा सकता है। उन्होंने कभी कहा था कि हिन्दुओं और मुसलमानों के मेलजोल से एक नई ज़बान उर्दू का जन्म हुआ है। उन्होंने हिन्दू-मुस्लिम एकता के लिए एक शानदार रूपक गढ़ा था : 'हिन्दुस्तान एक दुलहन की तरह है, जिसकी दो खूबसूरत आँखें हैं—हिन्दू-मुसलमान।' बाद में वे सिर्फ़ मुसलमानों की

रहनुमाई करने लगे। भाषा के सवाल पर उन्होंने 1869 में साफ-साफ कह दिया : 'फ़ारसी लिपि में लिखी हुई उर्दू मुसलमानों की निशानी है।' इसके बाद राजा शिवप्रसाद सितारेहिन्द की भाषा नीति हिन्दी-उर्दू एकता के लिहाज़ से लगातार असफल साबित होती गई, और संस्कृत की ओर झुकी हिन्दी के पैरोकारों की भी संख्या बढ़ती गई। यह औपनिवेशिक सत्ता की अलगाववादी नीति की बहुत बड़ी विजय थी।

वस्तुतः हिन्दी-उर्दू का आपसी विरोध जितना राजनीतिक था, उनकी एकता की बात भी उतनी ही राजनीतिक सिद्ध हुई। इससे किसी एक पक्ष की अथवा हिन्दी आन्दोलन के किसी नेता की आलोचना करना आसान हो गया। यह राजा शिवप्रसाद सितारेहिन्द के सन्दर्भ में हुआ, और भारतेन्दु हरिश्चन्द्र के सन्दर्भ में भी हुआ। यह ठीक है कि भारतेन्दु का सितारेहिन्द से व्यक्तिगत सम्बन्ध खराब हो गया था और उनके लेखन में मुस्लिम-विरोध झलकता है, लेकिन वे न तो घोर उर्दू-विरोधी थे और न ही बहुत संस्कृतनिष्ठता के कायल। राजा शिवप्रसाद सितारेहिन्द की तरह ही उनके यहाँ भाषा के दो रूप मिलते हैं; बोलियों के प्रयोग के लिहाज़ से देखें तो दो से भी अधिक। बोलियों के प्रयोग को रामविलास शर्मा ने उनकी भाषा की शक्ति माना है :

> *भारतेन्दु के गद्य की एक विशेषता यह है कि उसमें जनपदीय शब्द का धड़ल्ले से व्यवहार होता है। उनके कलात्मक गद्य की विशेषता यह है कि उसमें ब्रजभाषा की मिठास है। हिन्दीभाषी क्षेत्र में मैथिल, भोजपुरी, अवधी आदि अनेक जनपदीय बोलियाँ बोली जाती हैं। यहाँ की जातीय भाषा के लिए—उस भाषा के लिए जो विभिन्न जनपदों की शिष्ट भाषा के रूप में विकसित हो—यह आवश्यक था कि वह इन बोलियों के नजदीक हो, उन शब्दों का व्यवहार करे जो इन बोलियों में सामान्य हैं। उर्दू में एक कमजोरी यह थी कि वह इन बोलियों से दूर जा पड़ी थी। ब्रज, अवधी और मैथिल में समृद्ध साहित्य था। आधुनिक हिन्दी साहित्य ने सूर, तुलसी और कबीर की साहित्यिक परम्परा को अपनाया, उर्दू अधिकतर उससे दूर रही। ब्रज, अवधी और मैथिल के सैकड़ों शब्द भारतेन्दु की रचनाओं में तो मिलते हैं, उर्दू में उनका प्रयोग नहीं होता। भारतेन्दु के समय से अब तक हिन्दी ने इतनी शक्ति से और वेग से प्रगति की, इसका बहुत बड़ा कारण जनपदीय बोलियों तथा पुराने हिन्दी साहित्य से उसका सम्बन्ध है।*[23]

कहा जा सकता है कि अब तक का इतिहास विचार-संघर्ष का रहा है, जिसमें किसी के भी अवदान का अपने फायदे के लिए गुड़गोबर किया जा सकता है। वीरभारत तलवार ने सितारेहिन्द की प्रतिभा का बढ़िया मूल्यांकन किया है, लेकिन भारतेन्दु के अवमूल्यन की शर्त पर। रामविलास शर्मा की दृष्टि में भारतेन्दु की भाषा शक्तिशाली है, क्योंकि उसमें जनपदीय शब्द का धड़ल्ले से इस्तेमाल होता है। यह वीरभारत तलवार के लिए भाषा का दोष है। भारतेन्दु की भाषा उनकी दृष्टि में अत्यन्त बनावटी और लद्धड़ है। उनकी भाषा में कुछ आकर्षण है तो कुछ व्यंग्य-रचनाओं में, जो उनके पूरे

साहित्य का दसवाँ हिस्सा भी नहीं है।[24] अपनी बात के प्रमाण में वीरभारत तलवार कई प्रयोगों को उदाहरण के रूप में रखते हैं। उन्हें देखते हुए कहना न होगा कि उनके द्वारा लगभग वही कथा भारतेन्दु के सन्दर्भ में दोहराई गई है, जो लम्बे समय तक शिवप्रसाद सितारेहिन्द के लिए गढ़ी जाती रही थी, और जिसका बुरा प्रभाव हिन्दी के विकास पर पड़ा।

भारतेन्दु आधुनिक हिन्दी के पहले बड़े साहित्यकार थे—सबसे बड़े साहित्यिक व्यक्तित्व। उनके साहित्यिक अवदान और शैली पर ब्रजरत्नदास ने सटीक प्रकाश डाला है :

> *इन्होंने इतिहास, जीवनी, नाटक, उपन्यास, निबन्ध आदि अनेक विषयों पर रचनाएँ की हैं। कहीं गम्भीर गवेषणा, तथ्यातथ्य-विरूपण आदि है तो कहीं परिहास, व्यंग्य और मनोरंजन हो रहा है। कहीं भावावेश में कुछ बातें कह डाली गई हैं, तो कहीं एक-एक शब्द तौल कर गाम्भीर्य से लदे हुए निकल रहे हैं अर्थात् विषय तथा भाव के अनुसार ही भाषा की शैली में परिवर्तन स्वभावत : होता गया है। हाँ इसके लिए भारतेन्दु जी ने विशेष प्रयास नहीं किया और न ऐसा करने बैठने को उनके पास समय था। उन्हें तो अपना छोटा-सा जीवन हिन्दी की यथाशक्ति सेवा करने में, उसके साहित्य के प्रायः सभी विभागों में कुछ न कुछ लिखकर उनका आरम्भ कर देने में लगा देना था।*[25]

भाषा आन्दोलन और साहित्यिक अवदानों के अतिरिक्त भारतेन्दु ने इतिहास, संस्कृति और अपने युग की समस्याओं से सम्बन्धित बहुत कुछ लिखा। उन्होंने अँगरेज़ी राज की प्रशंसा की थी तो उसका तीव्र प्रतिवाद भी किया था। उनकी राजभक्ति अकेले चन्द्र में कलंक नहीं थी। कांग्रेस के उदय के बाद कायदे से सिर्फ़ देशभक्ति होनी चाहिए थी, लेकिन ऐसा नहीं हुआ। अँगरेज़ी राज के प्रति लम्बे समय तक कांग्रेस ने निष्ठा व्यक्त की, खुद गांधी जी ने व्यक्त की थी। औपनिवेशिक युग की यह मजबूरी थी, और यह रणनीति भी थी। भारतेन्दु ने भी यह रणनीति अपनाई थी। 'भारत दुर्दशा' में रानी विक्टोरिया के प्रति आशा-भरी निगाह से देखना कूटनीति से अधिक कुछ नहीं था, नाटक के प्राण तो भारत की दुर्दशा बताने में थे : पराधीनता की पीड़ा उसकी मूल अन्तर्वस्तु है।

अब जहँ देखहु तहँ दुखहि दुख दिखाई।
हा हा! भारत दुर्दशा न देखी जाई।

अँगरेजराज सुख साज सजे सब भारी
पै धन विदेश चलि जात इहै अति ख्वारी।

सबके ऊपर टिक्कस की आफत आई।
हा हा! भारत दुर्दशा न देखी जाई।

बीस कोटि सुत होत फिरत मैं हा हा होय अनाथ।
जाकी सरन गहत सोई भारत सुनत न कोउ दुखगाथ।[26]

यह संश्लिष्ट पीड़ा है। पराधीनता की पीड़ा क्या होती है, प्रजा के द्वारा यह प्रत्यक्ष विलाप है। इसमें राजा से छुपकर रोनेवाली बात नहीं है। असहमति और विद्रोह की यह वही शैली है, जिसे भारतेन्दु से पहले भक्त कवियों ने आजमाया था। इसमें 1857 की असफलता की भी पीड़ा का अनुभव किया जा सकता है।

इस पीड़ा, असहमति और विद्रोह को वीरभारत तलवार नवजागरण नहीं मानते। 'लेवी प्राण लेवी' में उन्हें जातीय हीनता का दर्द नहीं दिखाई देता। 'जातीय संगीत' के आह्वान की ध्वनि भी उन्हें सुनाई नहीं पड़ती। वे सिर्फ़ सितारेहिन्द की उपलब्धियों को सामने रखकर भारतेन्दु के भाषा-सम्बन्धी योगदान को छोटा करने का प्रयास करते हैं। ब्राह्मोसमाज और आर्यसमाज के सुधार आन्दोलनों की वैचारिक उपलब्धियों का उदाहरण देकर हिन्दी प्रदेश और उसके लेखकों को पिछड़ा साबित करते हैं। हंटर कमीशन को दिए बयान के आधार पर सिद्ध करना चाहते हैं कि भारतेन्दु ने शिक्षा के सवाल को भारतीय सभ्यता और संस्कृति के व्यापक प्ररिप्रेक्ष्य में नहीं देखा, और इस मामले में उनकी दृष्टि सर सैयद अहमद से पिछड़ी और सरकार-परस्त है। रानाडे से तुलना करते हुए भारतेन्दु सहित अधिकांश हिन्दी लेखकों को स्त्रियों के मामले में दोहरे मानदंड रखनेवाले और दुराग्रही बताते हैं। विद्यासागर को मॉडल बनाकर भारतेन्दु को अय्याश और चरित्रहीन घोषित करते हैं। वे भारतेन्दु को हिन्दी भाषा और आधुनिक साहित्य के आन्दोलन का नेता कम और अव्यवस्थित धार्मिक नेता अधिक मानते हैं, और हरसम्भव अवसर निकालकर उन्हें मुस्लिम-विरोधी साम्प्रदायिक व्यक्तित्व के रूप में चिह्नित करते हैं। इतनी आपत्तियों के बीच समग्र रूप से भारतेन्दु के मूल्यांकन का उनका अन्दाज़ देखिए :

> *सच पूछिए तो भारतेन्दु का व्यक्तित्व एक सुधारक का व्यक्तित्व था ही नहीं। उनमें कवियों की सी स्वच्छन्दता थी, रईसों जैसी शौकीनी और तुनुकमिजाजी थी, सामन्तों जैसी संरक्षण और आश्रय देने की प्रवृत्ति थी। बेशक भारतेन्दु स्वपनशील थे और जातीय उन्नति के लिए उनके पास कुछ योजनाएँ थीं। लेकिन उन योजनाओं को पूरा करने की तैयारी गम्भीरता के साथ उन्होंने नहीं की। सिर्फ़ साहित्यिक क्षेत्र में ही अपने कुछ स्वप्नों को वे साकार कर सके। पुरानी साहित्यिक परम्परा से जुड़े रहने के बावजूद हिन्दी साहित्य में कई आधुनिक प्रवृत्तियों की शुरुआत उन्होंने ही की। उनकी पत्रकारिता गम्भीर और ऊँचे स्तर की थी जिसके जरिए कई प्रतिभाशाली लेखकों को उन्होंने आगे बढ़ाया। सबसे बड़ी बात, जैसाकि रामचन्द्र शुक्ल ने लिखा है, उन्होंने साहित्य को अपने समय से जोड़ा।*[27]

वीरभारत तलवार ने भारतेन्दु की छवि बदलने के विशद प्रयास के भीतर बीच-बीच में उनकी उन सभी उपलब्धियों को स्वीकार किया है जिसके कारण उन्हें रामविलास शर्मा

ने हिन्दी नवजागरण का प्रथम पुरुष माना है। उन्हें हिन्दी के लोगों के द्वारा सितारेहिन्द को खलनायक के रूप में पेश करना खला, यह बात सराहनीय है। लेकिन सितारेहिन्द की छवि ठीक करने में उन्होंने भारतेन्दु की जिस ढंग से 'रस्साबन्दी' की है, वह सबाल्टर्न पद्धति के लेखन की भी बात नहीं है। उसमें उनकी मानसिक विकृति ही अधिक झलकती है, जिसका थोड़ा मनोवैज्ञानिक विश्लेषण अनुचित नहीं होगा।

खुद वीरभारत तलवार भारतेन्दु के मनोवैज्ञानिक विश्लेषण में पीछे नहीं रहे हैं। भारतेन्दु ने 'कालचक्र' नामक कालांकन सूची में दर्ज किया था, 'हिन्दी नये चाल में ढली, सन् 1873 ई.।' इसका अब तक अर्थ किया जाता रहा है कि 1873 में भारतेन्दु द्वारा सम्पादित 'हरिश्चन्द्र मैगजीन' (परिवर्तित नाम 'हरिश्चन्द्र चन्द्रिका') से हिन्दी नयी चाल में ढली। इसके पीछे अनुमान यह रहा था कि यह भारतेन्दु की पिछली पत्रिका 'कविवचन सुधा' (1868) से स्वरूप में भिन्न थी। उसके सम्पादक मंडल में ईश्वरचन्द्र विद्यासागर का भी नाम शामिल था। यह उसकी नवीन चेतना का संकेत था। उसमें धर्म, राजनीति, भाषा, कला और समसामयिक विषयों पर लेख छपा करते थे। हिन्दी की इस 'नई चाल' को वीरभारत तलवार ने सितारेहिन्द के विरुद्ध 'चाल' माना है : "शिवप्रसाद की भाषा-परम्परा से अपने अलगाव को स्पष्ट करने और अपनी भाषा को असली हिन्दी बताने के लिए ही उन्होंने 1873 से हिन्दी के नए चाल में ढलने की घोषणा की।"[28]

यदि भारतेन्दु ने शिवप्रसाद सितारेहिन्द की भाषा-परम्परा से अलगाव को स्पष्ट करने के लिए और अपनी भाषा को असली हिन्दी बताने के लिए ही 'कालचक्र' गढ़ा तो प्रश्न है वीरभारत तलवार ने हिन्दी की किस परम्परा से अलगाव को स्पष्ट करने के लिए और किस धारणा को असली साबित करने के लिए 'रस्साकशी' लिखी? क्या रामविलास शर्मा की आलोचना की परम्परा से अलगाव के लिए नहीं, और हिन्दी समुदाय (जाति) नाम की कोई चीज़ नहीं है—यह साबित करने के लिए, नहीं?

भारतेन्दु शिवप्रसाद सितारेहिन्द के शिष्य रहे थे, बाद में गुरु-द्रोही हो गए। जहाँ तक मुझे ध्यान है वीरभारत तलवार रामविलास शर्मा के शिष्य तो नहीं, अवैतनिक मुंशी अवश्य रहे हैं। रामविलास शर्मा ने 'भारत में अंग्रेजी राज और मार्क्सवाद' के कुछ हिस्से बोल कर लिखवाए थे। वीरभारत तलवार भी लिखने वालों में से एक थे। वीरभारत तलवार समर्पित शिष्य नहीं बने, यह अच्छी बात है। हालाँकि तब वैसी बात भी नहीं थी। उस समय न तो वे हिन्दी जाति की धारणा से परहेज करते थे और न ही भारतेन्दु के महत्त्व पर शक। बड़ी बात यह भी थी कि अधिकांश मामलों में अपने निष्कर्ष को रामविलास शर्मा के समान मानते थे। इसका प्रमाण है उनका निबन्ध 'हिन्दी प्रदेश में समाजवादी चेतना का प्रसार'। निबन्ध का शीर्षक तारांकित है, जिसका सन्दर्भ स्पष्टीकरण से युक्त है, और उसमें रामविलास शर्मा के प्रभाव को स्वीकार किया गया है।[29] बानगी उस निबन्ध की देखिए :

भारत में राष्ट्रीय स्वाधीनता आन्दोलन में हिन्दी प्रदेश का जो राजनीतिक महत्त्व

रहा, कांग्रेस के अन्दर वामपन्थ की ताकत और गतिविधियों का वह वैसा आधार रहा, उसे देखते हुए हिन्दी प्रदेश में समाजवादी चेतना के प्रसार का अध्ययन करना और उससे सबक सीखना आवश्यक है।...रामविलास जी ने पहली बार हिन्दी प्रदेश में समाजवादी चेतना के प्रचार-प्रसार की साहित्यिक सामग्री का खोजपूर्ण अध्ययन करके इस जरूरी काम को पूरा किया।...देश के आर्थिक विकास में पराधीनता से पैदा हुई रुकावटों, भारतीय वस्त्र उद्योग की बर्बादी और व्यापार में भेदमूलक सीमा-शुल्कों का अन्याय, ये सारी बातें 19वीं सदी के उत्तरार्द्ध में शिक्षित मध्यवर्ग के राष्ट्रवादी प्रतिनिधियों, दादाभाई नौरोजी, जस्टिस रानाडे, रमेशचन्द्र दत्त, वी.एम. जोशी और मधोलकर आदि ने, भारत में ब्रिटिश राज की आलोचना करते हुए कही थीं।...इनमें हिन्दी प्रदेश के भारतेन्दु हरिश्चन्द्र भी थे जिन्होंने अपने साहित्य में अंग्रेजी राज की आलोचना करते हुए लगभग इन्हीं मुद्दों को उठाया था।[30]

अब भारतेन्दु शिक्षित मध्यवर्ग के राष्ट्रवादी प्रतिनिधियों की कतार से बाहर हो गए हैं। 1984 के प्रकाशित निबन्ध में जो हिन्दी प्रदेश था, वह अब सिमटकर सिर्फ़ पश्चिमोत्तर प्रान्त रह गया। हिन्दी नवजागरण हिन्दी आन्दोलन होकर रह गया, और वह भी पिछड़ेपन, घटियापन और किस्म-किस्म की विकृतियों का शिकार।

वीरभारत तलवार कहते हैं, "जिसे हम हिन्दी नवजागरण के नाम से पुकारते हैं वह एक तरह से पुराने साझे वर्ग के टूट कर दो धार्मिक समुदाय बनने की कहानी है, औपनिवेशिक सत्ता में हिस्सा लेने और अपनी सांस्कृतिक श्रेष्ठता कायम करने की होड़ की कहानी है।"[31] उनका यह कहना गलत नहीं है। यह कहानी बंगाल और महाराष्ट्र के नवजागरण के साथ भी जुड़ी है। फिर वीरभारत तलवार 'पश्चिमोत्तर प्रान्त' के सन्दर्भ में ही क्यों कहते हैं कि जिसे हिन्दी नवजागरण कहा जाता है, उसका सही नाम हिन्दी आन्दोलन होना चाहिए? राजनीति में देखें तो कांग्रेस और मुस्लिम लीग की भी कहानी पुराने साझे वर्ग के टूटने की है। कांग्रेस और मुस्लिम लीग में अन्तर सिर्फ़ इतना है कि लीग घोषित रूप से पुराने साझे वर्ग से अलग हुई, कांग्रेस को उसके व्यापक हिन्दू जन-आधार के कारण ऐसा मान लिया गया। इस तथ्य के आधार पर वीरभारत तलवार के तर्क से जिसे राष्ट्रीय आन्दोलन कहा जाता है उसका सही नाम कांग्रेस आन्दोलन या फिर हिन्दू आन्दोलन ही क्यों नहीं होना चाहिए?

राष्ट्रवादी आन्दोलन की दृष्टि से कांग्रेस और हिन्दी के अभियानों में काफ़ी समानताएँ हैं। दोनों में परस्पर विरोधी प्रवृत्तियों का समावेश होता रहा है। तिलक, सुरेन्द्रनाथ बनर्जी और दूसरे कांग्रेस के नेता कहा करते थे कि भारत एक 'बनता हुआ राष्ट्र' है। हिन्दी उसी बनते हुए राष्ट्र की 'बनती हुई राष्ट्रीय भाषा' रही है। भारतीय भाषाओं में साम्राज्यवाद-विरोधी आन्दोलन में हिन्दी सबसे आगे रही है। उसकी इस शक्ति को दूसरे भाषा-भाषियों ने समझा, कांग्रेस के नेतृत्व ने समझा और उसके प्रसार को अपने राजनीतिक अभियान का अंग बनाया। जैसे कांग्रेस में कमियों के बावजूद वह

राजनीतिक राष्ट्रवाद का प्रतीक और माध्यम रही है, वैसे ही व्यापक भाषायी माध्यम की भूमिका, अपनी कमियों के बावजूद, हिन्दी ने ही निभाई। उसकी यह कमी अवश्य रही कि किसी विस्तृत भू-क्षेत्र की भाषा नहीं होने की वजह से वह जनसाधारण तक शीध्र नहीं पहुँच पाई। इसके लिए भारतेन्दु या किसी भी व्यक्ति के भाषा-प्रयोगों पर सारा दोष मढ़ना बेकार है।

भाषाएँ हवा में नहीं पैदा होतीं, एक ऐतिहासिक निर्माण के अधीन उनमें समूहों की इच्छा और अभिव्यक्तिगत भागीदारी होती है, और जिसे निश्चित रूप देने में कुछ विशिष्ट व्यक्तियों की भूमिका होती है। यह प्रक्रिया है जो सम्पन्न होती है सांस्कृतिक, राजनीतिक, कलात्मक और वैज्ञानिक गतिविधियों के द्वारा। ब्रजभाषा अथवा अवधी का महत्त्व बोली के स्तर पर भी क्या हो सकता था? वैसी तो देश में एक हजार से अधिक भाषाएँ और मूलभाषाएँ (मातृभाषा) हैं (1971 की जनगणना के अनुसार)। अवधी और ब्रज के राष्ट्रीय विस्तार के पीछे जायसी, सूर और तुलसी आदि की काव्य अभिव्यक्तियाँ थीं, जो लोकचेतना से अभिन्न थीं और विशिष्ट भी थीं। हिन्दी के राष्ट्रीय विस्तार में उसे शासन और अदालत की भाषा बनाया जाना जितना महत्त्वपूर्ण था, उससे अधिक महत्त्वपूर्ण उसका सांस्कृतिक पक्ष था। अदालत की भाषा तो फ़ारसी भी रही थी, और इस रूप में वह शिक्षा-दीक्षा की भाषा थी; लेकिन इस कारण वह राष्ट्रीय समुदायों की इच्छा और अभिव्यक्तिगत जुड़ाव का अंग कहाँ बन सकी?

राजा शिवप्रसाद सितारेहिन्द का शिक्षा-माध्यम की भाषा के विकास में योगदान है, और यह सच है कि उनकी अवहेलना होती रही है। भाषायी राष्ट्र के निर्माण में उनके योगदान को भारतेन्दु के ही बराबर स्वीकारा गया होता तो हिन्दी ज़्यादा निखरती। लेकिन भारतेन्दु का महत्त्व उनसे बढ़कर इसलिए है कि उन्होंने सांस्कृतिक परिवेश तैयार किया। यह ठीक है कि उनकी भाषा जहाँ तहाँ संस्कृत की ओर झुकी हुई है और 'गोमहिमा' के रूप में उनमें मुस्लिम-विरोधी साम्प्रदायिकता है। उनमें पर्याप्त राजभक्ति थी। उनके जीने का अन्दाज़ राजाओं जैसा था। सबके बावजूद उन्हें उसी रूप में देखा जाना चाहिए जिसका आग्रह रामविलास शर्मा करते हैं :

> *अंग्रेजी राज की, खास तौर से रानी विक्टोरिया की, बहुत जगह प्रशंसा की है। राजघराने के लोगों की प्रशंसा भी उन्होंने की है। बहुत जगह मुसलमानों को भला-बुरा भी कहा है। इसके आधार पर यह सोचना कि वह हिन्दू पुनरुत्थानवादी थे और अंग्रेजों की खुशामद करते थे, सही न होगा। जो लोग ऐसा सोचते हैं, उनसे मेरा कहना है कि मुसलमानों के विरुद्ध भारतेन्दु हरिश्चन्द्र ने जो कुछ लिखा है, उसे आप उद्धृत कीजिए लेकिन उसके साथ-साथ उन्होंने इस्लाम, मुहम्मद साहब और अच्छे मुसलमान बादशाहों के बारे में जो कुछ लिखा है, उसे भी आप उद्धृत कीजिए। इसी तरह अंग्रेजी राज की प्रशंसा में उन्होंने जो कुछ लिखा है, उसे आप उद्धृत कीजिए लेकिन उसके साथ जो उन्होंने अंग्रेजी राज की आलोचना की है, उसे छोड़ मत दीजिए। अधिक से*

अधिक आप यह कह सकते हैं कि भारतेन्दु हरिश्चन्द्र के चिन्तन में अन्तर्विरोध है। कभी वह अंग्रेजी राज की आलोचना करते हैं और कभी उसकी तारीफ करते हैं। लेकिन हमेशा वह उसकी तारीफ करते हैं, यह कहना तो सही न होगा। मेरा यह आग्रह नहीं है कि उन्हें अंग्रेजी राज के सुसंगत आलोचक के रूप में देखा जाए, वह उसकी प्रशंसा भी करते हैं लेकिन अंग्रेजी राज की जैसी आलोचना उन्होंने की है, वर्तमान व्यवस्था की वैसी आलोचना बहुत से मार्क्सवादी लेखकों में भी देखने को नहीं मिलती। [32]

रविभूषण ने ठीक नोट किया है कि वीरभारत तलवार की पूरी पुस्तक में भारतेन्दु के साम्राज्यवाद विरोध का जिक्र तक नहीं है, और यह हिन्दी नवजागरण की अवधारणा को नष्ट करने के उद्देश्य से लिखी गई है।[33]

वीरभारत तलवार ने अपने काम का क्षेत्र वही चुना है जो 1970 के बाद रामविलास शर्मा का हुआ। शुरुआत उन्होंने सुर में सुर मिला कर की। लेकिन उस क्षेत्र में वास्तव में जगह बनाने के लिए जरूरी हुआ कि वे रामविलास शर्मा की कमर तोड़ें; और उनकी कमर तोड़ने के लिए भारतेन्दु, रामचन्द्र शुक्ल और निराला की कमर तोड़ना जरूरी हुआ। 'रस्साकशी' में अवसर पाकर जगह जगह पर बाकी दोनों की कमर तोड़ी भी गई है।[34]

रामविलास शर्मा की नवजागरण की अवधारणा निरापद नहीं है। नवजागरण और भारतेन्दु सम्बन्धी उनकी समझ इकहरी रही है, इसकी ओर नामवर सिंह ने ध्यान दिलाया, और युक्तिसंगत बात कही कि भारतेन्दु के समय लेखकों में दो वर्ग दिखाई पड़ते हैं। एक वर्ग अँगरेज़ी राज का विरोधी है, लेकिन परम्परावादी है; और जो वर्ग अँगरेज़ी राज के प्रति नरम है, वह सुधारवादी और पश्चिमोन्मुखी है। यह भारतेन्दु या हिन्दी की बात नहीं है, लगभग पूरे भारतीय नवजागरण का यह ढाँचा है।[35] नामवर सिंह ने यह भी स्पष्ट किया कि हिन्दी नवजागरण और भारतेन्दु में बौद्धिकता के बजाय भावुकता की प्रधानता है, जिसमें मानवतावाद का उत्स है।[36] इसमें जोड़ा जाना चाहिए–मानवतावाद पुनर्जागरण अथवा नवजागरण की भी अन्तर्वस्तु है।

उसी तरह, मैनेजर पांडेय ने रामविलास शर्मा की इस धारणा को नहीं स्वीकार किया कि जातियों का गठन और जातीय भाषा का विकास 12वीं शताब्दी में शुरू हो जाता है।[37] उन्होंने 'महावीर प्रसाद द्विवेदी और हिन्दी नवजागरण' की उस अवधारणा का भी खंडन किया जिसमें हिन्दी नवजागरण की कमजोरियों का स्रोत बंगाल और गुजरात के नवजागरण को बताया गया है।[38]

जातियों के उद्‌भव, आधुनिक भाषा और साहित्य के विकास और नवजागरण से जुड़े प्रश्नों को लेकर रामविलास शर्मा के लेखन में पर्याप्त अन्तर्विरोध हैं। जरूरी जगहों पर उसका खंडन किया जाना चाहिए। भारतेन्दु समेत नवजागरण-कालीन लेखकों की दृष्टि में काफी झोल है, जिसकी रामविलास शर्मा के यहाँ प्रखर आलोचना नहीं है। जो बात रामविलास शर्मा नहीं बता पाए, आप बताइए, लेकिन उनकी शक्ति को भी मत

छुपाइए; और कम-से-कम घृणा-विद्वेष का आलोचनाशास्त्र तो मत विकसित कीजिए।

एक समय था, जब रामविलास शर्मा वीरभारत तलवार के आदर्श नहीं तो प्रेरणास्रोत अवश्य थे, और तब उनकी आलोचना की शैली लगभग वही थी जो रामविलास शर्मा की थी। वीरभारत तलवार का एक निबन्ध है 'राष्ट्रीय आन्दोलन और रामचन्द्र शुक्ल' जो 1985 में 'आलोचना' के शुक्ल अंक-2 में छपा था। उसमें वे एक जगह कहते हैं, जो निबन्ध की मुख्य बात के रूप में आई है, "शुक्ल जी ने अपने लेख अँगरेज़ी राज में किसानों की तबाही का विस्तृत और मार्मिक विवरण दिया है। पर, एक भी जगह वे यह नहीं कहते कि किसानों की तबाही का कारण सामन्तवाद या जमींदारी-ताल्लुकेदारी जैसी प्रथाएँ भी हैं।"[39] यह बिलकुल सच्ची बात थी, जो रामचन्द्र शुक्ल के एक दुर्लभ निबन्ध 'असहयोग और अव्यापारिक श्रेणियाँ' को आधार बना कर लिखी गई थी। इस निबन्ध में रामचन्द्र शुक्ल से सम्बन्धित रामविलास शर्मा के मत से कई जगहों पर न्यायोचित असहमति प्रकट की गई है। लेकिन इसका लेखक यह भी स्वीकार करता है, "शुक्लजी रूढ़िवादी या प्रतिक्रियावादी लेखक नहीं थे। उनके जमाने में जो रूढ़िवादी और प्रतिक्रियावादी थे, उनके मुकाबले शुक्ल जी आधुनिक, उदार, एक हद तक प्रगतिशील और वैज्ञानिक दृष्टि वाले लेखक थे।"[40]

अब वीरभारत तलवार शायद ही हिन्दी की विभूतियों में से किसी को उदार और प्रगतिशील मानते हों। आधुनिक हिन्दी की पूरी परम्परा ही उन्हें अब 'मिश्र, भट्ट, मालवीय, उपाध्याय, पाठक, द्विवेदी, शुक्ल, सिंह, अग्रवाल, और दास वगैरह के पारिवारिक-सामाजिक परिवेश और संस्कारों' की दिखाई पड़ती है।[41] यह आकस्मिक नहीं है कि वे 'रस्साकशी' में एकाधिक स्थलों पर हजारीप्रसाद द्विवेदी और प्रेमचन्द के हंता 'दलित चिन्तक' डॉ. धर्मवीर की 'जनसंवेदी हिन्दी के प्रति जागरूकता' का उल्लेख करना नहीं भूलते। हिन्दी नवजागरण 'हिन्दू नवजागरण' है और वह दलित समुदाय को विलग रखकर चला। अभी भी हिन्दी को संस्कृतनिष्ठ बनाने की प्रक्रिया चल रही है; और अब हिन्दी के विकास की एकमात्र स्रोत भाषा अँगरेज़ी हो गई है; और इस तरह शूद्रों और दलितों से उनकी हिन्दी छीनी जा रही है।[42]

यह सही है कि हिन्दी में 'हिन्दू भाव' शामिल रहा है जो 19वीं शताब्दी के नवजागरण की सीमा है। लेकिन हिन्दी आन्दोलन में बहुत कुछ वह भी था जो हिन्दू पुनर्जागरण के दायरे में नहीं आता। वह भाषा और साहित्य के आन्दोलन के रूप में साम्राज्यवाद विरोधी आन्दोलन था, और उसमें लगातार जनपक्षधर मूल्यों का विकास हो रहा था। पता नहीं, हिन्दी की इस संघर्षशील परम्परा को ख़ारिज करके वीरभारत तलवार दलितों को कौन-सी हिन्दी देने जा रहे हैं? फ़ारसी-पूरित हिन्दी तो दलित भी स्वीकार करने से रहे।

असली बात है कि दलित कार्ड खेल कर वीरभारत तलवार अपनी आलोचनात्मक प्रज्ञा के समर्थन में एक क्षेत्र तैयार करना चाह रहे हैं। भारतेन्दु से लेकर निराला तक, और आज तक की हिन्दी वही हिन्दी नहीं है जो दलित भावना और अभिव्यक्ति का

अंग बन सके; हिन्दी नवजागरण वह नवजागरण नहीं है जिसके साहित्यिक पाठों के आधार पर कहा जा सके कि प्रेमचन्द के होरी, हल्कू, घीसू-माधव और निराला के चतुरी चमार जैसे चरित्रों में दलित अन्तर्वस्तु है; हिन्दी प्रदेश (धारणा रूप में) वह प्रदेश नहीं है जिसमें दलित सम्प्रभुता निश्चित हुई हो। हम सभी बातों को मान लेते, बशर्ते वीरभारत तलवार और डॉ. धर्मवीर यह भी देखना सीख जाते कि जो कुछ उपलब्धि रूप में रहा है, वह भी नहीं रहा होता तो क्या होता! क्या राष्ट्रीय आन्दोलन आगे बढ़ पाता? प्रगतिशीलता या दलितवाद के लिए ही ज़मीन तैयार होती?

वीरभारत तलवार और डॉ. धर्मवीर से आगे जब हमारी नजर जाती है तो अपेक्षाकृत एक नए दलित चिन्तक चन्द्रभान प्रसाद की आन्दोलनकारी आवाज़ सुनाई पड़ती है—अँगरेज़ी माता की जय![43] चन्द्रभान प्रसाद को दुख है कि अँगरेज़ देर से आए और जल्दी चले गए। वे मैकॉले की शिक्षा नीति को इसलिए दलित हितों के अनुरूप मानते हैं कि उसमें प्राच्यवादी शिक्षा के विरोध के रूप में ब्राह्मण-ग्रन्थों का विरोध है। मुश्किल यह है कि वे यह नहीं देखते कि मैकॉले ने अँगरेज़ी ज्ञान के लिए जिस 'देशी प्रजा' को चुना वह दलित नहीं सवर्ण ही हो सकती थी। इसे समझने के लिए खुद चन्द्रभान प्रसाद द्वारा प्रस्तुत मैकॉले-मिनट्स का यह अन्तिम अंश पर्याप्त होगा :

> *अपने सीमित संसाधनों के सहारे इतने विशाल जनसमुदाय को शिक्षित करना हमारे लिए असम्भव है। फिलहाल हमें अपना पूरा ध्यान एक ऐसा वर्ग तैयार करने पर केन्द्रित कर देना चाहिए जो हमारे और हमारे करोड़ों शासितों के बीच दुभाषिए का काम कर सके; एक ऐसा समूह जो रक्त और रंग के लिहाज से भारतीय हो लेकिन अपनी रुचियों, मतों, नैतिकता और बौद्धिक क्षमता के स्तर पर अंग्रेज़ हो। यह जिम्मेदारी हम इसी वर्ग पर छोड़ सकते हैं कि वह देश की स्थानीय भाषाओं को और समृद्ध करे। उन बोलियों में पश्चिमी नाम-संहिताओं से लेकर विज्ञान के नए-नए शब्द भरे और उन्हें ऐसे ज्ञान से लैस करे जिसके ज़रिये वे विशाल जनसमुदाय तक ज्ञान का प्रसार कर सकें।*[44]

मैकॉले अँगरेज़ी ज्ञान से लैस जिस वर्ग को तैयार करना चाहते हैं उस पर और दो-तीन जिम्मेदारी डाल देते हैं। वह देशी भाषाओं का विकास करे, उसमें ज्ञान-विज्ञान के शब्द भरे, और विशाल जनसमुदाय को शिक्षित करे। विशाल जनसमुदाय में वे सवर्ण और दलित दोनों आएँगे जिनकी योग्यता देशी भाषा में ही शिक्षा की होगी। और यह भी तय है कि मैकॉले की नज़र में जो 'बौद्धिक क्षमता के स्तर पर अँगरेज़' रहा होगा, वह दलित नहीं होगा। फिर किसी बात के लिए अँगरेज़ी दलितों की माता? सिर्फ़ इसीलिए कि अँगरेज़ी के प्रभाव से लोग उस परम्परा को मिटा देंगे, जिसमें ब्राह्मण विचारधारा शक्तिशाली रही है। यह एक विचारधारा को मिटा देने के नाम पर उस इतिहास का निषेध नहीं होगा, जिसमें स्वयं दलितों की ऊर्जा प्रकट हुई है? सब कुछ मिटा दो—कि सिर्फ़ विदेशी पूँजी और परमाणु करार का राज चले। क्या चन्द्रभान प्रसाद की अँगरेज़ी की वकालत उत्तरऔपनिवेषिक साम्राज्यवाद की एजेंटी नहीं कही जाएगी?

इतिहास जो ट्रेजिडी के रूप में था समाज की पिछड़ी अवस्था में या अँगरेज़ों के द्वारा फूट पैदा करने के कारण, वही अब प्रहसन बन गया है किस्म-किस्म की साम्प्रदायिक और प्रजातीय तनावों की आवाज़ से। अगर यह सिर्फ़ दिखावटी और उत्तेजित करने-भर के लिए भी है तो भी कितना विद्रूप है!

बौद्धिकों/इतिहासकारों का एक वर्ग है जो मानता है अतीत का उपयोग एक समान आधारभूमि खोजने के लिए होना चाहिए; एक दूसरा वर्ग है जो अतीत का इस्तेमाल नासूर की तरह करता है, और उसके द्वारा वर्तमान को 'क़यामत का दिन' बनाता है।

हालाँकि राष्ट्र अगर 'कल्पित समुदाय' है तो उसके अतीत की रचना में वर्तमान का, जो किसी-न-किसी रूप में आश्रय का काम करता है, कलहपूर्ण योगदान होता है। "वर्तमान में अतीत से हमारा सम्बन्ध", ऐंडरसन ने 'कल्पित समुदाय' की अपनी अवधारणा पर विचार के क्रम में लिखा है, "अधिक राजनीतिक, विचारधारात्मक, कलहपूर्ण, खंडित और यहाँ तक कि इतना अवसरवादी होता है जैसा उस बीते युग में भी नहीं हुआ होगा।"[45]

यह सब ठीक है, लेकिन दक्षिण-पूर्व एशिया के समाजों को, जिनके स्वाधीनता आन्दोलनों पर खुद ऐंडरसन ने विचार किया है, तोड़कर देखने की दृष्टि का वर्तमान स्रोत क्या है? क्या 'अमेरिकावाद' नहीं? रविभूषण 'रस्साकशी' की समीक्षा के शुरुआती हिस्से में नाहक ही अमेरिकी शक्ति के प्रबल होने की बात नहीं करते, और अन्त में हिन्दी प्रदेश के सन्दर्भ में उनका यह कहना निष्फल नहीं रहा—"वर्ग की जगह जाति, सिद्धान्त की जगह अवसर और विचार की जगह व्यवसाय की प्रधानता है।"[46]

इसके बाद यह कहना क्या जरूरी रह जाता है कि जिस हिन्दी प्रदेश की उपलब्धि भारतेन्दु, महावीरप्रसाद द्विवेदी, प्रेमचन्द और निराला आदि हैं, उसी के वीर पुरुष वीरभारत तलवार भी तो हैं!

ऐंडरसन ने धर्म को समुदाय की कल्पना को साकार करने में अत्यन्त महत्त्वपूर्ण माना है। वसुधा डालमिया ने भारतेन्दु द्वारा हिन्दू परम्पराओं को राष्ट्रीय रूप देने से सम्बन्धित विशद अध्ययन किया है। उनके अध्ययन में ऐंडरसन के ढाँचे का इस्तेमाल हुआ है। एक अच्छी बात है कि भारतेन्दु या किसी अन्य को हिन्दू परम्परा को राष्ट्रीय रूप देने के प्रयासों में शामिल बताने के साथ-साथ ही वे स्पष्ट करना जरूरी समझती हैं कि 'भारतीय हिन्दू संस्कृति' मुहावरा देने का काम अँगरेज़ों ने किया था। इस मुहावरे के स्वीकृत-क्षेत्र में वे शहरी वर्ग आए जिनका अनेकानेक ब्रिटिश संस्थाओं से (जिनमें न्यायालय, स्कूल, कॉलेज आदि मुख्य थे) नया-नया सामना हुआ था। इस वर्ग पर अँगरेज़ी प्रिंट मीडिया का गहरा असर था। दूसरा मुहावरा उन्होंने 'आर्य-हिन्दू' का दिया, जिसने भारत की महान बहुलतावादी परम्परा का नुकसान किया। तीसरे मुहावरे के रूप में खुद पश्चिमी विचार खड़ा हुआ, जिसके प्रभाव से परम्परा और सुधारवादी कार्यक्रमों के प्रति रुझान पैदा हुआ। राष्ट्रीय भाषा, साहित्य और धर्म से सम्बन्धित अभिव्यक्तियाँ उन कार्यक्रमों के अंग बनीं। आधुनिक हिन्दी के उदय में वसुधा डालमिया ने फोर्ट

विलियम कॉलेज की पहल और नेतृत्व का उल्लेख करते हुए यह बताना जरूरी समझा है कि साहित्य-सम्बन्धी तालिका-निर्माण मूलतः हिन्दू मुंशियों के द्वारा हुआ था। उन मुंशियों ने भाषा वैज्ञानिक मानदंडों से अलग जाकर ब्रजभाषा और अवधि के साहित्य को विषयवस्तु के आधार पर हिन्दी की तालिका में स्थान दिया, और भाषायी सादृश्य के बावजूद मुसलमानों द्वारा लिखे साहित्य के लिए दरवाज़ा बन्द रखा।[47]

इस तरह, मंच अँगरेज़ों ने तैयार किया, और अभिनय भारतीयों ने किया। यद्यपि सब कुछ सूत्रधार पर निर्भर नहीं था, लेकिन उसके बिना कथा में प्रवाह सम्भव नहीं था। भारतेन्दु वल्लभ सम्प्रदायी वैष्णव और हिन्दी आन्दोलन के नेता के रूप में उस कथा के अहम् पात्र रहे।

यहाँ एक बात मुझे दिखाई पड़ती है कि भारतेन्दु की भाषा में जो यत्र-तत्र संस्कृतनिष्ठता दिखाई पड़ती है, वह बहुत कुछ उनके 'वल्लभी वैष्णव' होने के कारण भी हो सकती है। यद्यपि 11वीं शताब्दी से अपभ्रंश का असर घटने लगा था, लेकिन विशेष रूप से तत्समबहुल भाषा का आग्रह सबसे पहले कृष्ण-काव्य परम्परा में दिखाई पड़ा। हजारीप्रसाद द्विवेदी ने लिखा है :

> *दसवीं शताब्दी के बाद से हमारे साहित्य में धीरे-धीरे गद्य की भाषा में तत्सम शब्दों का प्रचार बढ़ने लगा था। सूरदास आदि भक्त कवियों के साहित्य में पद्य में भी संस्कृत तत्सम शब्दों का प्रवेश हुआ। पद्य की भाषा को अपभ्रंश की रूढ़ियों से जकड़ने का प्रयत्न शिथिल हुआ और बोलचाल की भाषा का सहज-प्रसन्न प्रवाह आया। यहाँ से क्या भाव, क्या भाषा और क्या वक्तव्य वस्तु, सब ओर से नवीन प्राणों का स्पन्दन दिखाई दिया। अब सच पूछा जाय तो यहीं से हिन्दी भाषा के साहित्य का वास्तविक सूत्रपात हुआ।*[48]

संस्कृत तत्सम शब्दों के प्रवेश का यह अर्थ नहीं कि ब्रजभाषा तत्सम-प्रधान भाषा बन कर रह गई। ब्रजभाषा ने कालान्तर में सबसे अधिक तद्भव गढ़े, और अन्य जनपदों की भाषा-सम्पदा को अपने में मिलाने का काम किया।[49] यहाँ बात केवल भारतेन्दु के वल्लभी वैष्णव होने की है, जिसके कारण उनकी हिन्दी पर तत्सम-प्रधानता की छाया पड़ी हो। लेकिन केवल तत्समप्रधानता की छाया क्यों, प्रेमप्रधानता की क्यों नहीं! रामविलास शर्मा लिखते हैं कि 'भारतेन्दु की भक्ति बहुत कुछ बौद्धिक थी।'[50] लेकिन चूँकि बौद्धिकता वल्लभ सम्प्रदाय की प्रेमप्रधान भक्ति की ओर झुकी थी, इसलिए वह विग्रही नहीं थी। रामविलास शर्मा द्वारा ही उद्धृत पंक्तियों को देखिए[51] :

> *पिरजादी बीबी रास्ती पदरज नित सिर धारियै।*
> *इन मुसलमान हरिजनन पै कोटिन हिन्दुन वारियै॥*

इसे वाग्मिक अभिव्यक्ति तक सीमित रखें। मुख्य बात है अपनी परम्परा को नितान्त अनुदार साबित करने से रोकने की।

वस्तुतः 19वीं शताब्दी की परम्परा को हम वहीं से या उसके कुछ आगे-पीछे से शुरू मानते हैं तो उसमें केवल औपनिवेशिक दुर्गन्ध मिलेगी; और यदि हमारी दृष्टि कुछ

ज़्यादा ही सनातनी हुई तो वैदिक प्रभा में सब कुछ विलीन होने का खतरा पैदा होगा। दोनों ही प्रवृत्तियों को बिना 'आतंकी' हुए बदला जा सकता है। और हमारी समझ से 19वीं शताब्दी के आचार-विचार, धर्म और भाषा-साहित्य से जुड़ी गतिविधियों में संक्रमण काल से गुजरने का संकेत मिलता है। इस दृष्टि से वसुधा डालमिया की पुस्तक महत्त्वपूर्ण है। उसमें यह विचार उभर सका है कि संक्रमण स्वतः नहीं था, उसके लिए प्रयास भी किया जा रहा था। लेकिन इस 'स्वतः' और 'प्रयास' के बीच पैदा हुए अन्तराल में वह जो सैद्धान्तिक व्यवस्था देने का प्रयास करती हैं, उसमें परम्परा अनचाहे ही अतीतवादियों के हाथ में चली जाती है या मूर्तिभंजकों के कशाघात (फ्लैजलेशन) का शिकार होती है। उदाहरण के लिए, वसुधा डालमिया कहती हैं कि 19वीं शताब्दी के हिन्दू मुंशियों ने भाषा वैज्ञानिक मानदंडों से अलग जाकर विषयवस्तु के कारण अवधी और ब्रजभाषा को हिन्दी की तालिका में स्थान दिया। यह हिन्दी के भाषायी भूगोल को तोड़कर देखने वाली बात है। वस्तुतः ये भाषाएँ किस क्षेत्र की भाषा हैं, इससे अधिक महत्त्व की बात है कि साहित्यिक भाषा के रूप में इनका प्रसार किन-किन क्षेत्रों में रहा है।

खड़ीबोली गद्य के विकास के बावजूद 19वीं शताब्दी के अन्त तक और 20वीं शताब्दी के पहले दशक तक हिन्दी की काव्यभाषा ब्रज थी। भक्तिकाल में तुलसीदास ने 'रामचरितमानस' की रचना अवधी में की, उनका बाकी अधिकांश साहित्य ब्रजभाषा में था। भारतेन्दु-युग के लोग गद्य खड़ीबोली में लिख रहे थे, और कविता मुख्यतः ब्रजभाषा में। क्षेत्र के आधार पर यह भेद था ही नहीं। उर्दू को यह परम्परा नहीं मिली, हिन्दी को मिली। इस परम्परा के तिरस्कार से एक सम्मिलित हिन्दी समुदाय बन ही नहीं सकता था। ऐतिहासिक रूप से जिन्हें मगध, मिथिला, भोजपुरी क्षेत्र के रूप में जाना जाता है, और वर्तमान में बिहार, उत्तरप्रदेश, मध्यप्रदेश, राजस्थान, हरियाणा, हिमाचल प्रदेश, दिल्ली, झारखंड, छत्तीसगढ़ और उत्तरांचल नामक प्रदेशों को हिन्दी-भाषी प्रदेश कहा जाता है, हिन्दी की तालिका में विभिन्न बोलियों के श्रेष्ठ साहित्य को शामिल करने के कारण ही।

हिन्दी समुदाय : भाषा, साहित्य और सांस्कृतिक चेतना

वे सब कुछ जो पहले से ज्ञात विषय रहे हैं, उन्हें अधिकाधिक उदाहरणों से संघटित किया जाना चाहिए।

-वाल्टर बेंजामिन

प्रत्येक बुद्धिजीवी व्यक्ति का जन्म एक भाषा में हुआ होता है, और वह अपने जीवन का बड़ा हिस्सा उसी भाषा में बिताता है, जो उसकी बौद्धिक गतिविधियों का प्रमुख माध्यम होती है।

—एडवर्ड डब्ल्यू. सईद

हिन्दी समुदाय और उसकी चेतना के निर्माण की दृष्टि से बीसवीं शताब्दी के प्रारम्भिक दशकों के साहित्यिक बौद्धिक व्यक्तित्वों में महावीरप्रसाद द्विवेदी का नाम सबसे पहले आता है। यह सिर्फ़ संयोग नहीं है कि रामविलास शर्मा ने हिन्दी नवजागरण का प्रारम्भ 1857 और भारतेन्दु हरिश्चन्द्र से माना, लेकिन उसकी संकल्पना 'महावीरप्रसाद द्विवेदी और हिन्दी नवजागरण' में प्रस्तुत की। भारतेन्दु युग के लेखकों में बौद्धिकता की अपेक्षा भावुकता की प्रधानता थी। महावीरप्रसाद द्विवेदी ने 'सरस्वती' के माध्यम से बौद्धिक प्रवृत्तियों के लिए विस्तृत मार्ग तैयार किया, और इस तरह वे नवजागरण की चेतना के विस्तार में सहायक हुए।

1903 में जब महावीरप्रसाद द्विवेदी 'सरस्वती' के सम्पादक बने उन्हें हिन्दी भाषा को सुसंगत रूप देने सम्बन्धी अपनी भूमिका तय करने में देर नहीं लगी। रामचन्द्र शुक्ल ने द्विवेदी-युग को गद्य साहित्य के प्रसार के द्वितीय उत्थान के रूप में चिह्नित करते हुए उस समय की भाषा सम्बन्धी अराजकता का उल्लेख किया है। फ़ारसी, अँगरेज़ी और संस्कृत के जानकारों ने हिन्दी में दिलचस्पी दिखानी शुरू कर दी थी, लेकिन उनमें से अधिकांश की भाषा अशुद्ध और लचर होती थी। फ़ारसी, संस्कृत और अँगरेज़ी के अपरिपक्व प्रयोगों से भाषा बिगड़ने लगी थी। बंगला उपन्यासों के अनुवादों ने भी हिन्दी पर बंगला का अवांछित प्रभाव डालना शुरू कर दिया था।[1] वैसे समय में महावीरप्रसाद द्विवेदी ने लेखकों के शिक्षक की भूमिका स्वीकार की। रामचन्द्र शुक्ल ने खुले हृदय से स्वीकार किया है :

व्याकरण की शुद्धता और भाषा की सफाई के प्रवर्तक द्विवेदी जी ही थे।

'सरस्वती' के सम्पादक के रूप में उन्होंने आई हुई पुस्तकों के भीतर व्याकरण और भाषा की अशुद्धियाँ दिखाकर लेखकों को बहुत कुछ सावधान कर दिया। यद्यपि कुछ हठी और अनाड़ी लेखक अपने [अपनी] भूलों और गलतियों का समर्थन तरह तरह की बातें बनाकर करते रहे, पर अधिकतर लेखकों ने लाभ उठाया और लिखते समय व्याकरण आदि का पूरा ध्यान रखने लगे। गद्य की भाषा पर द्विवेदी जी के इस शुभ प्रभाव का स्मरण जब तक भाषा के लिए शुद्धता आवश्यक समझी जाएगी तब तक बना रहेगा। [2]

भाषा की शुद्धता का सवाल महावीरप्रसाद द्विवेदी के लिए उर्दू से दूरी के रूप में नहीं था। उनकी स्पष्ट राय थी कि उर्दू कोई जुदा भाषा नहीं, वह हिन्दी का ही एक भेद है—अथवा हिन्दुस्तानी की एक शाखा है। अर्थात् भाषा एक ही है—हिन्दुस्तानी (राजनीतिक रूप से कल्पित 'हिन्दुस्तानी' नहीं)। दोनों में लिपि-भेद है और हिन्दी का संस्कृत शब्दों के प्रति विशेष आग्रह है तो उर्दू का अरबी-फ़ारसी शब्दों के प्रति। बात केवल इतनी रही है कि खड़ीबोली में मुसलमानों ने स्वाभाविक रूप से अरबी-फ़ारसी को मिलाना शुरू कर दिया था, राजनीतिक आग्रह के कारण यह प्रक्रिया बाद में तेज़ हुई। फ़ारसी की छाया केवल मुसलमानों पर ही नहीं हिन्दुओं पर भी पड़ी थी। हिन्दी में लिखने वाले प्रसिद्ध लेखकों ने भी अरबी-फ़ारसी के शब्दों के प्रयोग से परहेज नहीं किया। इसलिए जो शब्द हिन्दी में मिल गए हैं, उन्हें विदेशी नहीं समझना चाहिए। उन्हें हिन्दी से निकालना वैसी ही उपहासास्पद बात होगी जैसे संस्कृत के 'धन', 'वन', 'हार', और 'संसार' आदि शब्दों को निकालने की कोशिश करना। महावीरप्रसाद द्विवेदी ये बातें 1907 में 'हिन्दी भाषा की उत्पत्ति' पुस्तक में लिख रहे थे। उन्हें इस बात से पीड़ा थी कि हिन्दी में संस्कृत शब्दों की भरमार हो रही है। वे नहीं चाहते थे कि हिन्दी संस्कृत से दबी हुई हो और उर्दू अरबी-फ़ारसी से भरी हुई। उनका मानना था कि अगर संस्कृत और अरबी-फ़ारसी के शब्दों के मोह से उबरना सम्भव हुआ तो किसी दिन हिन्दी और उर्दू लिपि और भाषा दोनों स्तरों पर एक हो सकती हैं।[3]

सिक्के का दूसरा पहलू है कि महावीरप्रसाद द्विवेदी हिन्दी-विरोधियों को मुँहतोड़ जवाब देने से कभी पीछे नहीं रहे। काशी नागरीप्रचारिणी और पं. मदनमोहन मालवीय आदि के प्रयासों से 1900 ई. में पश्चिमोत्तर प्रान्त में कचहरियों में देवनागरी लिपि को मान्यता मिल गई थी। इसमें पश्चिमोत्तर प्रान्त के तत्कालीन लेफ्टिनेंट गवर्नर मेकडॉनल की अहम भूमिका थी। इसलिए आलोक राय ने इसे 'मेकडॉनल मोमेंट' कहा और इससे जुड़ी हिन्दी उर्दू की लड़ाई के साम्प्रदायिक सन्दर्भ का लम्बा ब्योरा पेश किया है।[4] मेकडॉनल के आदेश के अन्तर्गत यह व्यवस्था दी गई कि अदालती विज्ञप्तियाँ हिन्दी और उर्दू दोनों भाषाओं में जारी की जाएँ। दीवानी, फौजदारी और माल की आर्जियाँ किसी भी अदालत में देवनागरी और फ़ारसी दोनों लिपियों में स्वीकार की जा सकेंगी। यह व्यवस्था कई वर्षों तक कागज पर ही धरी रह गई। एक बार की बात है कि एक मुंसिफ ने गवाहों के बयान देवनागरी लिपि में लिख डाले, और उस पर हो-हल्ला मच

गया। उसे देखते हुए 1917 की प्रान्तीय कौंसिल में हिन्दी के पक्ष में एक प्रस्ताव लाया गया, जिसका विरोध अब्दुल मजीद नामक सज्जन ने यह कहकर किया कि उर्दू भाषा मुसलमानों की बदौलत अस्तित्व में आई है और यही राष्ट्रभाषा (लिंग्वाफ्रांका) है। रज़ा अली नामक महाशय ने तो यहाँ तक कहा कि हिन्दी कोई भाषा नहीं, और उसकी ज़गह फ्रेंच, रशियन, इटालियन या फ़ारसी ला दी जाए, वह भी चलेगा।[5] यह प्रसंग इतना कड़वा था कि महावीरप्रसाद द्विवेदी अपने साम्प्रदायिक मनोभाव को नहीं छुपा सके, और सबसे पहले गुस्सा उन हिन्दुओं पर उतारा जिन्होंने फ़ारसी लिपि अपना रखी थी। उनका इशारा सम्भवतः मुख्य रूप से कायस्थों की ओर रहा हो, क्योंकि वही लम्बे समय तक फ़ारसी लिपि और उर्दू के हिमायती बने रहे थे। इससे अलग, उक्त लेख में उन्होंने अब्दुल मजीद और रज़ा अली के कुतर्कों का सटीक जवाब दिया है :

> *यदि उर्दू भारत की राष्ट्रभाषा है तो उसके लिए इसी प्रान्त के मुसलमान क्यों इतना शोर मचाते हैं? हिन्दुओं का तो जिक्र ही नहीं, और प्रान्तों के अधिकांश मुसलमान भी तो ऐसा नहीं करते। इस प्रान्त के अपढ़ गँवारों की भाषा उर्दू होना तो दूर की बात है, बंगाल, मदरास और बम्बई प्रान्त के शिक्षित मुसलमान भी उर्दू नहीं बोलते। वे सब अपने-अपने प्रान्त की बोली या भाषा बोलते हैं। यही हाल इस प्रान्त के देहाती मुसल्मानों का भी है। इसके लिए प्रमाण की ज़रूरत नहीं।*[6]

रज ा अली के इस कथन पर कि दुनिया की कोई भी भाषा सीखिए, हिन्दी मत सीखिए, महावीरप्रसाद द्विवेदी ने मुसलमानों के प्रति सजातीय दृष्टिकोण अपनाते हुए न केवल गहरा दुख व्यक्त किया, बल्कि इसे हिन्दी-प्रेमियों के लिए एक सबक के रूप में लिया। उर्दू के प्रति सदाशयता बनाए रखते हुए हिन्दी के विकास के लिए कुछ प्रतिज्ञाएँ सामने रखीं, और बिना धार्मिक दुराग्रह प्रकट किए उन सबको हिन्दी सीखने पर ज़ोर दिया जो अब तक किन्हीं कारणों से हिन्दी सीखने से कतराते रहे हैं। उनके शब्द हैं :

> *आपके इस उप-प्रस्ताव (कुछ भी सीखिए, हिन्दी मत सीखिए) से दो बातें प्रकट होती हैं। एक तो हिन्दी से आपकी उत्कट घृणा, दूसरी अपनी भाषा उर्दू पर उत्कट प्रीति।...हम आपकी इस घृणा-व्यंजक प्रवृत्ति की नकल नहीं करना चाहते।...जिन मुसलमान भाइयों के साथ हम आज कोई 800 वर्षों से रहते हैं और जिनका और हमारा चोली-दामन का साथ है उनकी भाषा से घृणा करना मनुष्यत्व-सूचक नहीं। आप लोग हिन्दी न पढ़ें, हम आपकी भाषा और आपकी लिपि का ज्ञान प्राप्त करने में जरा भी अनुदारता से काम न लेंगे। परन्तु हम एक बात अवश्य करेंगे। अपनी भाषा पर आपकी जो उत्कट भक्ति है उससे हम सबक अवश्य सीखेंगे। हम आज से हिन्दी पर उसी तरह भक्ति करेंगे, जिस तरह आप उर्दू पर करते हैं। अतएव जो लोग आज तक केवल उर्दू ही के कीड़े बने हुए हैं उन्हें अब से हिन्दी भी सीखनी चाहिए। हमें यह प्रतिज्ञा करनी चाहिए कि हमारे बच्चे स्कूलों, पाठशालाओं और घरों पर सबसे पहले हिन्दी*

ही सीखेंगे। जो लोग उर्दू भाषा और फ़ारसी लिपि में अखबार और मासिक पुस्तकें निकालते हैं उन्हें हजार प्रयत्न करके हिन्दी भी सीखनी चाहिए और यदि सुभीता और सम्भव हो तो अपना कारोबार चलाने के लिए हिन्दी का ही आश्रय लेना चाहिए।[7]

यहाँ से हिन्दी-उर्दू की सांस्कृतिक पृथकता का निर्णायक दौर शुरू हो गया था। महावीरप्रसाद द्विवेदी ने 'सरस्वती' के माध्यम से खड़ीबोली हिन्दी कविता का मार्ग कुछ साल पहले ही प्रशस्त कर दिया था। मैथिलीशरण गुप्त की 'भारतभारती' (1913) के प्रकाशन के बाद हिन्दी-प्रेमियों का मनोबल ऊँचा हो गया था। प्रेमचन्द का झुकाव हिन्दी की ओर होने लगा था। 'बाज़ारे हुस्न' उपन्यास उर्दू में लिखा गया, लेकिन तुरन्त उसका हिन्दीकरण 'सेवासदन' नाम से हुआ और एक ही साल के अनन्तर 1919 के मध्य में छपा। 'प्रेमाश्रम' (गोशए आफियत) लिखा गया पहले उर्दू में, लेकिन छपा पहले हिन्दी में। पहले उर्दू में लिखने और बाद में हिन्दीकरण का सिलसिला 'रंगभूमि' तक चला। 'कायाकल्प' प्रेमचन्द का पहला उपन्यास है जो पहले हिन्दी में लिखा गया। दूसरे दशक के उत्तरार्द्ध में छायावादी कविता भी अपनी जगह बनाने लगी थी। साहित्यिक गतिविधियों से अलग देखें तो काशी विश्वविद्यालय की स्थापना हिन्दी-समर्थकों के लिए बड़ी घटना थी। हिन्दी में शिक्षा के प्रसार की दृष्टि से इंडियन प्रेस काफी सक्रिय हो गया था।

सांस्कृतिक मनोभूमि की भिन्नता के बावजूद महावीरप्रसाद द्विवेदी ने कभी नहीं स्वीकार किया कि हिन्दी से उर्दू भिन्न भाषा है। यह बात केवल विचार के स्तर तक सीमित नहीं थी, उन्होंने 'सरस्वती' में अरबी-फ़ारसी के प्रचलित शब्दों के लिए पर्याप्त जगह बनाए रखी, जिसके कारण उन्हें सम्भवतः निन्दा भी सहनी पड़ती थी।[8]

महावीरप्रसाद द्विवेदी के समकालीन चन्द्रधर शर्मा गुलेरी हिन्दी के विकास में मुसलमानों की भूमिका को आगे रखकर देखते थे। हिन्दू जब 'पड़ीबोली' (ब्रजभाषा, अवधी, राजस्थानी, गुजराती आदि) में काव्य-रचना कर रहे थे, उसी काल में उर्दू पद्य की भाषा बन गई थी।[9] इस तथ्य की स्वीकृति के साथ-साथ चन्द्रधर शर्मा गुलेरी ने हिन्दी के व्यापक सांस्कृतिक सन्दर्भ को सामने रखा है। कविता की भाषा प्रायः सभी जगहों पर एक जैसी थी और वह ब्रजभाषा कहलाती थी, लेकिन उर्दू के लोगों ने उसे अपनी परम्परा में शामिल नहीं किया। वे फ़ारसी लिपि से ही नीचे उतरने के लिए तैयार नहीं हुए, सांस्कृतिक परम्परा को अपनाने की बात तो बाद की थी। लेकिन उससे भी कुछ नहीं बिगड़ना था। पीछे से चली आ रही परम्परा, जिसमें विभिन्न बोलियों के लोग एक ही दिशा में आगे बढ़ रहे थे, हिन्दी को ही राष्ट्रीय स्वरूप प्रदान कर रही थी। यह तो ज़्यादा बहसबाजी के कारण मामला बिगड़ गया था। प्रिंट मीडिया की भी इसमें गड़बड़ भूमिका रही। चन्द्रधर शर्मा गुलेरी ने पक्के विश्वास के साथ लिखा है :

यदि छापाखाना, प्रान्तीय अभियान, मुसलमानों का फ़ारसी अक्षरों का आग्रह, और नया प्रान्तिक उद्बोधन न होता तो हिन्दी अनायास ही देशभाषा बनी जा

रही थी। अधिक छपने छपाने, लिखने और झगड़ों ने भी इस गति को रोका।[10]

प्रान्तिकता को लेकर मुझे यहाँ एक बात कहनी है। फ़ारसी लिपि को हटा कर देवनागरी लिपि और हिन्दी के लिए सबसे पहले प्रयास मध्यभारत और बिहार में हुआ था। संयुक्त प्रान्त से बीस साल पहले 1881 में हिन्दी बिहार में अदालत की भाषा बन चुकी थी। इन क्षेत्रों के संघर्षों और योगदान को नज़रअन्दाज करके बहस का केन्द्र संयुक्त प्रान्त बना, अधिकांश अपलब्धियाँ भी इसी के खाते में डाली गईं। ऐसे में, लिखित में कहना चाहिए कि हिन्दी की असफलताओं के लिए भी सबसे अधिक दोषी यही है।

भाषा और जातीय चेतना के विकास की दृष्टि से बिहार, मध्यभारत (मध्यप्रदेश) और राजस्थान आदि को लगभग मूक समर्थक की तरह रखा गया। बिहार की बोलियाँ और राजस्थानी आदि बंगला और गुजराती की तरह अपना अलग रास्ता देख सकती थीं। हिन्दी के पक्ष में इन्होंने अपने को गाँव-घर तक सीमित कर लिया। इनके इस समर्पण को इनका पिछड़ापन मान लिया गया। साहित्यिक क्षेत्र से उदाहरण लें तो बिहार के अयोध्याप्रसाद खत्री जैसे जुझारू व्यक्ति को जबरन उपहास का विषय बनाया गया।

महावीरप्रसाद द्विवेदी जिस खड़ीबोली काव्य के उन्नायक बने उसके प्रथम बड़े प्रवक्ता खत्री जी थे। द्विवेदी जी ने जिस आधार पर हिन्दी और उर्दू को एक माना था, उसे सिद्ध करने में खत्री जी ने जीवन लगाया था। फिर भी वे हिन्दी के नायकों की कतार में खड़े नहीं हो सके तो मुख्यतः इस कारण से कि उन्होंने उत्तरप्रदेश के हृदय में रची-बसी ब्रजभाषा को खड़ीबोली कविता की पुरखा-शत्रु के रूप में देखा था।

बहरहाल, बाकी हिन्दी के प्रदेशों को सचेत रूप से जोड़कर काम किया गया होता तो हिन्दी आन्दोलन की छवि ही कुछ और बनती। संयुक्त प्रान्त से बाहर के क्षेत्र ज़्यादा शक्तिशाली साबित होते, क्योंकि इन क्षेत्रों में उर्दू का आधार बहुत कम था। संयुक्त प्रान्त में दोनों भाषाओं के समर्थक खूब थे, और हिन्दी से उर्दूवाले कम भारी नहीं पड़ते थे। हिन्दी साम्राज्य जैसी कोई चीज़ थी ही नहीं जिसके कारण गैर-हिन्दी क्षेत्र को लोग डरते थे। वह वास्तव में संयुक्त प्रान्तवाद (उत्तरप्रदेश-वाद) था।

एक बात जोर देकर कही जा सकती है कि महावीरप्रसाद द्विवेदी इस प्रकार के 'वाद' से मुक्त थे। वे देशव्यापी भाषा के विकास में लगे थे, और उसी के अनुरूप उनकी दृष्टि देशव्यापी थी। विविध विषयों से सम्बन्धित ज्ञान के मामले में तो वे पूरी दुनिया पर दृष्टिपात करनेवालों में से थे। शिक्षा आदि विषयों पर आँकड़े प्रस्तुत करने की बारी आती थी तो उनके लिए संयुक्त प्रान्त तक सीमित होने का सवाल ही नहीं उठता था।

महावीरप्रसाद द्विवेदी का एक प्रसिद्ध निबन्ध है–'हिन्दी भाषा और उसका साहित्य'। उसमें वे बराबर रूप से आधुनिक हिन्दी के विकास में भारतेन्दु और राजा शिवप्रसाद सितारेहिन्द का ऋण स्वीकार करते हैं। खड़ीबोली में कविता के लिए बाबू अयोध्याप्रसाद खत्री को याद करते हैं। स्वयं महावीरप्रसाद द्विवेदी खड़ीबोली काव्य के

उन्नायक थे, लेकिन वे खत्री जी के समान ब्रज भाषा में काव्य-रचना को बुरा नहीं मानते थे। उन्होंने कभी इस बात के लिए ज़ोर नहीं दिया कि ब्रजभाषा का एकबारगी परित्याग कर दिया जाए। उनकी यह दृष्टि, हमारी समझ से, बिलकुल सही थी। यदि भारतेन्दु के समय ही ब्रजभाषा से पल्ला झाड़ लिया जाता तो आधुनिक हिन्दी के द्वारा परम्परा पर एक बड़ा आघात होता। महावीरप्रसाद द्विवेदी ने उक्त निबन्ध में उर्दू कविता की परम्परा पर भी पर्याप्त ध्यान दिया है। सौदा और मीर आदि कवियों की प्रशंसा की है। लेकिन समग्र रूप से उन्हें उर्दू कविता शक्तिशाली नहीं लगती है। उन्होंने कहा कि उसमें पिष्टपेषण बहुत होता है। फ़ारसी कवियों की शैली अपनाने के कारण नवीनता नहीं पैदा हो पाती, आदि।[11]

महत्त्व की बात यह है कि महावीरप्रसाद द्विवेदी का ध्यान भाषा और साहित्य की पूरी परम्परा पर था। उनका विचार था कि “हमें उर्दू, फ़ारसी ही नहीं, हो सके तो अरबी भाषा का भी ज्ञान-सम्पादन करना चाहिए, क्योंकि उसके साहित्य में अनन्त ज्ञान-राशि भरी हुई है और ज्ञान चाहे जहाँ मिलता हो उसकी प्राप्ति यत्नपूर्वक करना ही मनुष्य का कर्तव्य है।”[12] यह बात 1923 में ‘हिन्दी’ निबन्ध में कही गई थी, और इसका उद्‌देश्य था एक सार्वदेशिक भाषा का विकास। इससे चार-पाँच साल पहले प्रेमचन्द ने ‘सेवासदन’ में अपने एक पात्र से कहलवाया था :

> *फारस और काबुल के मूर्ख सिपाहियों और हिन्दू व्यापारियों के समागम से उर्दू जैसी भाषा का प्रादुर्भाव हो गया। अगर हमारे देश के भिन्न-भिन्न प्रान्तों के विद्वजन परस्पर अपनी ही भाषा में सम्भाषण करते तो अब तक कभी की एक सार्वदेशिक भाषा बन गई होती। जब तक आप जैसे विद्वान लोग अंग्रेजी के भक्त बने रहेंगे, कभी एक सार्वदेशिक भाषा का जन्म न होगा।*[13]

सार्वदेशिक (देशव्यापक) भाषा के प्रश्न पर महावीरप्रसाद द्विवेदी का भी ध्यान देश की अन्य भाषाओं पर गया, लेकिन वे प्रेमचन्द की तरह यह नहीं सोचते थे कि अलग-अलग प्रान्तों के विद्वजन अपनी भाषा में सम्भाषण करें तो भी सार्वदेशिक भाषा का निर्माण हो सकता है। हालाँकि वे सभी प्रादेशिक भाषाओं का विकास चाहते थे, लेकिन उनकी दृष्टि हिन्दी तक केन्द्रित रही। प्रेमचन्द सार्वदेशिक भाषा का प्रश्न अँगरेज़ी साम्राज्य के विरुद्ध खड़ा करते थे। महावीरप्रसाद द्विवेदी अँगरेज़ी साम्राज्य का मुखर विरोधी होने की स्थिति में नहीं थे। किसी बहाने ही वे अँगरेज़ी की तुलना में देशी भाषाओं के महत्त्व पर जोर दे सकते थे :

> *अँगरेज़ी राज-भाषा है। उसे तो हमें सीखना ही चाहिए। बिना उसे सीखे हमारा निस्तार ही नहीं। पर उसका प्रचार देश में नहीं हो सकता। इस देश में अँगरेजी राज्य हुए कोई डेढ़ सौ वर्ष हुए। पर अब तक फी तीन चार सौ आदमियों के पीछे कहीं एक आदमी थोड़ी-बहुत अँगरेज़ी जानता है। इस दशा में गाँव गाँव उसका प्रचार होना सम्भव नहीं। और, अपने देश-भाइयों को अज्ञानान्धकार में पड़े रहने देना पाप है। उनके इस अन्धकार को दूर करने*

के लिए अपने भाषा-भास्कर के प्रकाश की ज़रूरत है। इस बात को गवर्नमेंट भी मानती है। वह अँगरेज़ी भाषा की शिक्षा का मार्ग तो संकुचित नहीं करना चाहती, पर एक निर्दिष्ट सीमा के भीतर देशी भाषाओं के द्वारा शिक्षा-दान के मार्ग में बाधा भी नहीं डालना चाहती। [14]

महावीरप्रसाद द्विवेदी का भारतीय भाषाओं के अन्वेषण पर तो ध्यान था, लेकिन उनमें एकता के सूत्र तलाशने की कोशिश उन्होंने बहुत कम की। वे हिन्दी और उर्दू की एकता अवश्य चाहते थे, लेकिन उर्दू के पैरोकारों के व्यवहार से खिन्न भी कम नहीं थे। 1920 में उन्हें कहना पड़ा था, "मुसलमानों की सार्वदेशिक भाषा उर्दू सही।"[15] राजनीति में यह वही समय है जब गांधी जी दोनों भाषाओं की एकता के लिए 'हिन्दुस्तानी' की धारणा को आगे कर रहे थे। इसे असहयोग आन्दोलन और खिलाफत आन्दोलन की एकता की भावना से भी प्रेरित बताया जाता है।[16]

हिन्दुस्तानी का इतिहास दिलचस्प है। 16वीं से 19वीं शताब्दी के पूर्वार्द्ध तक देखें तो अधिकांश यूरोपीय लोग हिन्दुओं की भाषा को 'हिन्दुस्तानी' कहते थे।[17] मैक्समुलर का मानना था कि "हिन्दुस्तानी उस संस्कृत की पुत्री नहीं है, जिसका प्रयोग वेदों तथा ब्राह्मणों के बाद के साहित्य में किया गया है। हिन्दुस्तानी भारत की जीवित बोली की एक शाखा है, जो उसी तने से फूटकर निकली है जिससे संस्कृत निकली है।"[18] लेकिन पद्मसिंह शर्मा की पुस्तक 'हिन्दी, उर्दू और हिन्दुस्तानी' में एक दूसरी ही बात का बयान है :

'हिन्दुस्तानी' नाम आजकल हिन्दू मुसलमानों की मुश्तरका जबान के मानी में बोला जाता है, लेकिन उस वक्त इस नाम को गढ़ने वाले विदेशियों ने इसका प्रयोग दूसरे संकुचित अर्थों में किया है। इन लोगों का मतलब 'हिन्दुस्तानी' से उस जबान से था, जिसे उत्तर भारत के युक्त प्रदेश और अन्तर्वेद (दोआब) के लोग और दिल्ली, मेरठ, आगरा आदि के रहनेवाले मुसलमान बोलते थे, और जो दक्षिण के मुसलमानों में भी प्रचलित हो गई थी। जो मतलब इस समय आमतौर से उर्दू का समझा जाता है, वही मुराद इस हिन्दुस्तानी से थी—अर्थात् हिन्दी भाषा का वह रूप, जिसमें विदेशी भाषाओं के शब्द अधिक हों। पुराने समय के ऐंग्लो-इंडियन लोग इस भाषा को 'मूर्ज' इसलिए कहा करते थे कि सत्रहवीं शताब्दी में यूरोपियन लोग मुसलमानों को मूर कहकर पुकारा करते थे। [19]

पद्मसिंह शर्मा ने गार्सां द' तासी के सहारे यह भी बताया कि हिन्दुस्तानी सरकारी जुबान करार दी गई और उसमें उर्दू के साथ-साथ हिन्दी को भी जोड़ लिया गया।[20] इस तरह वह नौकरशाहों की भाषा थी, जिससे आम मुसलमानों और हिन्दुओं को कोई ख़ास लेना-देना नहीं था। लेकिन मुसलमान उर्दू को ही हिन्दुस्तानी और देश की 'लिंग्वाफ्रांका' मानने लगे थे।[21] महावीरप्रसाद द्विवेदी की टिप्पणी है—"समझना चाहिए कि मदरसों की प्राइमरी (आरम्भिक) दरजों की रीडरों, तथा अन्यत्र भी, जब हिन्दुस्तानी

भाषा के प्रयोग पर जोर दिया जाता है तब 'हिन्दुस्तानी' नाम की आड़ में उर्दू ही का पक्ष लिया जाता है और बेचारी हिन्दी के बहिष्कार की चेष्टा की जाती है।"[22]

गांधी जी के लिए हिन्दुस्तानी का अर्थ था अँगरेज़ी साम्राज्य के विरुद्ध संघर्ष की भाषा, और वे इसे हिन्दुओं और मुसलमानों की एकता की भाषा के रूप में देखते थे। इस भाषा को प्रायः वे तीन नामों से पुकारते थे–हिन्दुस्तानी, हिन्दी और हिन्दी-हिन्दुस्तानी। लेकिन दिक्कत यह थी कि वे इसे हिन्दी और उर्दू के मिलन का परिणाम मानते थे, और यह बात ऐतिहासिक तथ्य से मेल नहीं खाती थी। इसके बावजूद, वे इस दृष्टि से सही थे कि देश के हिन्दू और मुसलमान आपसी झगड़े को छोड़कर 'हिन्दुस्तानी' नाम की भाषा अपना लेते तो यह एक बड़ी राष्ट्रीय सफलता की बात होती। लेकिन हिन्दी और उर्दू के लोग अपनी जगह से हिलने को तैयार कहाँ थे!

बड़े लेखकों में सिर्फ़ प्रेमचन्द ने हिन्दुस्तानी का समर्थन किया था। इस सम्बन्ध में प्रेमचन्द की दृष्टि दूसरों की अपेक्षा सुलझी हुई थी। गांधी जी वाली 'हिन्दुस्तानी' एक सरल और कामचलाऊ भाषा की धारणा पर टिकी थी। प्रेमचन्द का मानना था कि राष्ट्रभाषा के निर्माण के उद्देश्य से किसी एक भाषा का मोह छोड़कर हर एक भाषा के प्रचलित शब्द अपनाए जाएँ।[23] इस प्रक्रिया से भाषा की सरलता और सरसता घट सकती है, लेकिन बाद में सरलता और सरसता का मानदंड बदल भी सकता है।[24] गांधी जी ने बहुत हद तक हिन्दुओं और मुसलमानों की एकता को ध्यान में रखकर हिन्दुस्तानी की धारणा को आगे किया था। प्रेमचन्द की 'हिन्दुस्तानी' की कल्पना में यह दृष्टि निहित थी कि आज धर्म की शक्ति नहीं, देश की जनता को एक करनेवाली चीज़ राष्ट्रभाषा ही हो सकती है।[25] उनकी दृष्टि इस मामले में बहुत साफ थी कि राष्ट्रभाषा का अर्थ कामचलाऊ भाषा नहीं, बल्कि वह भाषा है, जिसमें ज्ञान-विज्ञान का भी काम सम्भव हो।[26] वे मानते थे कि इसके लिए साहित्यकारों को सबसे आगे आना होगा।

> *दुनिया में मानव-जाति के कल्याण के जितने आन्दोलन हुए हैं, उन सभी के लिए साहित्य ने ही ज़मीन तैयार की है, ज़मीन ही नहीं तैयार की, बीज भी बोये और उसकी सिंचाई भी की। साहित्य राजनीति के पीछे चलनेवाली चीज नहीं उसके आगे-आगे चलने वाला 'एडवांस गार्ड' है।*[27]

प्रेमचन्द के मन में उर्दू के प्रति अनुराग था। वे उर्दू से हिन्दी में आए थे। लेकिन भूले से भी उन्होंने हिन्दुस्तानी को उर्दू का पर्यायवाची नहीं माना। 'हिन्दुस्तानी' का उनके दिमाग में मोटा अर्थ था हिन्दुस्तान की भाषा।

> *...जिस प्रकार अँगरेज़ों की भाषा अँगरेज़ी, जापान की जापानी, ईरान की ईरानी और चीन की चीनी है, उसी प्रकार हिन्दुस्तान की राष्ट्रीय भाषा को इसी तौर पर हिन्दुस्तानी कहना केवल उचित ही नहीं, बल्कि आवश्यक भी है। और अगर इस देश को हिन्दुस्तान न कहकर केवल हिन्द कहें तो इसकी भाषा को हिन्दी कह सकते हैं। लेकिन यहाँ की भाषा को उर्दू तो किसी प्रकार कहा ही*

नहीं जा सकता, जब तक हम हिन्दुस्तान को उर्दूस्तान न कहने लगें, जो अब किसी प्रकार सम्भव ही नहीं है।[28]

प्रेमचन्द अँगरेज़ी की जड़ काटना चाहते थे। 1935 में 'ज़माना' में अपने इस उद्‌देश्य के निकट सलीम जाफर नाम के सज्जन का 'ज़माना' में एक वक्तव्य देखा तो वे उत्साहित हुए बिना नहीं रह सके। उन्होंने याद दिलाया कि शुरू में मुसलमानों ने भी हिन्दी को अपनाया था, लेकिन अब वे उसका एक अक्षर भी नहीं देखना चाहते हैं।[29] 'हिन्दी-उर्दू की एकता' भाषण में उन्होंने मुसलमानों की भाषायी कट्टरता पर खुल कर टिप्पणी की और कहा : "जब दोनों भाषाओं का मेल न होगा, हिन्दुस्तानी जबान की गाड़ी जहाँ जाकर रुक गई है, उससे आगे न बढ़ सकेगी।"[30]

आखिर हिन्दुस्तानी जबान की गाड़ी रुक ही गई। राजनीति में हिन्दुस्तानी की बात आजादी के समय तक चलती रही। साहित्य के लोगों को इस मामले में ग़लतफहमी का शिकार कम होना पड़ा। क्योंकि यहाँ केवल बोलचाल की भाषा का मामला नहीं, साहित्य की परम्पराओं का भी मामला था। हिन्दी पक्ष अपनी परम्परा को हज़ार साल पीछे ले जाकर देखता था। उर्दू पक्ष इसके लिए तैयार नहीं था। इसमें मुस्लिम समुदाय की सांस्कृतिक अस्मिता के लोप का डर था। उसे मजबूरन अरबी-फ़ारसी की परम्परा में जाना पड़ता था। रामचन्द्र शुक्ल के लेख 'हिन्दी और हिन्दुस्तानी' में इस सचाई की पूरी तसवीर देखी जा सकती है :

> *यह वही भाषा (हिन्दी) है जिसमें सारे उत्तरीय भारत के बीच चन्द और जगनिक ने वीरता की उमंग उठाई; कबीर, सूर और तुलसी ने भक्ति की धारा बहाई ...हजारों वर्ष से यह दीर्घ परम्परा अखंड चली आ रही है।...हमारा गर्व यह सोच कर और भी बढ़ जाता है कि यह परम्परा इतनी प्रबल और शक्तिशाली सिद्ध हुई कि इधर सौ वर्ष से...इसे बन्द करने के तरह-तरह के प्रयत्न कुछ लोगों द्वारा समय समय पर होते आ रहे हैं, पर यह अपना मार्ग निकालती चली आ रही है। इस विरोध का मूल हमारे उन मुसलमान भाइयों की निर्मूल आशंका है जो अपनी भाषा और साहित्य को विदेशी साँचे में ढालकर अपने लिए अलग रखना चाहते हैं। यदि वे अपनी भाषा और अपने साहित्य की एक अलग परम्परा रखना चाहते हैं तो हमारे लिए यह प्रसन्नता की बात है। इधर अपनी भाषा की छटा, अपने साहित्य की विभूति हमारे सामने रहेगी, उधर उनके साहित्य के चमत्कार से भी हम अपना मनोरंजन करेंगे। यही मौका उन्हें भी रहेगा।*[31]

रामचन्द्र शुक्ल 1937 में जब यह लिख रहे थे, तब तक यह मौका बहुत कम हो चुका था। प्रेमचन्द ने कुछ वर्ष पहले स्पष्ट रूप से कह दिया था कि उनके ज़माने का मुसलमान हिन्दी का एक अक्षर नहीं देखना चाहता। हिन्दुओं की स्थिति थोड़ी ही बेहतर थी। वह भी इसलिए कि अरबी-फ़ारसी के अक्षर पहचानने वाली आँखों की रोशनी बची हुई थी।

आज के लोग तो दूसरे ही मौके की तलाश में रहते हैं। थोड़ी जगह मिली कि

पटकनियाँ दे डालते हैं। यहाँ मेरा इशारा वीरभारत तलवार की तरफ है। उनकी पुस्तक 'रस्साकशी' का केन्द्रीय विषय है हिन्दी आन्दोलन अथवा हिन्दी नवजागरण को हिन्दू आन्दोलन बताना। भारतेन्दु उनका मुख्य निशाना बने और अवसर के हिसाब से रामचन्द्र शुक्ल, निराला सबकी उन्होंने ख़बर ली। रामचन्द्र शुक्ल के उपर्युक्त कथन पर उनकी नज़र पड़ी, और चट से उन्होंने उसमें से एक पंक्ति निकाली : "यदि वे अपनी भाषा और अपने साहित्य की एक अलग परम्परा रखना चाहते हैं तो हमारे लिए यह प्रसन्नता की बात है।" इसके बाद उन्होंने एक और बात ठोंक दी : "बालकृष्ण भट्ट ने अपने एक लेख में मुसलमानों को 'महाँ जघन्य, नीच और परले सिरे के दुष्ट बताकर उनके खिलाफ अपनी नफरत का इज़हार किया (रस्साकशी, पृ. 294)।" इस तरह रामचन्द्र शुक्ल का घोर मुस्लिम विरोधी होना सौ प्रतिशत साबित हो गया।

पाठ के आशय को उलटना कितना सरल हो गया है इस दलित/स्त्री/सबाल्टर्न विमर्श के युग में, आसानी से यहाँ देखा जा सकता है। रामचन्द्र शुक्ल ने उपर्युक्त कथन में मुसलमानों की आशंका को निर्मूल बताते हुए उन्हें विश्वास दिलाना चाहा कि वे अलग परम्परा रखना चाहें तो वह भी उन्हें साहित्य से उपलब्ध आनन्द की दृष्टि से मान्य होगा। तब भी वीरभारत तलवार की दृष्टि में खलनायक होने से वे नहीं बच सके। हमारे प्रजातीय सैद्धान्तिकी के युग में सब सम्भव है।

बहरहाल, हिन्दू और मुस्लिम परम्पराओं को अलग-अलग करने में 'औपनिवेशिक आधुनिकीकरण' का गहरा योगदान था। उसी के प्रभाव से बड़े धार्मिक समूहों का संगठन शुरू हुआ था। उनकी गतिविधियों को नवजागरण की छवि देना भले अनुचित न हो, लेकिन यह स्वीकार किया जाना चाहिए कि 19वीं शताब्दी से पहले भारत का 'दो इतिहास' नहीं था। इस्लाम के आगमन के पूर्व भारत का सांस्कृतिक गौरव कोई कम नहीं रहा था। साथ ही यह भी स्वीकार किया जाना चाहिए था कि भारतीय सभ्यता के इतिहास में, धर्म, साहित्य, कलाओं आदि सभी क्षेत्रों में इस्लाम ने महत्त्वपूर्ण योगदान दिया था। एक 'मिश्रित तसवीर' उभर कर आई थी। औपनिवेशिक प्रभाव से वह बहुत हद तक खंडित हो गई।

सभ्यता की 'मिश्रित तसवीर' खंडित हुई, लेकिन खत्म नहीं हुई। स्वयं महावीरप्रसाद द्विवेदी ने अपने इतिहास-सम्बन्धी लेखन में, जो 'पुरातत्त्व प्रसंग' नाम से प्रकाशित है, मुगल इतिहास और इस्लाम से सम्बन्धित तथ्यों का संग्रह किया है, जिसमें प्रशंसा का अभाव नहीं है। हालाँकि 'पुरातत्त्व प्रसंग' का मुख्य उद्देश्य, जो हमारी समझ से नवजागरण के उद्देश्यों के अनुकूल है, भारत की पुरानी सभ्यता और संस्कृति का गुनगान रहा है। दूसरी ओर, इसमें भारत के पतन और वर्तमान दुर्दशा को लेकर गहरा दुख भी प्रगट किया गया है। रामविलास शर्मा ने इस पुस्तक का सीधा सम्बन्ध 'भारतभारती' और प्रेमचन्द से जोड़ा है।[32] हमारी समझ से इसमें प्रेमचन्द वाली बात उतनी नहीं है लेकिन 'भारतभारती' का यह भाव पूरी तरह छाया हुआ है : "हम कौन थे, क्या हो गये हैं और क्या होंगे अभी।"

"ज्ञान-राशि के संचित कोष का ही नाम साहित्य है"—महावीरप्रसाद द्विवेदी की साहित्य की यह परिभाषा उनके लेखन और 'सरस्वती' पर अधिकाधिक लागू होती है। इतिहास, विज्ञान, दर्शन, राजनीति, अर्थशास्त्र कोई भी विषय अछूता नहीं था 'सरस्वती' और द्विवेदी जी के लेखन से। उन्हें भारत की दशा को लेकर गम्भीर चिन्ता थी। इस बात का निश्चित ही प्रेमचन्द से सम्बन्ध बनता था। लेकिन महावीरप्रसाद द्विवेदी सामन्तवाद विरोधी-साम्राज्यवाद विरोधी चेतना की दृष्टि से प्रेमचन्द से बहुत पीछे ठहरते हैं। 'सरस्वती' प्रारम्भिक वर्षों में ब्रिटिश-न्यायप्रियता में विश्वास से कभी पीछे नहीं हटती थी, बाद में भी यह प्रवृत्ति थोड़ी-बहुत बनी रही। स्वयं महावीरप्रसाद द्विवेदी अँगरेज़ी हुकूमत की मेहरबानियों की प्रशंसा से नहीं अघाते थे। रामविलास शर्मा ने उन्हें जितना विवेकवादी माना है उतना वे थे नहीं। उनकी विज्ञान में गहरी दिलचस्पी थी, लेकिन धार्मिक चिन्तन से उसकी संगति बैठाने में भी वे नहीं चूकते थे। सामन्तवाद-विरोधी भी वे मुश्किल से ही दिखाई पड़ते हैं। इसके बाद भी जो बात उनके पक्ष में जाती है वह है हिन्दी जातीय चेतना के विकास में योगदान।

रामचन्द्र शुक्ल के सन्दर्भ में रामविलास शर्मा ने लिखा है कि उनका महत्त्व सबसे ज़्यादा "इतिहास के अध्ययन की एक व्यवस्थित पद्धति कायम करने में है।"[33] कहने की आवश्यकता नहीं कि वह पद्धति द्विवेदी-युग के वैचारिक साँचे में विकसित हुई थी, इसके बावजूद कि रामचन्द्र शुक्ल का संस्कारगत सम्बन्ध भारतेन्दु-युग से अधिक ठहरता है।

महावीरप्रसाद द्विवेदी ने हिन्दी गद्य और पद्य दोनों के विकास में ऐतिहासिक भूमिका निभाई थी। पद्य में ब्रजभाषा बनाम खड़ीबोली की लड़ाई को उन्होंने ही अंजाम दिया था। 'सरस्वती' के उद्योग से खड़ीबोली, जिसे महावीरप्रसाद द्विवेदी ने 'बोलचाल की हिन्दी' कहना पसन्द किया है, गद्य के बराबर ही पद्य की भाषा बनी। 'सरस्वती' की इस ऐतिहासिक भूमिका को महावीरप्रसाद द्विवेदी बखूबी समझते भी थे। अप्रैल, 1914 की 'सरस्वती' में उन्होंने लिखा :

> *...जब से 'सरस्वती' ने बोल-चाल की भाषा में की गई कविता को आश्रय दिया, तब से इसका प्रचार बढ़ने लगा। पन्द्रह वर्ष पहले शायद ही कभी किसी अख़बार या मासिक पुस्तक में ऐसी कविता निकलती रही हो। पर अब आप किसी भी अख़बार या सामयिक पुस्तक को उठा लीजिए, प्रायः सर्वत्र ही आपको बोल-चाल की भाषा में कविता मिलेगी। ब्रजभाषा में लिखी गई कविता बहुत कम देखने को मिलेगी। इससे सिद्ध है कि समय ऐसी ही कविता माँगता है। गद्य-पद्य की भाषा होनी भी एक ही चाहिए। बोल-चाल ही की भाषा लोगों की समझ में शीघ्र आती है। इसी से लोग उसे पसन्द भी करते हैं।*[34]

यद्यपि महावीरप्रसाद द्विवेदी के प्रभाव से 'बोलचाल की हिन्दी' में लिखी कविता की सीमा तत्सम शब्दावली की संस्कृत की तुकान्तहीन इतिवृत्तात्मक कविता के रूप में प्रकट हुई, लेकिन राष्ट्रीय चेतना के विकास की दृष्टि से उन कविताओं के महत्त्व से

इनकार नहीं किया जा सकता। इस दृष्टि से अकेले 'भारतभारती' (1913) का उदाहरण काफी है। यह हिन्दी में हाली के 'मुसद्दस' के वजन पर जातीय गौरव की बड़ी काव्य-रचना है। लिखी भी गई थी यह हाली और कैफी के मुसद्दसों को लक्ष्य करके और उनके प्रति इसमें हार्दिक कृतज्ञता भी प्रकट की गई थी।[35] इससे दोनों जातियों की स्वस्थ प्रतिस्पर्धा का पता चलता है। जातीय गौरव के पाठ की रचना कितनी ज़रूरी है, इसका अन्दाज़ शमशेर बहादुर सिंह की 1946 में, ठीक फासिज़्म की पराजय के बाद, 'मुसद्दस' और 'भारत भारती' पर लिखी समीक्षा से लगाया जा सकता है। यहाँ उक्त समीक्षा की कुछ अन्तिम पंक्तियों पर दृष्टिपात आवश्यक है :

> *आज फिर अनेक समस्याओं से गुँथने, उन्हें सुलझाने का संघर्षमय युग आ उपस्थित हुआ है; अब जातीय गौरव-गाथाएँ रण-भेरियाँ-सी बन गई हैं। सर्व जन-साधारण, मजदूर, किसान, विद्यार्थी, स्त्री-वर्ग, नेता, विचारक, लेखक, कलाकार- सभी समाजों, समूहों, धर्मों, जातियों, वर्गों के लोग, सभी अपने-अपने दृष्टिकोण से आज की अपनी अवस्था को समझने और समझाने में दिलचस्पी ले रहे हैं, अस्तु, आज दूसरे विश्वव्यापी महाभारत के बाद—जब संयुक्त लोक-शक्ति फासिज़्म को, अन्तिम नहीं, तो निर्णयात्मक रूप से अवश्य ही हरा चुकी है; जब 'राष्ट्रीयता' की विभिन्न परिभाषाएँ देश-विदेश में प्रचलित हैं; और 'स्वाधीनता,' 'देश,' 'जाति,' 'धर्म,' 'वर्ग,' 'शासन,' 'जन-अधिकार,' आदि के वास्तविक रूप और उनकी यथार्थ सीमाएँ अन्तर्राष्ट्रीय परिस्थितियों के अनुसार रोज-रोज निर्धारित और नियोजित होती हैं; और इस धनीभूत विषमता के विरोध में सभी देशों के दलित और अपहृत वर्ग संगठित मोर्चा बनाने लगे हैं, ऐसे समय में—हमें क्या कुछ आवश्यकता नहीं है अपनी स्वस्थ परम्पराओं को उनके सच्चे रूप में समझने की, उनसे शक्ति, स्वास्थ्य और प्रेरणा लेने की; अपने भविष्य-निर्माण में उनसे आवश्यक सहायता और योग प्राप्त करने की?*[36]

भिन्न युग-चेतनाएँ हैं। 'मुसद्दस' से 'भारत भारती' की अलग है, और शमशेर की, जो दूसरे महायुद्ध के ठीक बाद की अवस्था में ये बातें कह रहे हैं, उन दोनों से अलग है। दोनों-तीनों में एकता सिर्फ़ एक बिन्दु पर है—स्वस्थ परम्पराओं को समझना। वह हिन्दू स्रोत से आई हो या मुस्लिम स्रोत से, इससे कुछ फ़र्क नहीं पड़ता।

'भारतभारती' में भारत-सम्बन्धी उस समय तक उपलब्ध इतिहास और नवजागरण काल में विकसित हिन्दू-दृष्टि का हरसम्भव इस्तेमाल हुआ है। कवि का मूल उद्देश्य वर्तमान का निर्माण है, इसके बावजूद कि वह भावना के स्तर पर अतीतबद्ध अधिक है। यद्यपि इस्लाम का आगमन और मुसलमानों में इस देश के प्रति प्रेम-भाव का कम होना कवि को अच्छा नहीं लगा, लेकिन वह अकबर के शासन के प्रति प्रशंसा का भाव रखता है, और दोनों धर्म समुदायों को समझाने की चेष्टा करता है :

> *हिन्दू तथा तुम सब चढ़े हो एक नोका पर यहाँ,*
> *जो एक का होगा अहित तो दूसरे का हित कहाँ।*

सप्रेम हिलमिल कर चलो, यात्रा सुखद होगी तभी;
पीछे हुआ सो हो गया, अब सामने देखो सभी।[37]

यही सामंजस्यवादी दृष्टि अँगरेज़ी शासन के प्रति है :

शासन किसी पर-जाति का चाहे विवेक-विशिष्ट हो,
सम्भव नहीं है किन्तु जो सर्वांश में वह इष्ट हो।
यह सत्य है, तो भी ब्रिटिश-शासन हमें सम्मान्य है,
वह सु-व्यवस्थित है तथा आशा-प्रपूर्ण, वदान्य है।[38]

यह एक ऐसा दृष्टिकोण था जिसे नवजागरण के चिन्तकों ने लगभग मान्य किया था। उन्हें अपने प्राचीन काल पर गर्व था, लेकिन वे यह भी मानने के लिए थोड़ा विवश थे कि अँगरेज़ी राज भारतीय सभ्यता के फलने-फूलने की दृष्टि से लाभप्रद है। भारत पुनर्रचित हुआ ब्रिटिश शासन में, इस विचार को 'भारतभारती' के अन्त में पुष्ट किया गया है :

है ब्रिटिश शासन की कृपा ही यह कि हम कुछ जग गये,
स्वाधीन हैं हम धर्म्म में, सब भय हमारे भग गये,
निज रूप को फिर हम सभी कुछ कुछ लगे हैं जानने—
निज देश भारतवर्ष को फिर हम लगे हैं मानने।[39]

देशभक्ति और राजभक्ति का यह सहयोजन आज जितना अन्तर्विरोधग्रस्त लगता हो, लेकिन वास्तव में 'भारतभारती' तक भारतीय राष्ट्रबोध का अंग बन चुका था। इसे साहित्यिक हलके और भारतेन्दु से लेकर महावीरप्रसाद द्विवेदी तक सीमित नहीं माना जा सकता। स्वयं कांग्रेस की गतिविधियों में भी यह प्रवृत्ति विद्यमान रही थी। इसे 'रणनीतिक पाठ' बता कर कुछ राष्ट्रवादी और मार्क्सवादी विचारक भले सन्तुष्ट हो लें, लेकिन उससे आगे यह 'युग-संरचना' का मामला था। उपनिवेशवाद का प्रतिरोध और औपनिवेशिक विचारधारा के प्रति आग्रह—दोनों संवृत्तियाँ साथ-साथ घटित होती दिखाई पड़ रही थीं।

इस बात को हम एक दूसरे उदाहरण से समझें। रामविलास शर्मा ने महावीरप्रसाद द्विवेदी के रीतिवाद-विरोध को नवजागरण की मुख्य गतिविधियों से जोड़कर देखा है। उनकी यह बात ठीक है कि महावीरप्रसाद द्विवेदी का उद्देश्य हिन्दी प्रदेश में नवीन सामाजिक चेतना का प्रसार करना रहा है।[40] लेकिन इसी के लिए उन्हें रीतिवाद से संघर्ष करना पड़ा, अब यह बात उतनी निरापद नहीं लगती। रामविलास शर्मा ने कविता की चार रूढ़ियाँ गिनाई हैं जिनसे महावीरप्रसाद द्विवेदी को संघर्ष करना पड़ा था :

पहली रूढ़ि यह कि सरस कविता ब्रजभाषा में ही हो सकती है और गद्य में जिस भाषा का व्यवहार होता है, वह स्वभावतः नीरस है। दूसरी रूढ़ि यह कि शृंगार रस सभी रसों में श्रेष्ठ है और नायिकाभेदी साहित्य में इसका पूर्ण विकास हुआ है। तीसरी रूढ़ि समस्यापूर्ति की थी। कवियों को पहले से कोई समस्या दे दी जाती थी और उस पर कवित्त या सवैया बनाकर वे अपनी

प्रतिभा का चमत्कार दिखाते थे। चौथी रूढ़ि रस और अलंकारों को लेकर थी, विशेषकर अलंकारों को लेकर। द्विवेदी जी ने इन चारों रूढ़ियों के विरुद्ध जमकर संघर्ष किया और लगातार 20 वर्षों तक किया। [41]

अब तक के हमारे अध्ययन से स्पष्ट है कि इनमें से अधिकांश बातों से कम ही असहमति की गुंजाइश हो सकती है। कुछ मुद्दों पर दृष्टिकोण-भेद की बात दूसरी है। लेकिन प्रश्न है कि शृंगार रस की श्रेष्ठता के विरोध की चेतना कहाँ से पैदा हुई?

शृंगारिक अभिव्यक्तियाँ मानवीय आवेगों के अंश के रूप में अस्वतन्त्रता का प्रतिवाद होती हैं। जीवन-जगत और राजनीति में व्यक्ति के अहस्तक्षेप की दशा में ये प्रतिवाद के कौशल का भी काम करती हैं। यह सही है कि दरबारी संस्कृति, सत्ता का जैसाकि चरित्र होता है; उनमें निहित 'मुक्तता' को विकृत करने का प्रयत्न करती है। यह बात नायिकाभेद के रूप में हो सकती है, समस्यापूर्ति के रूप में हो सकती है, और अलंकारवाद के रूप में हो सकती है। लेकिन यह बात अश्लीलता की दृष्टि से उतनी नहीं है जितनी कि जकड़ी हुई प्रणाली की दृष्टि से। दूसरी बात, जकड़ी हुई प्रणालियों में भी जिसमें दम होता है नवीनता का मार्ग निकाल ही लेता है। उदाहरण के लिए, बिहारी, जिनके बारे में प्रेमचन्द लिखते हैं, "वह भावों की जिस ऊँचाई और गहराई तक पहुँच गए हैं वह इस रंग में किसी दूसरे हिन्दी कवि को नसीब नहीं। वह पिटी-पिटाई कल्पनाओं को कविता में नहीं बाँधते। उनकी सुधरी तबीयत ऐसे विषयों से भागती है जिसमें अब कोई नयापन नहीं रहा।"[42]

बिहारी आदि कवियों के सन्दर्भ में अकेले प्रेमचन्द की धारणा की बात नहीं है। बिहारी, मतिराम, पद्माकर, देव और धनानन्द की प्रशंसा में रामचन्द्र शुक्ल ने भी कोताही नहीं बरती थी। उनका मुख्य विरोध लक्षण-ग्रन्थों से था। महावीरप्रसाद द्विवेदी की सीमा तक उनकी दृष्टि नैतिकतावादी नहीं थी।

दूसरी बात, लक्षण-ग्रन्थों के रूप में रीतिवाद भी कोई दंडनीय अपराध नहीं था। इस रूप में उसने हिन्दी को एक काव्यशास्त्र दिया था, जो हज़ार से भी अधिक वर्षों की परम्परा का निचोड़ था। वह अलंकारप्रियता के रूप में भाषिक प्रयोगों और कथन की शैली के रूप में छन्दों का खजाना था, जिसका रचनात्मक उपयोग आगे भी सम्भव है।

बिहारी को रामचन्द्र शुक्ल ने भी 'रीतिग्रन्थकार' श्रेणी में रखा है और उस श्रेणी के बारे में शुरू में ही स्पष्ट कर दिया है : "वाग्धारा बँधी हुई नालियों में ही प्रवाहित होने लगी जिससे अनुभव के बहुत से गोचर और अगोचर विषय रससिक्त होकर सामने आने से रह गए। दूसरी बात यह हुई कि कवियों की व्यक्तिगत विशेषता की अभिव्यक्ति का अवसर बहुत ही कम रह गया।"[43] वाग्धारा की बँधी हुई नाली में 'व्यक्तिगत विशेषता की अभिव्यक्ति' का अवसर कम होता है, लेकिन प्रेमचन्द ने माना कि यह अवसर बिहारी ने निकाल लिया। द्विवेदी-युग के कवियों को देखें तो साहित्य को राष्ट्र की तुलना में गौण बनाकर व्यक्तिगत विशेषता की अभिव्यक्ति का अवसर छोड़ा गया।

बाद में, उन्हीं द्विवेदी जी और शुक्ल जी के विरोध के बावजूद, छायावादियों ने बड़ा अवसर निकाला, जिसमें साहित्यिक ऊँचाई पर राष्ट्र गौरवान्वित हुआ।

वस्तुतः रीतिवाद के प्रश्न पर औपनिवेशिक विचारधारा के असर से नवजागरण के लोग कुछ नैतिक भ्रान्तियों का शिकार थे। अँगरेज़ों ने शृंगारिक अभिव्यक्तियों को नैतिकता के प्रश्न से जोड़कर भारतीयों को हीन प्रजाति साबित करने की चेष्टा की थी। हालाँकि अँगरेज़ स्वयं नैतिकता की इस नई अवधारणा की जकड़ में 19वीं शताब्दी में आए थे। उसे विक्टोरियन नैतिकता कहा जाता है जिसमें यहूदी-ईसाई परम्परा के कुछ वैसे मूल्यों को जगह दी गई थी जो स्त्री के सन्दर्भ में कठोर नियमों के लिए विख्यात थे। इस तरह यह प्रजातीय भेद और लैंगिक भेद दोनों का मामला बना। खुद यूरोप में पूर्व-विक्टोरिया युग में शृंगारिकता अश्लीलता और दुराव-छुपाव का विषय नहीं रही थी। सत्रहवीं शताब्दी में, फूको के शब्दों में, शरीर 'उनके प्रदर्शन के लिए बने थे।'[44]

नवजागरण केवल वैचारिक नहीं, सौन्दर्यबोधीय भी है। साहित्य में विचार का सौन्दर्यबोधीय रूपान्तरण होता है। शरीर भी साहित्य में 'प्रदर्शन के लिए बने हैं' तो मानव सौन्दर्य की सर्वोत्कृष्टता के विचार से। शरीर और उससे जुड़े भावों के प्रति आकर्षणविहीन जाति का जागरण कितना निर्वीर्य होगा—कहने की जरूरत नहीं।

विक्टोरियन नैतिकता के प्रभाव से भारतीय बौद्धिक वर्ग शृंगारिक परम्परा के प्रति अनुदार रवैया अपनाने लगा था, जिसे रामविलास शर्मा ने 'जन संस्कृति के विकास के लिए किसी चली आती हुई सुदृढ़ जन-विरोधी परम्परा को निर्मूल करना' माना है। वास्तव में बात ठीक इसके विपरीत थी। हजारीप्रसाद द्विवेदी ने इस परम्परा को ईसा के शुरुआती वर्षों के कवि हाल की सतसई से प्रारम्भ मानते हुए अनुमान किया है कि "इस नवीनता का सम्बन्ध जरूर किसी लोकसाहित्य से रहा होगा।"[45] केवल इतना ही नहीं; उन्होंने रीतिकाल में लक्षण-ग्रन्थों की भरमार होने को भी 'प्राचीन लोक-भाषा के साहित्य का ही विकास' माना और कहा, "नायिका भेद की संकीर्ण सीमा में जितना लोकचित्र आ सकता था, इस काल का उतना चित्र निश्चय ही विश्वसनीय और मनोरम है।"[46]

यह तो शृंगार के लोक साहित्य से सम्बन्ध की बात हुई; शास्त्र पर नज़र डालें तो वह कई कदम आगे दिखाई पड़ता है। भोज ने शृंगार को अभिमान और अहंकार का प्रतीक माना है। उनका मानना है कि रस के कारण कविता सरस बनती है और इस रस को शृंगार कहा जा सकता है, जो अपने रूप में अभिमान और अहंकार जैसा है। यानी शरीर के प्रदर्शन तक शृंगार सीमित नहीं, वह आत्मा के अनेक गुणों की उत्पत्ति का कारक है (आत्मसम्यग्गुणोद्भूतेरेको हेतु : प्रकाशते)। 'अभिमान' का दार्शनिक अभिप्राय लें तो शृंगारिकता का सम्बन्ध मूलतः सौन्दर्याभिरुचि और सहृदयता से ठहरता है।

रामविलास शर्मा ने भी रीतिवादी कवियों में रोमांटिक सहृदयता और सजीव चित्रमयता देखी,[47] लेकिन आकलन की बात आई तो उसे सामन्ती ठहरा दिया।

हजारीप्रसाद द्विवेदी की मध्ययुग सम्बन्धी आलोचना का अवमूल्यन तन्त्रवादी और कामसूत्रवादी के रूप में किया।[48]

ये दोनों ही बातें स्वयं रामविलास शर्मा को औपनिवेशिक नजरिए के निकट करती हैं। यह पश्चिम ही रहा है, जिसने भारत को 'साधु और संपेरों' के देश के रूप में देखा, और यह उसी की विचारधारा का असर था कि हिन्दी में सिद्ध-नाथ सहित कबीर के मूल्यांकन में कोताही बरती गई। रामविलास शर्मा के परवर्ती संस्कृति और दर्शन सम्बन्धी कार्यों पर विचार के लिए अन्य अवसर सुरक्षित रखें तो कहना न होगा कि शुरुआती मार्क्सवादी इतिहासकारों के समान उनकी मार्क्सवादी अध्ययन प्रणाली में बहुत हद तक 'ब्रिटिश शासन की कथित प्रगतिशीलता' का भी असर रहा है। इस तरह, नैतिकता आदि के मामले में उनकी युग-चेतना लगभग वही है, जो द्विवेदी-युग की थी। यह एक पक्ष है, लेकिन इससे ऊपर वे सच्चे साम्राज्यवाद-सामन्तवाद-विरोधी लेखक हैं, और हिन्दी के उन दो-चार बड़े व्यक्तित्वों में से एक हैं जिन्होंने हिन्दी समुदाय की सांस्कृतिक चेतना को गढ़ने में योगदान दिया है। इस दृष्टि से उनका सबसे गहरा रिश्ता रामचन्द्र शुक्ल की परम्परा से बनता है।

जब हम हिन्दी समुदाय के विकास और उससे जुड़ी सांस्कृतिक गतिविधियों पर नजर डालते हैं, तो एक बात स्पष्ट लगती है कि उन्नीसवीं शताब्दी सिर्फ़ उसकी भूमिका थी, बड़ा और निर्णायक काम 20वीं शताब्दी में ही किया जाना था। इस दृष्टि से रामचन्द्र शुक्ल के कार्यों का मूल्य अपने समय के अन्य साहित्यिक लेखनों से कम नहीं रहा है। रामविलास शर्मा ने 'रामचन्द्र शुक्ल और हिन्दी आलोचना' में उनका महत्त्व उपन्यासकार प्रेमचन्द और कवि निराला के बराबर माना है। बाद के लेखन में उनका ध्यान रामचन्द्र शुक्ल पर उतना नहीं गया, वरना जातीय विवेक को निर्धारित करने की दृष्टि से वे उनके कार्यों का मूल्य और भी ज़्यादा करके आँकते।

रामचन्द्र शुक्ल के लेखन की हम जब छानबीन करते हैं तो हमारे सामने यह सवाल खड़ा होता है कि उन्होंने हिन्दी की परम्परा में अमीर खुसरो, जायसी, अब्दुल रहीम खानखाना, गुलाम नबी (रसलीन) और रसखान को तो स्थान दिया, लेकिन क्यों अठारहवीं और उन्नीसवीं शताब्दी के वली दकनी, सौदा, मीर, नज़ीर आदि खड़ीबोली के समर्थ कवियों की आंशिक चर्चा के बावजूद हिन्दी से उस धारा को अलग रखा? अचानक मेरा ध्यान 'चिन्तामणि' के तीसरे भाग में नामवर सिंह कि लिखी भूमिका के पहले अनुच्छेद पर गया। उसमें उन्होंने रामचन्द्र शुक्ल के भतीजे चन्द्रशेखर शुक्ल का एक कथन उद्धृत किया है, जिसमें भारतेन्दु के मित्र उपाध्याय बदरीनारायण चौधरी 'प्रेमघन' से बालपन में शुक्ल जी की निकटता की चर्चा करते हुए लिखा गया है : "यदि उन्हें 'प्रेमघन जी' का पथ-प्रदर्शन और उनके द्वारा बनाया हुआ हिन्दी समाज न मिला होता तो वे भी प्रेमचन्द की तरह ही हिन्दी के लिए 'उर्दू की देन' से अधिक सिद्ध न होते।"

प्रेमचन्द 'उर्दू की देन' थे, लेकिन माने तो जाते थे हिन्दी के भी सबसे बड़े लेखक।

फिर इस 'उर्दू की देन से अधिक सिद्ध न होते' से क्या ध्वनित होता है? दो बातें हैं। एक तो यह कि बालपन में 'प्रेमघन' के सान्निध्य के कारण उर्दूपरस्ती से बच गए; दूसरी बात, कुछ ऐसा उन्होंने जरूर किया जिसके कारण वे प्रेमचन्द की तुलना में हिन्दी के लिए बड़ी देन साबित हुए। नामवर सिंह ने रामचन्द्र शुक्ल के संस्मरण 'प्रेमघन की छाया-स्मृति' की कुछ बातों का उल्लेख करके यह बताना चाहा है कि रामचन्द्र शुक्ल पर भारतेन्दु-मंडल का गहरा असर पड़ा था, लेकिन कुछ ध्यान जाने लायक बातें उन्होंने छोड़ भी दी हैं।

'प्रेमघन की स्मृति-छाया' में रामचन्द्र शुक्ल ने बताना जरूरी समझा, "मेरे पिताजी फ़ारसी के अच्छे ज्ञाता और पुरानी हिन्दी कविता के बड़े प्रेमी थे। फ़ारसी कवियों की उक्तियों को हिन्दी कवियों की उक्तियों के साथ मिलाने में उन्हें बड़ा आनन्द आता था।"[49] प्रश्न है कि स्वयं रामचन्द्र शुक्ल ने अपने पिता से इस संस्कार को ग्रहण नहीं करने और फ़ारसी-पूरित खड़ीबोली कविता को हिन्दी की परम्परा से अलग रखने का काम क्यों किया? उत्तर उसी लेख में है। मिर्जापुर में बीती किशोरावस्था को याद करते हुए शुक्ल जी ने लिखा :

> *16 वर्ष की अवस्था तक पहुँचते-पहुँचते तो समवयस्क हिन्दी-प्रेमियों की एक खासी मंडली मुझे मिल गई...हिन्दी के नये पुराने लेखकों की चर्चा बराबर इस मंडली में रहा करती थी।...हम लोगों की बातचीत प्रायः लिखने-पढ़ने की हिन्दी में हुआ करती, जिसमें 'निस्सन्देह' इत्यादि शब्द आया करते थे। जिस स्थान पर मैं रहता था, वहाँ अधिकतर वकील मुख्तारों तथा कचहरी के अफसरों और अमलों की बस्ती थी। ऐसे लोगों के उर्दू कानों में हम लोगों की बोली कुछ अनोखी लगती थी। इसी से उन्होंने हम लोगों का नाम 'निस्सन्देह' लोग रख छोड़ा था। मेरे मुहल्ले में कोई मुसलमान सब-जज आ गए थे। एक दिन मेरे पिताजी खड़े-खड़े उनके साथ कुछ बातचीत कर रहे थे। इसी बीच मैं उधर आ निकला। पिताजी ने मेरा परिचय देते हुए उनसे कहा—"इन्हें हिन्दी का बड़ा शौक है।" चट जवाब मिला—"आपको बताने की जरूरत नहीं। मैं तो इनकी सूरत देखते ही इस बात से वाकिफ हो गया।" मेरी सूरत में ऐसी क्या बात थी, यह इस समय नहीं कह सकता। आज से तीस वर्ष पहले की बात है।*[50]

उन तीस वर्षों में रामचन्द्र शुक्ल हिन्दी की 'सूरत' बदलनेवालों में अग्रणी रहे, और जो हिन्दी उस बीच बनी उसके लिए कहा जा सकता था 'निस्सन्देह' यह एक दूसरा ही सांस्कृतिक आविष्कार है जिसे 'उर्दू की देन' वाले नहीं कर सकते थे। इस दृष्टि से 1907 में प्रकाशित उनका लेख 'अपनी भाषा पर विचार' ध्यान देने योग्य है। इसमें उन्होंने शब्द को जलवायु, स्वभाव और मानसिक अवस्था से जोड़ते हुए माना कि "निज भाषा के किसी शब्द से जिस मात्रा का भाव उद्भूत होता है उस मात्रा का समान अर्थवाची किसी विदेशीय शब्द से नहीं।"[51] इसलिए बोली में आ गए अरबी-फ़ारसी शब्द

तक तो जायज है, लेकिन हिन्दी के लिए यह अच्छा होगा कि मौलवी साहब से सीख कर बोले गए शब्द दूर रहें।[52]

जलवायु, स्वभाव और मानसिक अवस्था के अनुकूल भाषा में शब्द-चयन की दृष्टि उन्हें 'प्रेमघन' के बोलने की शैली से प्राप्त हुई थी। यही बात उनकी जातीय दृष्टि के विकास में सहायक हुई, और जिसके कारण वे हिन्दी की हज़ार साल की परम्परा को पहचानने में कामयाब हुए। 'हिन्दी साहित्य का इतिहास' (1929) तो उन्होंने बहुत बाद में लिखा, जिसमें 'संग्रह त्याग न बिनु पहिचाने' की नीति का अत्यन्त कठोरता से पालन किया, लेकिन उसका खाका उनके सामने बहुत पहले से तैयार पड़ा था। 1911 में प्रकाशित एक लेख है 'हिन्दी की पूर्व और वर्तमान स्थिति', जिसमें सारे उत्तर भारत की राष्ट्रभाषा पुराने समय में हिन्दी को बताया गया है।[53] बिहार में मैथिल कवि विद्यापति, जिन्होंने मैथिली के अतिरिक्त कुछ कविताएँ शुद्ध हिन्दी में रची थीं; बंगाल में भारतचन्द राय हिन्दी के कवि हुए; गुजराती नाटकों में पात्र ब्रजभाषा में बोलते थे; जम्मू में भी कुछ पद हिन्दी के प्रचलित थे; महाराष्ट्र के दरबारों में हिन्दी कवियों की बड़ी प्रतिष्ठा थी; शिवाजी भूषण के कवित्तों पर, जो उनकी प्रशस्ति में कहे गए थे, अत्यन्त मोहित थे; और सबसे बढ़कर यह कि हिन्दी के तुलसी, सूर आदि कवियों की रचनाएँ दूर-दूर तक फैलीं। मथुरा करोड़ों यात्री आते थे और वे पश्चिमी हिन्दी में बातचीत करते थे। दिल्ली, मेरठ की खड़ीबोली साहित्य की भाषा भले न थी, इसका बोलचाल की भाषा के रूप में प्रसार व्यापक था। यह तो मौलवियों ने काल्पनिक बात गढ़ ली कि शाहजहाँ के लश्कर से एक नई जबान पैदा हुई है और उसमें उन्होंने लेखन करके अपना अधिकार जमाने का प्रयास किया।[54] पूरे लेख का यह सार है।

रामचन्द्र शुक्ल द्वारा यह सांस्कृतिक-भाषायी भूगोल निर्धारण बुनियादी रूप से कितना सही है, इस पर सोचने की आवश्यकता है; लेकिन चेतना के निर्माण की दृष्टि से यह बेजान नहीं रहा है। बंगाल में थोड़ी भिन्न स्थिति रही, लेकिन जम्मू, गुजरात और महाराष्ट्र ऐसे प्रान्त हुए जिन्होंने अपनी भाषायी अस्मिता के साथ-साथ उर्दू-विमुखित हिन्दी को अपना समर्थन दिया। हिन्दुस्तानी भाषा के लिए राजनीतिक प्रयासों के बावजूद उसी भाषा-नीति को अधिकाधिक सफलता मिली, जिसका रामचन्द्र शुक्ल पोषण करने में लगे थे। चाहे वह क्षेत्र हिन्दी का हो या उससे लगा हुआ, सबके साथ यही बात देखी गई। और कहने की आवश्यकता नहीं कि यह अत्यन्त संश्लिष्ट सन्दर्भ लिए हुए था जिसमें भाषा, साहित्य, सांस्कृतिक आचार-विचार और धार्मिक दृष्टिकोण, सभी घुले मिले थे। उनमें से जिस पक्ष का आज सबसे अधिक समर्थन किया जा सकता है वह है भाषा और साहित्य को अनेक बोलियों का आधार प्रदान करना। यह काम उर्दू वाले नहीं कर सके, क्योंकि उनको हिन्दी के लोगों का 'निस्सन्देह' बोलना भी हज़म नहीं हो रहा था। लेकिन इससे अलग देखें तो रामचन्द्र शुक्ल जैसे विद्वान जिस हिन्दी का पोषण कर रहे थे, उसके लिए 'उच्च-जातीय छवि' से उबरना थोड़ा मुश्किल साबित हुआ। बोलियों से समर्थित हिन्दी के विकास की यह विडम्बना ही कही जाएगी।

मौलवी साहब से सीखी हिन्दी के विरोध के आधार पर रामचन्द्र शुक्ल को साम्प्रदायिक सिद्ध नहीं किया जा सकता। इसे भाषा और साहित्य के जातीय स्वरूप को पहचानने का ही मामला माना जाना चाहिए। रामचन्द्र शुक्ल ने 1919 में काशी हिन्दू विश्वविद्यालय में प्राध्यापन कार्य शुरू किया था। तब से लेकर 1940 तक उन्होंने अधिक से अधिक परिश्रम भाषा और साहित्य में निहित जातीय परम्परा के अन्वेषण में किया। गोस्वामी तुलसीदास (1922), भ्रमरगीतसार (1924), जायसी ग्रन्थावली की भूमिका (1924), हिन्दी साहित्य का इतिहास (1929), और कुछ आलोचनात्मक-काव्यशास्त्रीय निबन्ध ('काव्य में रहस्यवाद', 'काव्य में प्राकृतिक दृश्य', 'साधारणीकरण और व्यक्ति वैचित्र्यवाद', 'काव्य में लोकमंगल की साधनावस्था', 'रसात्मक बोध के विविध स्वरूप', 'काव्य में अभिव्यंजनावाद' आदि) अत्यन्त प्रयत्न-साधित काम हैं, और हिन्दी-विवेक के निर्माण की दृष्टि से बड़ी उपलब्धि हैं।

रामचन्द्र शुक्ल की दृष्टि मूलतः लोकवादी है, और उसके निर्माण में भक्तिकाल के साहित्य की बड़ी भूमिका है। भक्तिकाल सम्बन्धी उनकी उस धारणा की बहुत चर्चा होती रही है कि देश में मुसलमानों का राज्य प्रतिष्ठित हो जाने के बाद अपने पौरुष से हताश जाति के लिए भगवान की शक्ति और करुणा की शरण में जाने के अतिरिक्त कोई दूसरा मार्ग नहीं था।[55] यह बात 'हिन्दी साहित्य का इतिहास' में भक्तिकाल के परिचय के रूप में शुरुआती पंक्तियों में आई है, इस कारण इसपर लोगों का बहुत ध्यान गया। लेकिन 'जायसी ग्रन्थावली' की भूमिका की प्रथम उन पंक्तियों पर लोगों का कम ध्यान गया, जिनमें हिन्दू-मुसलमान की जातीय एकता की बात कही गई है :

> *सौ वर्ष पूर्व कबीरदास हिन्दू और मुसलमान दोनों के कट्टरपन को फटकार चुके थे। पंडितों और मुल्लाओं की तो नहीं कह सकते पर साधारण जनता 'राम और रहीम' की एकता मान चुकी थी। साधुओं और फकीरों को दोनों दीन के लोग आदर और मान की दृष्टि से देखते थे। साधु या फकीर भी सर्वप्रिय वे ही हो सकते थे जो भेदभाव से परे दिखाई पड़ते थे। बहुत दिनों तक एक साथ रहते रहते हिन्दू और मुसलमान एक दूसरे के सामने अपना अपना हृदय खोलने लग गए थे, जिससे मनुष्यता के सामान्य भावों के प्रवाह में मग्न होने और मग्न करने का समय आ गया था। जनता की प्रवृत्ति भेद से अभेद की ओर हो चली थी।*[56]

इस बात को जायसी से सम्बन्धित 'हिन्दी साहित्य का इतिहास' में लिखित इस वाक्य से मिला कर पढ़ा जाना चाहिए, "हिन्दू हृदय और मुसलमान हृदय आमने-सामने करके अजनबीपन मिटानेवालों में इन्हीं का नाम लेना पड़ेगा।"[57]

गोस्वामी तुलसीदास और उनके 'रामचरितमानस' से हिन्दी के जातीय विवेक का बहुत बड़ा हिस्सा जुड़ा है। तुलसीदास की जाति और वर्ण सम्बन्धी दृष्टि को निर्णायक मुद्दा न बनाएँ तो वे मानवीय करुणा और पीड़ा के सबसे बड़े कवियों में से हैं। उनकी अनुभव-सिद्ध सूक्तियों की तो बात ही निराली है। उनसे रहीम की तुलना करते हुए

रामचन्द्र शुक्ल ने लिखा है, "तुलसी के वचनों के समान रहीम के वचन भी हिन्दी भाषी भूभाग में सर्वसाधारण के मुँह पर रहते हैं। इसका कारण है जीवन की सच्ची परिस्थितियों का मार्मिक अनुभव।"[58]

जीवन की सच्ची परिस्थितियों के मार्मिक अनुभव की दृष्टि से तुलसी और रहीम एक जैसे थे। साधारण जनता भी 'राम और रहीम' की एकता बहुत हद तक मान चुकी थी। लेकिन धार्मिक परम्परा का अन्तर अन्ततः कुछ न कुछ बना ही रहा जिसके असर से अधिकांश बुद्धिजीवी भी मुक्त नहीं थे। फिर भी, जैसा कि कुछ लोग मानते हैं, रामचन्द्र शुक्ल ने हिन्दी की विरासत को एक स्पष्ट हिन्दू पहचान दी, यह बात पूरी तरह ठीक नहीं है। रामचन्द्र शुक्ल ने, हमारी समझ से, 'स्पष्ट धार्मिक पहचान' के रूप में देखे जाने से बचने का प्रयास ही ज़्यादा किया है। 'हिन्दूभाव' को उन्होंने सांस्कृतिक भाव के रूप में देखने की चेष्टा की है। 'हिन्दी की पूर्व और वर्तमान स्थिति' लेख में लिखा है, "शेख बुरहान के चेले कुतुबन और मलिक मुहम्मद जायसी ऐसे **हिन्दूभावों** से सहानुभूति रखनेवाले कवि हुसेनशाह और शेरशाह को लोकप्रिय और प्रजापालक बनाने में सहायक हुए। 15वीं शंताब्दी से देश में हिन्दी द्वारा भक्ति का जो स्रोत उमड़ा उसने सारे उत्तरीय भारत को प्रेम और शान्त रस में मग्न कर दिया (जोर मेरा)।"[59]

इसे आर. सी. मजुमदार की उस मान्यता के समान्तर पढ़ा जाना चाहिए कि 'दोनों (हिन्दुओं और मुसलमानों) के बीच कभी घनिष्ठता नहीं हो सकती।' इसके बाद ही रामचन्द्र शुक्ल के जातीय एकता सम्बन्धी विवेक का महत्त्व समझ में आ सकता है। रामविलास शर्मा ने रामचन्द्र शुक्ल पर विचार के सन्दर्भ में अँगरेज़ी राज में उत्पन्न जातीय अलगाव और जनसंस्कृति के ह्रास का सही-सही उल्लेख किया है :

> *अंग्रेज़ी राज से पहले यहाँ हिन्दुओं और मुसलमानों का साहित्य अलग नहीं है, हिन्दी और उर्दू नाम की दो साहित्यिक भाषाओं का भेद नहीं है। अंग्रेजी राज से पहले यहाँ के साहित्यिक आन्दोलनों में शूद्रवर्ण के लोग बहुत बड़ी संख्या में खिंच आये थे; फिर उनकी संख्या घटकर शून्यवत् हो गयी। लिखित साहित्य और लोक संस्कृति के बीच का फासला और बढ़ गया।* [60]

रामविलास शर्मा बिलकुल सही हैं, लेकिन अँगरेज़ी राज पर ही दोषारोपण के बजाय इसे नवजागरण के अन्तर्विरोध और सीमा के रूप में भी देखा जाना चाहिए।

रामचन्द्र शुक्ल द्विवेदी-युग की देन हैं, लेकिन उनके मुख्य साहित्यिक वैचारिक अवदान बाद के हैं। वह कविता में छायावाद का युग है और गद्य में प्रेमचन्द का। तीसरे-चौथे दशक में हिन्दी के सबसे बड़े लेखक रामचन्द्र शुक्ल, जयशंकर प्रसाद, निराला और प्रेमचन्द हैं। रामविलास शर्मा ने द्विवेदी-युग के बाद नवजागरण से सबसे गहरा सम्बन्ध निराला से जोड़ते हुए लिखा है, "निराला ने अंग्रेजी राज, जमींदारी प्रथा, किसान आन्दोलन, वर्णाश्रम धर्म, नारी की पराधीनता, भाषा की समस्या, आदि-आदि पर जो कुछ लिखा है, उस पर ध्यान दीजिए तो पता चलेगा कि हिन्दी नवजागरण के सन्दर्भ में निराला का यह लेखन महावीरप्रसाद द्विवेदी के ही कार्य की अगली कड़ी है।"[61]

उपर्युक्त आधारों पर निराला ही क्यों, प्रेमचन्द क्यों नहीं? प्रेमचन्द के कार्यक्षेत्र को निराला के खाते में डाल देना और निराला के रहस्यवाद पर मौन साध लेना, यह ज़रा कम ही समझ में आने वाली बात है। उसी तरह, भारतीय संस्कृति की परख की जब बात होगी तो उस दृष्टि से जयशंकर प्रसाद निराला से बीस ही ठहरेंगे।

भारतीय संस्कृति एक नहीं है—अथवा एकांगी नहीं है, और मुसलमान उसकी धारा से अलग नहीं रहे हैं, इसे जयशंकर प्रसाद ने एक दिलचस्प उदाहरण से समझाने की चेष्टा की है। जहाँगीर ने एक कव्वाल को पिटवा दिया था। कव्वाल का गुनाह इतना था कि वह खुसरो के उन पद्यों को गा रहा था जिसमें नायिका (खंडिता) का अपने प्रेमी के प्रति उलाहना (उपालम्भ) था। जहाँगीर ने उसे प्रेमिका के प्रति समझने की भूल की। एक मौलाना को आगे बढ़कर समझाना पड़ा कि खुसरो भारतीय कवि हैं, और इसमें भारतीय रुचि के अनुरूप स्त्री का पुरुष के प्रति उलाहना है। 'यह रुचि-भेद सांस्कृतिक है',[62] और खुसरो मुसलमान जरूर थे लेकिन संस्कृति के धरातल पर भारतीय थे। दूसरी बात प्रसाद ने जोड़ी कि भारतीय संस्कृति में विरह स्त्री की प्रकृति है, लेकिन कालिदास के यहाँ अज और यक्ष भी विरही रहे हैं। दोनों उदाहरणों को रखने के बाद उन्होंने यह टिप्पणी की है :

> *इस प्रकार काल-चक्र के महान् प्रत्यावर्तनों से पूर्ण भारतीय वाङ्मय की सुरुचि सम्बन्धी विचित्रताओं के निदर्शन बहुत-से मिलेंगे। उन्हें बिना देखे ही अत्यन्त शीघ्रता में आजकल अमुक वस्तु अभारतीय है अथवा भारतीय संस्कृति सुरुचि के विरुद्ध है, कह देने की परिपाटी चल पड़ी है।*[63]

छायावाद की सांस्कृतिक चेतना द्विवेदी युग की तुलना में जटिल है। छायावादी कवि संश्लिष्ट राष्ट्रीय भावबोध की दृष्टि से द्विवेदी युग से बहुत आगे के ठहरते हैं। 'बीती विभावरी जाग री' (जयशंकर प्रसाद) को स्वाधीनता आन्दोलन के जमाने में प्रभात फेरी में गाया जाता था, जिसके बिम्बों में प्रत्यक्षतः स्वाधीनता का सन्देश कहीं से नहीं है। उसी तरह सुमित्रानन्दन पन्त की कविता 'प्रथम रश्मि का आना रंगिणी' है, या फिर निराला की 'गर्जन से भर दो वन' आदि अनेक कविताएँ हैं, जिनकी उच्चत्तर काव्य भाषा में स्वतन्त्रता और सुन्दर भविष्य की चेतना ध्वनित होती है। पराधीनता की पीड़ा के बहाने स्वाधीनता-बोध अगर खोजें तो उसमें निराला सबसे आगे ठहरते हैं। बहरहाल, यह साहित्यिक समालोचना के लिए एक बड़ा प्रसंग है। यहाँ जो बात बहुत जोर देकर कही जा सकती है वह यह कि छायावादी रचनाओं में आवेग और अहं से उत्पन्न लय के भीतर स्वतन्त्रता-बोध और राष्ट्रीय चेतना का बहुत बड़ा क्षेत्र तैयार हुआ, जिसे कूटार्थ के सहारे ही समझा जा सकता है। उदाहरण के लिए, जब 'तुलसीदास' कविता में निराला लिखते हैं 'उर के आसन पर शिरस्त्राण/शासन करते हैं मुसलमान' तो ऐतिहासिक-सन्दर्भ से उसका अलग अर्थ निराला-युग में आकर खुलता है—'मुसलमान' अँगरेज़ के अर्थ में बदल जाता है। उसी तरह प्रसाद के नाटकों की बात करें तो 'स्कन्दगुप्त' और 'चन्द्रगुप्त' आदि में अतीत की घटनाएँ वर्तमान राष्ट्रीय चेतना के

कैनवास पर ही घटित होती दिखाई पड़ती हैं। 'चन्द्रगुप्त' का गीत 'हिमाद्रि तुंग शृंग से' में तो राष्ट्रीय वन्दना अद्‌भुत ध्वन्यात्मक ऊँचाई पर मुखरित होती है।

छायावादी कवियों ने राष्ट्रीय उद्‌बोधन की कविताएँ लिखीं, लेकिन इससे अधिक उनका महत्त्व राष्ट्र को पहचानने में है। वे राष्ट्र की बनी-बनाई अवधारणा के आधार पर पद्य गढ़ने के बजाय काव्य का ऐसा स्वतन्त्र क्षेत्र तैयार करते हैं जिसमें राष्ट्र की उत्कट पहचान उभरती है। चाहे वह प्रसाद की 'कामायनी' हो, या निराला की 'तुलसीदास', 'राम की शक्तिपूजा', 'यमुना के प्रति' आदि, या पन्त की 'परिवर्तन' और 'ग्राम्या' आदि की कविताएँ, उनमें राष्ट्र का वही अर्थ नहीं जो राजनीति के द्वारा दिया जाता है। साहित्य की ओर से दिया गया राष्ट्र जाति, धर्म आदि से जुड़े विग्रहों से रहित भले न हो, एकता का सबसे विस्तृत मार्ग उसी में होता है। यह इसलिए कि साहित्य का मनुष्य कुछ और ही होता है। यह समझ थी छायावाद में। निराला के शब्दों में साहित्य में 'सूक्ष्मतम आध्यात्मिक, दार्शनिक, बृहत्तर रूप से भी देखने वाली दृष्टि प्रसरित है।'[64] इस दृष्टि को आधार बनाकर उन्होंने 1939 में नेहरू को कहा था : "एक हिन्दू-मुस्लिम समस्या को ही लीजिए। मैं समझता हूँ, इसका हल हिन्दी के नये साहित्य में जितना सही पाया जाएगा, राजनीतिक साहित्य में नहीं। इसका कारण है, राजनीति प्रभावित है पश्चिम से; साहित्य मौलिकता से पनपता है।"[65]

हिन्दी नवजागरण से जिस रहस्यवाद को रामविलास शर्मा ने अलगाने की कोशिश की है, उसी के सहारे निराला जातीय समस्या का हल पाना चाहते हैं।

बहरहाल, छायावाद में हिन्दू-पुनरुत्थान की भावना बहुत है, जिसे पूरी तरह 'बाहरी रूप' (जैसा कि नामवर सिंह ने निराला की कविता 'छत्रपति शिवाजी का पत्र' पर विचार के क्रम में माना है)[66] कह कर नहीं टाला जा सकता। छायावाद की भाषा भी बोलचाल की भाषा से कुछ ज़्यादा दूर चली गई है। लेकिन इन बातों से ऊपर 'अपनी भाषा और अपनी श्रेष्ठता' के ज्ञान में छायावाद सबसे बढ़कर है। इसे रामविलास शर्मा ने निराला के सन्दर्भ में सबसे बेहतर ढंग से समझा है।[67]

यथार्थ के धरातल पर हिन्दी में राष्ट्रीय चेतना को रंग देने में प्रेमचन्द सबसे आगे हैं। पता नहीं उन्हें रामविलास शर्मा ने हिन्दी नवजागरण की मुख्य धारा में रखने की जरूरत क्यों नहीं समझी। हम यह भी नहीं कह सकते कि उन्हें इसका अवसर ही नहीं मिला। 'भारतीय संस्कृति और हिन्दी-प्रदेश' में भारतेन्दु, रवीन्द्रनाथ, सुब्रह्मण्य भारती और निराला पर विस्तृत अध्ययन हैं, उसके बाद 'आज का भारत और कल का इतिहास' जैसा विस्तृत अध्याय है जिसमें स्वाधीनता आन्दोलन के समय की उन सभी समस्याओं की चर्चा है जिसके प्रेमचन्द हिन्दी में सबसे बड़े लेखक हैं। 1952 में 'प्रेमचन्द और उनका युग' की भूमिका में उन्होंने लिखा था, "तुलसीदास के बाद यह (प्रेमचन्द) पहला इतना बड़ा कलाकार पैदा हुआ था जिसकी रचनाएँ अपनी ही भाषा के क्षेत्र में नहीं, सुदूर दक्षिण के गाँवों में पहुँच गई थीं।"[68] इस दृष्टि से हिन्दी नवजागरण के प्रसंग में उनकी नज़र प्रेमचन्द पर जरूर जानी चाहिए थी।

प्रेमचन्द वर्तमान भारत की समस्याओं के लेखक थे। उन्होंने हिन्दी समुदाय की कठिनाइयों और अन्तर्विरोधों को गहराई में जाकर देखा था। उनमें से अधिकांश बातें स्वाधीनता के बाद और भी विकराल रूप ले चुकी हैं। इस बात के अहसास के साथ 1993 में उक्त पुस्तक के नए संस्करण (पहला छात्र संस्करण) की भूमिका में रामविलास शर्मा ने लिखा है :

> *प्रेमचन्द भारतीय समाज के लिए सदा प्रासंगिक रहे हैं पर पिछले दिनों उनकी प्रासंगिकता और बढ़ गयी है। हमारा समाज आगे बढ़ने के बदले पीछे जा रहा है। जिस पिछड़ेपन के विरुद्ध प्रेमचन्द ने संघर्ष किया था, वह विशेष रूप से हिन्दी प्रदेश में सघन हो गया है। आर्थिक स्तर पर जनता की गरीबी अपनी जगह है, राजनीतिक स्तर पर देश के विघटन की समस्या और तीव्र हो गयी है। सांस्कृतिक स्तर पर द्विज और शूद्र का भेद, हिन्दू और मुसलमान का भेद, और बढ़ा है। पुराने भेदों में इजाफा हुआ है हिन्दू और सिख के भेद का। धार्मिक अन्धविश्वासों को उभारने में, बड़े पैमाने पर हत्याकाण्ड रचाने में, जनता को तरह-तरह से आतंकित करने में 1992 और 93 के वर्षों ने पुराने सभी युगों को पीछे छोड़ दिया है।*[69]

प्रेमचन्द की प्रासंगिकता पर विचार से राष्ट्रीय आन्दोलन के समय की संघटनात्मक-विघटनात्मक जटिल अन्तःक्रिया और उसके वर्तमान चिन्तनीय परिणाम से साक्षात्कार का अवसर मिलता है। लेकिन इससे आगे प्रेमचन्द की प्रासंगिकता दोहरी है, जैसे गांधी जी की प्रासंगिकता दोहरी है। यानी प्रासंगिकता की दृष्टि से गांधी जी का अपना एक सन्दर्भ है, वहीं उनके आलोचक वर्ग का भी एक सन्दर्भ है, जो नई परिस्थितियों में उनके विरुद्ध मुखर होता रहता है। उसी तरह, प्रेमचन्द के जरिए जहाँ राष्ट्रीय समुदायों के आपसी टकरावों और एकता की समस्या पर मूलगामी अध्ययन प्रणाली के अन्तर्गत हमारा ध्यान जाता है, वहीं कुछ लोगों के विखंडनात्मक वर्गबोध के द्वारा प्रेमचन्द की प्रासंगिकता को चनौती भी मिलती रही है। हिन्दू धर्म में एक वर्ग उभरकर सामने आया जिसे लगता है कि प्रेमचन्द ने ब्राह्मण-द्वेषी के रूप में हिन्दू मान्यताओं के साथ अन्याय किया है। दलितों का एक वर्ग सामने आया है जो उन्हें दलित-विरोधी सामन्ती और जातिवादी छवि प्रदान करने में लगा है। बदलते हुए समाज में 'पाठ' का 'अर्थ' बदलता ही रहता है। लेकिन इस समय प्रेमचन्द की जैसी व्याख्याएँ हो रही हैं, उनमें वर्तमान सत्ता-वर्चस्व के मनोविज्ञान से उत्पन्न टकराव की ध्वनि ही अधिक है।

जहाँ बात इस बिन्दु पर पहुँच गई हो, जैसा कि दलित आलोचक डॉ. धर्मवीर ने लिखा है, 'दलितों का लिखा हुआ साहित्य प्रेमचन्द के साहित्य की काट है, उस पर रोक है, उसका क्रमिक विकास नहीं,[70] वहाँ दूसरे नवजागरण की आवश्यकता स्वयंसिद्ध है।'

आज से चार दशक पहले कन्नड़ साहित्य के सन्दर्भ में अनंतमूर्ति ने कहा था, "शूद्र के अनुभव में मिट्टी की बास है, लेकिन वह पैनी बुद्धिशक्ति और कुशलता जाग्रत नहीं हुई है।"[71] इन चार दशकों में हिन्दी में यदि बुद्धिशक्ति और कुशलता जाग्रत भी

हुई है तो उसे डॉ. धर्मवीर नष्ट करके मानेंगे। यह अच्छी बात है कि दलित साहित्य में 'मिट्टी की बास' के साथ-साथ उत्ताप बढ़ा है। यह 'उत्ताप' ही आज के साहित्य का बड़ा रूपक हो सकता है। लेकिन परम्परा को पूरी तरह सामन्ती मानकर उसे काटने और रोकने से उत्ताप ज्ञान-ऊर्जाविहीन उत्पात-मात्र रह जाएगा। ऐसा पहले भी थोड़ा-बहुत प्रगतिवादी साहित्य में और उससे ज़्यादा नक्सली साहित्य में हो चुका है।

रामविलास शर्मा ने हिन्दी नवजागरण को छायावाद पर लाकर छोड़ दिया है। इस बात की ओर ध्यान दिलाते हुए मैनेजर पांडेय ने प्रश्न किया है, "क्या प्रगतिवाद का हिन्दी नवजागरण से कोई सम्बन्ध नहीं था?"[72] प्रगतिवाद का सम्बन्ध समाजवादी विचारधारा से रहा है। रामविलास शर्मा ने अपने हिसाब से सही समझा है, "उसमें (नवजागरण में) समाजवादी विचारधारा मुख्य नहीं होती, वो गौण भूमिका निभा सकती है।"[73] यानी समाजवादी विचारधारा, जो वर्ग की अवधारणा से जुड़ी होती है, की परिधि में जातीय चेतना और राष्ट्रीय अस्मिता का प्रश्न गौण हो जाता है। यह राष्ट्रवाद से सम्बन्धित मार्क्सवादी दृष्टिकोण का मामला है। इसे गाँठ में बाँधने के कारण ही पूर्वी यूरोप की समाजवादी विचारधारा वाली सत्ता को राष्ट्रवादियों के द्वारा पराजय का शिकार होना पड़ा। जहाँ तक प्रगतिवाद की बात है, खुद मैनेजर पांडेय उसे अखिल भारतीय सांस्कृतिक आन्दोलन मानते हैं, वैसे में उसे हिन्दी सन्दर्भ तक सीमित करना ठीक भी नहीं है। लेकिन बात यहीं तक सीमित नहीं है। रामविलास शर्मा जैसे लेखकों के द्वारा परम्परा के प्रश्न को अत्यन्त महत्त्वपूर्ण बनाए जाने के बावजूद जातीय सांस्कृतिक अस्मिता की दृष्टि से प्रगतिशील साहित्य को वही गौरव प्राप्त नहीं हुआ जो द्विवेदी युगीन लेखकों और छायावादी कवियों को था। रामविलास शर्मा खुद मानते हैं कि वामपन्थियों की जातीय चेतना कमजोर रही है। यह एक ऐसी कमज़ोरी है जिसके कारण तमाम सेकुलरवाद के बावजूद उनकी लोक-सम्पृक्ति क्षीण रही। दूसरी ओर सम्प्रदायवाद, जाति-विरादरीवाद आदि के मार्ग विस्तृत ही होते रहे। इसके काट के रूप में रामविलास शर्मा ने हिन्दी जाति की संस्कृति के लिए संघर्ष का प्रस्ताव रखा।[74] यानी फिर से नवजागरण!

प्रस्ताव सही है। लेकिन इतिहास की हर अवस्था संक्रमण काल होती है, और जिसमें वैकल्पिक अधिरचना के प्रस्ताव यूटोपिया के रूप में आते रहते हैं। इतिहास उसी प्रस्ताव पर चल पाता तो बात ही क्या थी! इसलिए हिन्दी जाति की संस्कृतिक उन्नति की दिशा में कुछ घटित भी हो जाए, तो भी यह ठीक-ठीक बता पाना आसान नहीं होगा कि उसकी व्यापक भारतीय परिप्रेक्ष्य में क्या भूमिका होगी।

राष्ट्र का वर्तमान और हिन्दी समुदाय

मेरे जीवन का मुख्य लक्ष्य हिन्दी-भाषी जनता को ऊपर उठाना है। उसे जाग्रत करना है, उसके ज्ञान को समृद्ध करना है। इसी के साथ स्वयं को शिक्षित करना है।

—रामविलास शर्मा

स्वाधीन भारत की पचास वर्षों की कहानी क्या कहती है?—अमर्त्य सेन ने इसे रवीन्द्रनाथ ठाकुर की आँखों से देखने के शिल्प में बयान किया है। रवीन्द्रनाथ को वर्तमान भारत में व्याप्त निरक्षरता को देखकर शायद कोई धक्का नहीं पहुँचता। इसे वे राष्ट्रवादी नेताओं के विश्वासघात के रूप में देखते। उनके कटघरे में नेहरू भी होते जिन्होंने स्वाधीनता की पूर्व-संध्या पर शिक्षा के मसले पर भारत की जनता को बढ़-चढ़कर विश्वास दिलाया था।

वस्तुतः व्यापक जनता की शिक्षा के प्रति स्वतन्त्र भारत का नेतृत्वकारी राजनीतिक वर्ग उतना ही उदासीन बना रहा जितना अँगरेज़ शासक हुआ करते थे। अमर्त्य सेन ने ठीक कहा कि वर्तमान भारत में व्याप्त निरक्षरता को रवीन्द्रनाथ न केवल शिक्षा का मामला मानते, बल्कि इसे आर्थिक विकास की बाधा के रूप में देखते।[1] इसमें जोड़ा जाना चाहिए कि भारत के लोगों में स्वाधीनता आन्दोलन के दौर में एक सूत्र में बँधने की जो प्रबल इच्छा विकसित हुई थी, रवीन्द्रनाथ उसमें आए अभाव का मुख्य दोषी इस निरक्षरता को मानते। और निरक्षरता को बनाए रखने में, जिसका संकेत अमर्त्य सेन की पुस्तक में भी है, ऊँची जातियों के वर्चस्व की मुख्य भूमिका रही है। पूरे देश में केरल अपवाद है, जहाँ ऊँची जाति-विरोधी आन्दोलन के कारण शैक्षणिक वातावरण समतावादी बन सका।

यह आकस्मिक नहीं है कि साक्षरता के प्रश्न पर हिन्दी में सबसे अधिक चिन्ता करनेवालों में रामविलास शर्मा हैं। इस बात को अकसर उन्होंने दुहराया कि साक्षरता के बिना जातीय चेतना का विकास सम्भव नहीं। इसलिए साहित्यिक योगदान के लिए मिलने वाले पुरस्कारों की राशि उन्होंने यह कह कर लौटाई कि इसे हिन्दीभाषी इलाके में निरक्षता खत्म करने पर खर्च किया जाना चाहिए।[2] रवीन्द्रनाथ का झुकाव मुख्यतः बच्चों की शिक्षा की तरफ था। स्वाधीनता के बाद ठीक उलटा हुआ। शासक वर्ग का

ज़्यादा जोर उच्च शिक्षा पर रहा जिसका लाभ उच्च वर्ग को स्वभावतः अधिक मिला। और कहने की आवश्यकता नहीं कि इसी वर्ग ने अपने हित की रक्षा के लिए जातिवाद और सम्प्रदायवाद को बढ़ावा दिया। रामविलास शर्मा ने इस तथ्य का उल्लेख करते हुए एक बातचीत में क्षोभ प्रकट करते हुए कहा, "शिक्षा केवल उच्च वर्ग के लिए नहीं है। उच्च मध्यवर्ग के लिए नहीं है। नीचे से आने वाले लगुओं-भगुओं को आगे बढ़ाने के लिए नहीं है। यह आम जनता के लिए है। आम जनता जब तक निरक्षर रहेगी, देश आगे नहीं बढ़ सकता।"[3]

आम जनता की शिक्षा का गहरा सम्बन्ध मातृभाषा में शिक्षा से है। रवीन्द्रनाथ ने माना था कि शिक्षा-माध्यम मुख्य रूप से मातृभाषा हो, यह केवल शिक्षा के प्रसार की दृष्टि से ही नहीं बल्कि शिक्षा और जीवन में सामंजस्य की दृष्टि से भी ज़रूरी है। वर्तमान भारत की दुर्दशा को देखते हुए अमर्त्य सेन ने ठीक ही रवीन्द्रनाथ को याद किया है। बंगाल में ईश्वरचन्द्र विद्यासागर और बंकिमचन्द्र के बाद इस क्षेत्र में उन्होंने सबसे अधिक सोचा और किया था। हिन्दी समुदाय के साहित्यिक-बौद्धिक वर्ग की भूमिका भी इस दृष्टि से नज़रअन्दाज़ किए जाने के काबिल नहीं है। यह अलग बात है कि हिन्दी में विद्यासागर की तरह समर्पित और रवीन्द्रनाथ के बौद्धिक पाए की बराबरी करनेवाला कोई नहीं हुआ हो।

शिक्षा की वर्तमान दशा को भारतेन्दु, महावीरप्रसाद द्विवेदी, प्रेमचन्द, रामचन्द्र शुक्ल और निराला की आँखों से देखें तो ?

हिन्दी-समर्पित इन सभी साहित्यिक बुद्धिजीवियों को हिन्दी की दशा देखकर शायद कोई धक्का नहीं पहुँचता, क्योंकि हिन्दी प्रदेश में आम जन के बच्चे इसी भाषा में शिक्षा ग्रहण करते हैं। हिन्दी के राष्ट्रभाषा न बनने का थोड़ा दुख जरूर होता। भारतेन्दु पाठ्य-पुस्तकों को लेकर ज़्यादा दुखी हो सकते थे। हंटर कमीशन वाले वक्तव्य में इस बात पर उन्होंने अफसोस प्रकट किया था कि कक्षा का प्रत्येक छात्र अपनी अलग पुस्तक पढ़ता था।[4] आज उन्हें यह देखकर विचित्र लगता कि प्रत्येक नई सरकार अपनी अलग पाठ्य-पुस्तक पढ़वाना चाहती है।

महावीरप्रसाद द्विवेदी ने 'सम्पत्तिशास्त्र' में इच्छा व्यक्त की थी कि कारख़ानों में काम करनेवाले निम्न पदस्थ कारीगर भी शिक्षित हों। उनके लिए कारीगरी सीखने के स्कूल होने चाहिए और उन्हें लिखना-पढ़ना भी आना चाहिए। वे गणित विषय की भी जानकारी रखें।[5] भारत आज भी अकुशल कारीगरों का सबसे बड़ा कारख़ाना है, और पढ़ना-लिखना भी बहुत कम लोगों को आता है। यह देखकर वे अमर्त्य सेन के समान ही दुखी होते।

प्रेमचन्द ने 1933 में संयुक्त प्रान्त में शिक्षा के प्रसार का जायजा लिया था।[6] लिंग, स्थान और धर्म के आधार पर उसमें साक्षरता का आँकड़ा पेश किया गया है। मुख्य बात उसमें यह चिह्नित की गई थी कि 1911 में जहाँ कुल शिक्षितों की संख्या सोलह लाख बीस हजार थी, वह 1931 में बीस साल के अनन्तर मात्र बाइस लाख साठ हजार

के आँकड़े को छू पाई। देश की आबादी आज आसमान को छू चुकी है, लेकिन साक्षरता-दर में, विशेषकर हिन्दी प्रदेशों में, वृद्धि की गति ज़्यादा नहीं बढ़ी है। दूसरी ओर देश के बड़े शिक्षण संस्थान बहुराष्ट्रीय कम्पनियों के लिए 'ब्रेन ड्रेनिंग' का कारखाना हो गए हैं। प्रेमचन्द जोर देकर कहते थे–'बच्चों को स्वाधीन बनाओ' (एक लेख का शीर्षक)। उन्हें इस स्वातन्त्र्योत्तर पराधीनता को देखकर कुछ ज़्यादा ही दुख होता।

साक्षरता के सवाल पर निराला की दृष्टि सबसे क्रान्तिकारी है। 'बेला' की एक बहुचर्चित कविता है 'जल्द जल्द पैर बढ़ाओ', जिसकी प्रारम्भिक पंक्तियाँ हैं :

आज अमीरों की हवेली
किसानों की होगी पाठशाला,
धोबी, पासी, चमार, तेली
एक पाठ पढ़ेंगे, टाट बिछाओ

अमीरों की हवेली में न सही, आज वैसी पाठशालाएँ हैं जिनमें सभी जातियों के बच्चे पढ़ते हैं। लेकिन क्या ऐसे पाठ के लिए ज़मीन तैयार हो पाई है जो इस कविता के अन्त में है?

सारी सम्पत्ति देश की हो,
सारी आपत्ति देश की बने,
जनता जातीय वेश की हो...[7]

रामचन्द्र शुक्ल काशी हिन्दू विश्वविद्यालय में आने से पहले मिशन स्कूल में कुछ दिन ड्राइंग प्राध्यापक रहे थे, उसके बाद 'हिन्दी शब्दसागर' के सम्पादन का कार्य किया था। आलोचनात्मक लेखन के अतिरिक्त प्राध्यापन और हिन्दी विषय की शिक्षण-सामग्री तैयार करना उनका मुख्य कार्य-क्षेत्र था। अब बहुत कम लोगों को याद होगा कि उन्होंने 1932 में स्कूली शिक्षा के लिए 'हिन्दी साहित्य' नाम से एक रीडर तैयार किया था। उसकी भूमिका में लिखा है, 'यह पुस्तक बालकों को हिन्दी-साहित्य का मार्ग दिखाने के लिए उपयोगी सिद्ध होगी।' इस रूप में वह बहुत दिनों तक उपयोगी रही भी थी। रीडर आज भी बनते हैं। उसके लिए राष्ट्रीय शैक्षिक अनुसन्धान और प्रशिक्षण परिषद् में खूब बैठकें और कार्यशालाएँ आयोजित होती हैं। इस काम को इतनी गम्भीरता से लिया जाता है जैसे थोड़ी चूक हुई तो अगली बार सरकार इसी कारण जाएगी। ये बात ख़ास तौर पर इतिहास और साहित्य के पाठ्यक्रमों को लेकर होती है। सभी सरकारों को हक़ है कि वह अपनी विचारधारा से नई पीढ़ी को अवगत कराएँ। इस बारे में हमें यहाँ कुछ नहीं कहना है। प्रश्न यह है कि इतिहास और साहित्य पढ़ने के लिए स्कूलों में छात्र कितने बच गये हैं? साहित्य की दशा तो सबसे दयनीय है। केन्द्रीय पाठ्यक्रम से सम्बद्ध बड़े स्कूलों में पाँच-सात सेक्सन होते हैं, उनमें से हिन्दी विषय पढ़ने वाले विद्यार्थी मुश्किल से होते हैं पन्द्रह-बीस। रामचन्द्र शुक्ल जब यह दशा देखते तो भौचक्के नहीं होते। इसे वे अपनी असफलता के रूप में ही अधिक देखते। सबसे विचित्र अनुभव तो उन्हें विश्वविद्यालयों में हिन्दी की दशा देखकर होता। नामवर सिंह[8] की भाषा में कहें

तो उन्हें जो ज्ञान तब प्राप्त नहीं हुआ था, अब प्राप्त हो जाता—विश्वविद्यालयों में साहित्य से साहित्य को कैसे अलग कर दिया जाता है!

रामचन्द्र शुक्ल या महावीरप्रसाद द्विवेदी यह देखकर प्रसन्न होते कि हिन्दी में साहित्य खूब लिखा जा रहा है। यह देखकर दुखी होते कि हिन्दी विज्ञान, दर्शन, इतिहास, शोध और व्यापार की भाषा नहीं है। रामविलास शर्मा ने दर्शन, इतिहास सब किया, लेकिन उसे माना गया हिन्दी का साहित्य। साहित्यकार के द्वारा लिखा गया इतिहास, साहित्यकार के द्वारा लिखा गया दर्शन—यही माना जाता है हिन्दी में इन विषयों पर लिखे को। इस स्तर पर, किशन पटनायक ने ठीक कहा है, हिन्दी भाषा नहीं बोली है।[9]

रामचन्द्र शुक्ल चाहते थे हिन्दी का अपना विवेक हो, उसका अपना अन्दाज़ हो। वह बंगला या अँगरेज़ी के बनाए मार्ग पर न चले। उन्होंने 1939 में हिन्दी साहित्य सम्मेलन में दिए अपने भाषण में हिन्दी पर बंगला और अँगरेज़ी के प्रभाव को बुरा मानते हुए यह विश्वास व्यक्त किया था, "देश की स्वतन्त्रता के साथ-साथ हमारे साहित्य को भी विदेशी आधिपत्य से स्वतन्त्रता प्राप्त हो जाएगी...।"[10] साहित्य के प्रति इस विश्वास में निहित था कि हिन्दी प्रदेश के लोग दूसरों के सांस्कृतिक आधिपत्य से मुक्त होंगे, उनकी अपनी सांस्कृतिक अस्मिता होगी—यानी हिन्दी अस्मिता।

रामविलास शर्मा ने परवर्ती लेखन में इस विषय पर बहुत काम किया है। हिन्दी-भाषी लोगों के लिए वह गौरव और प्रेरणा का विषय है। लेकिन हिन्दी अस्मिता कैसे तैयार हो?—समाधान के स्तर पर, एकता के अनेक सांस्कृतिक चिह्नों की पहचान के बावजूद, रामविलास शर्मा स्थूलीकरण का शिकार होते हैं। इस बात पर जोर देने लगते हैं कि हिन्दी भाषा-भाषी सभी प्रान्तों को एक हो जाना चाहिए, उनकी विधान-सभाएँ एक हो जानी चाहिए, आदि। हमारी समझ से यह कोई हल नहीं है। क्या संयुक्त परिवार होने से एकता भी रहती है? बिना संयुक्त परिवार के भी लोगों में 'हम' का भाव रह सकता है, और शायद ज़्यादा ही रहता हो।

अस्मिता का प्रश्न सांस्कृतिक विवेक के प्रश्न से जुड़ा है। सांस्कृतिक विवेक के धरातल पर जुड़ाव न हो तो पूरी पृथ्वी की विधानसभाओं को एक करने से भी कुछ नहीं होगा, हमारी समझ से उसके बिना लोकतन्त्र भी कुछ काम नहीं आएगा।

अमर्त्य सेन ने लिखा है कि रवीन्द्रनाथ को भारत में लोकतन्त्र जीवित देखकर कुछ सन्तोष होता। तुलनात्मक रूप से यहाँ प्रेस की स्वतन्त्रता है, राजनीति में 'मानसिक स्वतन्त्रता' को बनाए रखा गया है, आदि। प्रसिद्ध इतिहासकार ई.पी. थाम्पसन के द्वारा, जिनके पिता एडवर्ड थाम्पसन ने रवीन्द्रनाथ की जीवनी लिखी है, भारत का वह अवलोकन उन्हें प्रसन्न करता जिसमें कहा गया है कि इस देश के समाज में हिन्दू, मुस्लिम, ईसाई, सेकुलर सबके लिए गुंजाइश है। स्तालिनवादी, उदारवादी, माओवादी, लोकतान्त्रिक समाजवादी, गांधीवादी सबके लिए जगह है। पश्चिम या पूर्व में कोई ऐसा विचार नहीं है जो कुछ भारतीय मस्तिष्कों में सक्रिय न रहता हो।[11]

रवीन्द्रनाथ उपर्युक्त बातों से प्रसन्न होते तो उसका कारण उनकी सार्वभौमिक

मानवता की धारणा में निहित है। इसे ई. पी. थाम्पसन ने नव-हेगेलवादी दृष्टि के अधीन रखकर देखा है :

> *विभिन्न ऐतिहासिक संस्कृतियाँ, कलाएँ, धर्म, दर्शन, संहिताएँ, नस्ल-चेतना मानवता अथवा परम आदर्श की आंशिक अवस्थाएँ या विभिन्न चरण नहीं हैं; ये विकासमान पूर्णत्व हैं और सार्वभौमिक मानवता के मूल तत्त्व को पूर्ण से कुछ कम या ज़्यादा, विशुद्ध से कुछ कम या ज़्यादा को अभिव्यक्त करती हैं।* [12]

रवीन्द्रनाथ की सार्वभौमिक मानवता को लेकर, जिसमें 'विकासमान पूर्णत्व' का आग्रह है, हजारीप्रसाद द्विवेदी शान्तिनिकेतन से हिन्दी प्रदेश लौटे थे। उन्होंने देश, जाति और भाषा को सुन्दर विकास के रूप में देखा था। हिन्दी समुदाय और भाषा की उन जैसी अनुभूति मुश्किल से ही किसी में हो। उनके एक निबन्ध का प्रारम्भ बंगाल से दिल्ली तक की रेलयात्रा के इस अनुभव से होता है :

> *...मैं बोलपुर से दिल्ली के लिए रवाना हुआ तो मेरे मन में कोई स्पष्ट धारणा न थी कि मैं किस कार्य के लिए जा रहा हूँ। मुग़लसराय तक की यात्रा तो रात में ही समाप्त हो गई। दिन खुलने के साथ ही साथ हमारी ट्रेन उस प्रदेश के वायुमंडल को प्रकम्पित करती हुई आगे बढ़ने लगी, जिसे हिन्दी भाषा का मर्मस्थान कहा जा सकता है। 35 मील प्रति घंटे के वेग से ट्रेन भागती ही गई, भागती ही गई; परन्तु इस मर्मस्थलीय प्रदेश का कहीं ओर-छोर न मिला। रास्ते में एक ढेला भी इस विराट् मैदान के बीच इस प्रकार स्थित नहीं दिखाई पड़ा, जो हमारी ट्रेन का रास्ता रोकता। इस थका देनेवाली एकता और व्याकुल कर देनेवाली एकधृष्टता का प्रभाव जरूर मेरे मस्तिष्क पर पड़ता रहा होगा।* [13]

यह 'थका देनेवाली एकता और व्याकुल कर देनेवाली एकधृष्टता' उत्तरप्रदेश से गुजरने के अनुभव तक सीमित है, जिसे पूरे हिन्दी-भाषी विस्तार पर लागू किया जा सकता है। इस एकता का सम्बंध सांस्कृतिक विवेक से है, जो अपने विस्तार में सार्वभौमिकता की दिशा में बढ़नेवाली है—एक विकासमान तथ्य है। इसे मात्र लोकतन्त्र लागू करने और बहुमत की राय को सर्वमान्य करने की बाध्यता से नहीं पाया जा सकता। लोक-व्यापक स्तर पर इसे सामाजिक-सांस्कृतिक संरचना के पुनर्गठन के द्वारा ही उपलब्ध किया जा सकता है।

सामाजिक पुनर्गठन का अर्थ है भौतिक प्रगति, आर्थिक सुधार, राजनीतिक प्रक्रिया को ठीक करने का काम। सांस्कृतिक पुनर्गठन इस 'अर्थ' का अर्थ है—योगफल। यह जटिल है। हिन्दी समुदाय की वर्तमान दशा देखते हुए इस मामले में रण शुरू करने से पहले हारने की इच्छा पैदा हो सकती है। सभी प्रकार के पिछड़ेपन का गढ़ बन गया है हिन्दी-क्षेत्र। पड़ोसी इसे नीची नज़रों से देखते हैं। लेकिन वे यह नहीं देखते कि हिन्दी-क्षेत्र के बिना भारत भी नहीं है। इस दृष्टि से उन्हें आगे बढ़कर हिन्दी क्षेत्र को ऊपर उठाने में लगना चाहिए था।

19वीं शताब्दी के राष्ट्रवाद की जो भी सीमाएँ रही हों, उसी की यह विशेषता थी

कि एक क्षेत्र के लोग दूसरे क्षेत्र के उत्थान में लगते थे। इस तरह देखें तो हिन्दी क्षेत्र के उत्थान की समस्या अकेले उसकी नहीं है, पूरे देश की है। लेकिन देश के अन्य प्रदेशों को डर लगता है कि हिन्दी-क्षेत्र आगे बढ़ेगा तो देश पर उसी का राज चलने लगेगा। यह भावना निर्मूल है। स्वाधीनता के बाद कुछ वर्षों तक भारतीय राजनीति में उत्तरप्रदेश का थोड़ा वर्चस्व रहा, जो अब बिलकुल नहीं है। आज कोई किसी पर बाघ बनकर नहीं बैठा है। राजनीति में कोई वैसी विचारधारा नहीं उभर सकी जो लोकतन्त्र के विरोध का साहस रखती हो। कुछ वैसी संवृत्तियाँ आज ज़रूर देखी जाती हैं, लेकिन वे निष्प्रभावी हैं। ऐसे में, हिन्दी क्षेत्र की विशालता से देश के अन्य प्रदेशों का डर बेबुनियाद है।

हिन्दी समुदाय की प्रगति अखिल भारतीय राष्ट्रवाद के विकास का मार्ग है। भारत की बहुराष्ट्रीयता एक सच्चाई है, तो उससे बढ़कर भारतीयता एक सचाई है। यह पानी की तरह है। तरल भी है, ठोस भी है। दोनों में 'एक तत्त्व की ही प्रधानता' है। देश के प्रत्येक समुदाय की प्रगति ही समुदायगत टकरावों के विसर्जन का मार्ग है। भारत के एक क्षेत्र के लोग दूसरे क्षेत्र का हाथ थामने के लिए नहीं बढ़ेंगे तो विदेशी पूँजी उनकी ओर आगे बढ़ेगी, संस्कृति विदेशप्रेम (एक्सनोगेमी) की ओर झुकेगी। संस्कृति की आड़ में विद्वेषी प्रजातीयता का ज़ोर बढ़ेगा। यह सब शुरू हो गया है। सौभाग्य से इससे अभी तक नुकसान नहीं हुआ है। भारत के लोग बहुलता को अन्तर्मन से स्वीकार करते हैं, और किसी-न-किसी विचार के कारण भारत से प्रतिबद्ध हैं।

राष्ट्रवाद की प्रक्रिया देश में रुक नहीं गई है। वह अभी भी विकासमान है। बेनेडिक्ट ऐंडरसन ने भी, 'कल्पित समुदाय' के रूप में राष्ट्रवाद पर विचार के कारण जिनकी पिछले दिनों खूब चर्चा हुई, स्वीकार किया है :

> *यह कहना बहुत मुश्किल है कि आज भारतीय राष्ट्रवाद चीन से कम गम्भीर हैं...यदि कोई पूछे कि यह क्यों है, विशेषकर आज के ही सन्दर्भ में। इसका उत्तर इलेक्ट्रानिक मीडिया की भूमिका पर विचार के बगै र मुश्किल है, क्योंकि आज इसे ही अधिकांश लोग व्यवहार में लाते हैं। यह ज़्यादा शक्तिशाली प्रभाव डालती है प्रिंट मीडिया की तुलना में, जो राष्ट्रवाद की वास्तविक माता रही है। टेलीविज़न समान छवियों और प्रतीकों को विभिन्न भाषाओं के माध्यम से तत्काल सम्प्रेषित करता है, यहाँ तक कि मात्र साक्षर और अल्पवयस्कों को। अधिक से अधिक लोग बिना संगीन रूप से अपनी राष्ट्रीय पहचान बदले, अलग सन्दर्भों में असाधारण स्तर के कौशल और अलग भाषाओं के व्यवहार के आदी हो जाते हैं।*[14]

राष्ट्रवाद की प्रक्रिया भारत में विकासमान अवस्था में है, जिसमें इलेक्ट्रानिक मीडिया की प्रभावी भूमिका है। लोगों ने बिना संगीन रूप से अपनी राष्ट्रीय पहचान बदले असाधारण कौशल और अलग भाषाओं को अपनाने का सन्दर्भ प्राप्त कर लिया है। ऐंडरसन की यह बात निरापद नहीं है। हम यह नहीं भूल सकते कि यही देश की आज़ादी के लिए ख़तरा भी है। यह हमारे सांस्कृतिक मानस को धूमिल करने के प्रयासों

की एक असरदार शैली है। इसके सहारे जितनी आसानी से हमारी रुचियों, सम्बन्धों, आर्थिक उम्मीदों को बदल कर 'पराधीन चेतना' का शिकार बनाया जा सकता है, उतना पहले कभी सम्भव नहीं हुआ। यह प्रक्रिया शुरू हो गई है जिसके कारण देश की सामाजिक और सांस्कृतिक प्रगति और एकता का मार्ग अवरुद्ध होने लगा है।

विचार और संस्कृति का सबसे गहरा सम्बन्ध भाषा से है। विजुअल इलेक्ट्रॉनिक मीडिया सबसे अधिक खिलवाड़ भाषा से करती है। यह इसलिए भी कि उसका मूल माध्यम भाषा नहीं है। उसे अपनी माध्यम-प्रकृति के अनुकूल भाषा बनानी होती है। यह काम भाषा की सांस्कृतिक प्रकृति को मृत्युदंड देकर किया जाता है। हिन्दी के साथ यह कुछ ज़्यादा ही दुर्भाग्यपूर्ण ढंग से हो रहा है। हिन्दी को सिनेमा से दृश्य-माध्यम में पहले से देशव्यापी सफलता मिल चुकी थी। इसका सीधा लाभ टेलीविज़न को मिला। इसका सीधा नुकसान हिन्दी को उठाना पड़ा। टेलीविज़न इसे निरा मनोरंजन की भाषा बना कर इसकी सांस्कृतिक शक्ति को छीन रही है। हमने विश्वविद्यालयों के हिन्दी विभागों के बारे में पीछे लिखा है कि वहाँ कैसे साहित्य से साहित्य को अलग कर दिया जाता है। टेलीविज़न के चैनलों को देखें तो पता चलेगा—कैसे भाषा से भाषा को अलग कर दिया जाता है! यह हिन्दी समुदाय के सामाजिक-सांस्कृतिक पुनर्गठन के समक्ष एक बड़ी चुनौती है।

ऐसा नहीं है कि इस माध्यम की ज़रूरत नहीं है। लेकिन ज़रूरत है यह दबाव पैदा करने की कि ये माध्यम अपने को हमारी सामुदायिक पहचान के अनुकूल करें। ये सांस्कृतिक और लोकतान्त्रिक विरासत को पहचानें और उनके विकास में सहायक बनें। अगर यह नहीं हुआ तो हमारे लोग या तो अन्तर्राष्ट्रीय कम्पनियों के लिए हाड़-मांस की मशीन का काम करेंगे, या आपस में लड़-भिड़ कर किसी तरह जिन्दा रहेंगे।

जहाँ तक राष्ट्रभाषा का सवाल है, अब यह गौण विषय है। हिन्दी की प्रतिस्पर्द्धा उर्दू को छोड़कर पहले भी देश की किसी भाषा से नहीं थी, अब भी नहीं है। उर्दू वाली बात भी अब नहीं रही। हिन्दुस्तानी भाषा की कल्पना भावनात्मक थी, और उससे भी अधिक राजनीतिक थी। यह उस पश्चिमी मॉडल के सेकुलरवाद के समान थी जो सार्वजनिक जीवन से जातीयता को बहिष्कृत कर देती है। इससे गोपनीयता का एक दायरा तैयार होता है। राजनीति और संस्कृति में भेद पैदा होता है। इसी के कारण भाषा के सन्दर्भ में बोलचाल की भाषा और सृजनात्मकता के बीच ज़्यादा बड़ी खाई बनी। यह बात समुदायों के उत्थान और राष्ट्रीय चेतना के विकास में अवरोध पैदा करती रही है। अब जो हो गया उसे बदला नहीं जा सकता है। उर्दू का अपना साहित्य है, और उसका विकास होना चाहिए। हिन्दी के बारे में भी यही बात कही जानी चाहिए। दोनों एक दूसरे के प्रति ग्रहणशील हों, सामाजिक-सांस्कृतिक पुनर्गठन की दृष्टि से यही बहुत है।

पिछले सौ सालों में हिन्दी का आधार बहुत व्यापक हुआ है। आज हिन्दी समुदाय अपनी भाषा से कुछ खास नहीं पा सकता तो यह बात देश के दूसरे समुदायों पर भी

लागू होती है, और ज़्यादा लागू होती है। हिन्दी से कुछ न मिले, हिन्दी के लोग हिन्दी को कुछ दे तो सकते ही हैं। अपनी भाषा में योगदान के कारण ही बंगाल और महाराष्ट्र आदि की सांस्कृतिक उन्नति हुई। पिछले डेढ़ सौ वर्षों में हिन्दी-समर्पित लोगों के कारण ही हिन्दी यहाँ तक पहुँची। इस काम को तेज़ करने की ज़रूरत है। लेकिन यह केवल निस्संग साहित्य कर्म से नहीं हो सकता। ज़मीनी काम की ज़रूरत है। हिन्दी समुदाय की अधिसंख्य निरक्षर जनता हिन्दी भाषा में शिक्षा की खूब योग्यता रखती है। लोग स्वाभाविक उत्साह से जनता को शिक्षित करें। इससे भाषा को भी शक्ति मिलेगी। साहित्यिक कर्म और ज्ञान-विज्ञान सम्बन्धी लेखन का मार्ग प्रशस्त होगा। सामाजिक-सांस्कृतिक संरचना के पुनर्गठन का काम आसान होगा। उसके बाद लोग अलग सन्दर्भों में असाधारण स्तर के कौशल के विकास और अलग भाषाओं के व्यवहार के लिए स्वतन्त्र होंगे, और एक जीवन्त मनुष्य के रूप में असली मायने में अपनी राष्ट्रीय पहचान पाने के हक़दार भी होंगे। राष्ट्रीय पहचान के लिए किसी समुदाय में पैदा होना भर पर्याप्त नहीं है।

टिप्पणियाँ और सन्दर्भ

राष्ट्रवाद : इतिहास का वैचारिक पाठ

1. देखें, रजनी पामदत्त, आज का भारत, पृ. 35-40
2. देखें, पी.व्ही. काणे. धर्मशास्त्र का इतिहास, द्वितीय भाग, पृ. 639-649
3. रवीन्द्रनाथ टैगोर, नेशनलिज्म, पृ. 64
4. जे.एस. मिल, उद्धृत, जे.ए. हाब्सन, इम्पीरियलिज़्म, पृ. 3
5. देखें, फूको, द हिस्ट्री ऑव् सेक्स्यूअलिटी, एन इंट्रोडक्शन, खंड-1 पृ. 92-96
6. पार्थ चटर्जी, द नेशन एंड इट्स फ्रैगमेंट्स, पृ. 6
7. देखें, बिपन चन्द्र, भारत का स्वतन्त्रता संघर्ष, पृ. 333
8. देखें, निम्नवर्गीय प्रसंग, भूमिका : 'पक्की से हटकर'
9. देखें, बेनेडिक्ट ऐंडरसन, इमेजिन्ड कम्यूनिटीज, पृ. 37-46
10. देखें, वही, पृ. 40
11. देखें, रामविलास शर्मा, भारतीय संस्कृति और हिन्दी प्रदेश, पृ. 709-19
12. देखें, वही, पृ. 281-86 और 701-19
13. देखें, रवीन्द्रनाथ टैगोर, नेशनलिज़्म, पृ. 59
14. देखें, बंकिमचन्द्र, बाङ्लार इतिहास सम्बन्धे कयेकटि कथन, 1880
15. फ्रांज फैनन, द रेचिड ऑव् दी अर्थ, पृ. 170
16. भारतेन्दु द्वारा सम्पादित पत्रिका 'हरिश्चन्द्र मैगजीन' के 1973 में सौ वर्ष पूरा होने पर रामविलास शर्मा ने उद्गार व्यक्त किया है–"इस हिन्दी भाषी जनता के आधुनिक जातीय जीवन के सौ वर्ष पूरे हुए हैं, आधुनिक हिन्दी भाषा और साहित्य के सौ वर्ष पूरे हुए हैं। हमारे लिए यह जातीय और राष्ट्रीय महत्त्व की घटना है।"–भारतेन्दु युग और हिन्दी विकास की परम्परा, पृ. 138
17. सुनील खिलनानी, भारतनामा, पृ. 167
18. देखें, वही
19. देखें, भारतीय संस्कृति और हिन्दी प्रदेश, खंड-2, पृ. 723, यहाँ रामविलास शर्मा ने हॉब्सबाम के इस कथन की आलोचना की है–Nationalism comes before nations.
20. किशन पटनायक, विकल्पहीन नहीं है दुनिया, पृ. 206

21. पार्थ चटर्जी, द नेशन एंड इट्स फ्रैगमेंट्स, पृ. 6
22. सुनील खिलनानी, भारतनामा, पृ. 168
23. देखें, गांधी जी, हिन्दी स्वराज, पृ. 3
24. वही, पृ. 8
25. उद्धृत, भारतनामा, पृ. 178
26. "राष्ट्रीयता के प्रति मेरा प्रेम अथवा राष्ट्रीयता की मेरी धारणा यह है कि मेरा देश स्वतन्त्र हो ताकि अगर आवश्यकता पड़े तो मानव जाति के अस्तित्व की रक्षा के लिए वह स्वयं को होम कर सके। इस धारणा में प्रजातीय घृणा का कोई स्थान नहीं है।" —महात्मा गांधी के विचार (सम्पादित), पृ. 420
27. देखें, विनय दामोदर सावरकर, हिन्दुत्व के पंच प्राण, पृ. 15
28. विनय दामोदर सावरकर, हिन्दुत्व पृ. 11
29. वही, पृ. 71
30. हिन्दुत्व के पंचप्राण, पृ. 16
31. एच. कोंह, ए हिस्ट्री ऑव् नेशनलिज्म इन ईस्ट (1924)। उद्धृत, जी. अलोयसियुस, नेशनलिज्म विदाउट ए नेशन इन इंडिया, पृ. 104
32. जोतिबा फुले का सत्यशोधक आन्दोलन, जिसे महाराष्ट्र में आम्बेडकर के महार आन्दोलन का अग्रदूत माना जाता है; बंगाल का नामाशूद्र आन्दोलन, जिसकी प्रेरणा ब्रह्मोसमाज था; कानपुर का आदि-हिन्दू आन्दोलन, जो आर्यसमाज से प्रभावित था; पंजाब का आदि-धर्म आन्दोलन, आदि। ये मूलतः समाज सुधार आन्दोलन थे
33. महात्मा जोतिबा फुले रचनावली, खंड-1, पृ. 147
34. डॉ. बाबा साहब आम्बेडकर, राइटिंग्स एंड स्पीचेज, खंड-9, पृ. 430-31, उद्धृत, रामविलास शर्मा की पुस्तक : गांधी, आम्बेडकर, लोहिया और भारतीय इतिहास की समस्याएँ, पृ. 555
35. उद्धृत, बलराम नन्दा, गांधी और उनके आलोचक, पृ. 33
36. उद्धृत, रविन्द्र कुमार का निबन्ध : गांधी, आम्बेडकर और 1932 का पूना समझौता, साँचा, मई 1988, पृ. 43-44
37. रवीन्द्रनाथ टैगोर, नेशनलिज़्म, पृ. 64
38. वही, पृ. 9
39. उल्लेखित, आशीष नन्दी, दी इलीजिटेमेशी आव् नेशनलिज़्म, पृ. 41, रिटर्न फ्राम इक्साइल में संकलित
40. उद्धृत, वही, पृ. 81
41. वही, पृ. 81-82
42. देखें, रवीन्द्रनाथ टैगोर, नेशनलिज़्म, पृ. 11
43. देखें, वही, पृ. 62
44. देखें, रोमांरोला और गांधी जी के पत्राचार, पृ. 12-13. उद्धृत, अमर्त्य सेन, दी

आर्ग्यूमेंटेटिव इंडियन, पृ. 92

45. उद्धृत, अमर्त्यसेन, दी आर्ग्यूमेंटेटिव इंडियन, पृ. 92
46. जवाहरलाल नेहरू, हिन्दुस्तान की कहानी, पृ. 63
47. वही, पृ. 67
48. ई.पी. थाम्पसन ने रवीन्द्रनाथ को 'प्रति-राजनीति' का संस्थापक कहा है। देखें, रवीन्द्रनाथ की पुस्तक 'राष्ट्रवाद' के हिन्दी संस्करण की भूमिका पृ. 17
49. जवाहरलाल नेहरू, एन आटोबायोग्राफी, पृ. 362
50. देखें, अमर्त्यसेन की पुस्तक दी आर्ग्यूमेंटेटिव इंडियन में उद्धृत पत्र, पृ. 112-13
51. मेनस्ट्रीम, अगस्त 22, 1992, पृ. 21
52. डेनिस डाल्टन, गांधी एंड राय : दॅ इन्टरएक्शन आव् आइडियोलॉजी इन इंडिया, देखें, बलराम नन्दा, गांधी जी और उनके आलोचक, पृ. 89
53. 'दो राष्ट्र' का सिद्धान्त एक असत्य है। भारत में मुसलमानों की बड़ी संख्या धर्मपरिवर्तितों की है अथवा धर्मपरिवर्तितों की सन्तान की है। वे धर्मपरिवर्तित रूप में अलग राष्ट्र नहीं हो जाते। एक बंगाली मुसलमान वही भाषा बोलता है जो बंगाली हिन्दू बोलता है, वही खाना खाता है, उसके वही शगल हैं जो उसके पड़ोसी हिन्दू के हैं। उनके पहनावे एक जैसे हैं। यह मेरे लिए अकसर मुश्किल रहा है कि बाहरी चिह्नों के आधार पर बंगाली हिन्दू और बंगाली मुसलमान में फर्क कर पाना। यही बात लगभग दक्षिण के गरीब लोगों की है जो भारत के आम लोग हैं। जब मैं पहली बार मरहूम सर अली इमाम से मिला, मैं नहीं जानता था कि वे हिन्दू नहीं हैं। उनकी भाषा, पहनावा, सलीका, उनका खान-पान सब वही था जो बहुसंख्यक हिन्दुओं का होता है। उनके नाम से ही जाहिर होता था कि वे मुसलमान हैं। सिर्फ़ उनके साथ नहीं, कायदे आजम जिन्ना के साथ भी यही है।— द कलेक्टेड वर्क्स ऑव् महात्मा गांधी, खंड-17, विद्युत चक्रवर्ती की सम्पादित पुस्तक कम्युनल आइडेंटिटी इन इंडिया से उद्धृत, पृ. 52
54. 11 अगस्त, 1947 को पाकिस्तान की संविधान सभा में दिया गया अध्यक्षीय भाषण। उद्धृत, आयन ब्राएंट वेल्स, एम्बेसडर ऑव् हिन्दू-मुस्लिम यूनिटी, जिन्नाज अर्ली पालिटिक्स, पृ. 3
55. मुहम्मद अली जिन्ना का अध्यक्षीय वक्तव्य, लाहौर, मार्च 1940, कम्युनल आइडेंटिटी इन इंडिया (सम्पादक : विद्युत चक्रवर्ती) में प्रकाशित, पृ. 56-62
56. सभापतियों के भाषण, भाग-2, पृ. 403
57. देखें, सुनील खिलनानी, भारतनामा, पृ. 176
58. चिह्नित, भिखु पारेख का निबन्ध, डिसकोर्सेज़ आन नेशनल आइडेंटिटी, विद्युत चक्रवर्ती द्वारा सम्पादित पुस्तक : कम्युनल आइडेंटिटी इन इंडिया में प्रकाशित, पृ. 118
59. देखें, पार्थ चटर्जी, नेशनलिज़्म एंड इट्स फ्रैगमेंट्स, पृ. 3

60. अन्तोनियो ग्राम्शी, प्रिज़न नोटबुक्स, पृ. 418
61. देखें, वही

राष्ट्र और उसके समुदाय

1. देखें, टेरी इगल्टन का निबन्ध 'नेशनलिज्म : आयरनी एंड कमीटमेंट, संकलित : नेशनलिज्म, कॉलनियलिज्म एंड लिटरेचर, यूनिवर्सिटी ऑव् माइनेसोटा, 1990
2. उद्धृत, के. दामोदरन, भारतीय चिन्तन परम्परा, पृ. 363-64
3. उद्धृत, सम्पादकीय, आलोचना, नवांक 79, पृ. 04
4. देउस्कर द्वारा प्रस्तुत भावार्थ, देश की बात, पृ. 70-71
5. देखें, बर्टन स्टेन, ए हिस्ट्री आव् इण्डिया (ऑक्सफोर्ड : ब्लैकवेल 1988)
6. उल्लेखित, आन्द्रे बेते, रेस, कास्ट एंड एथनिक आइडेंटिटी, विद्युत चक्रवर्ती की सम्पादित पुस्तक : कम्युनल आइडेंटिटी इन इंडिया, पृ. 130
7. एम.एन. श्रीनिवास, आधुनिक भारत में जाति, पृ. 109
8. संस्कृतीकरण की धारणा प्रसिद्ध समाजशास्त्री एम.एन. श्रीनिवास की है। उनके अनुसार संस्कृतीकरण वह प्रक्रिया है जिसके द्वारा कोई 'नीच' हिन्दू जाति, या कोई जनजाति अथवा अन्य समूह, किसी उच्च और प्राय : द्विज जाति की दिशा में अपने रीति-रिवाज, कर्मकांड, विचारधारा और जीवन-पद्धति को बदलता है। विशेष देखें श्रीनिवास की पुस्तक आधुनिक भारत में सामाजिक परिवर्तन, हिन्दी संस्करण 1967, राजकमल प्रकाशन, नई दिल्ली
9. देखें, वही
10. देखें, सुमित सरकार, आधुनिक भारत, पृ. 188
11. रोमिला थापर, हिस्ट्री आव् इंडिया, पृ. 252-53
12. प्रसन्न कुमार चौधरी/श्रीकान्त, बिहार में सामाजिक परिवर्तन के कुछ आयाम पृ.52
13. देखें, मार्क्स एंगेल्स, ऑन रिलीजन, पृ. 210
14. देखें, अमर्त्य सेन, आर्ग्यूमेंटेटिव इंडियन, पृ. 15
15. देखें, मार्क्स एंगेल्स, ऑन रिलीजन, पृ. 210
16. देखें, पृ. वही
17. देखें, हेगेल, फिलास्फी आव् हिस्टरी; मार्क्स एंगेल्स, उपनिवेशवाद के बारे में
18. देखें, अमर्त्यसेन, आर्ग्यूमेंटेटिव, इंडियन, पृ. 54
19. रवीन्द्रनाथ ने शान्तिनिकेतन में 2 अक्टूबर, 1937 को गांधी जयन्ती मनाई थी। यह निबन्ध उसी अवसर के लिए लिखा गया था। रवीन्द्रनाथ के निबन्ध, भाग-1 में संकलित, पृ. 76
20. वही,
21. उद्धृत, सखाराम गणेश देउस्कर, देश की बात, पृ. 280

22. महात्मा गांधी के विचार, पृ. 416
23. देखें, रजनी कोठारी, राजनीति की किताब, सम्पादक अभय कुमार दुबे, पृ. 226
24. देखें, गांधी जी, हिन्द स्वराज, पृ. 9
25. वहीं, पृ. 11
26. देखें, किशोरीदास वाजपेयी, हिन्दी शब्दानुशासन, पृ. 519
27. बेनेडिक्ट ऐंडरसन, वेस्टर्न नेशनलिज्म एंड इस्टर्न नेशनलिज़्म, न्यू लेफ्ट रिव्यू-9, मई-जून 2001, पृ. 41

भाषायी राष्ट्रवाद, नवजागरण और हिन्दी समुदाय

1. देखें, बेनेडिक्ट ऐंडरसन, ईस्टर्न नेशनलिज़्म एंड वेस्टर्न नेशनलिज़्म, न्यू लेफ्ट रिव्यू : 9, मई-जून-2001, पृ. 40-42
2. अन्तोनियो ग्राम्शी, प्रिजन नोटबुक्स, पृ. 349
3. देखें, पद्‌मसिंह शर्मा, हिन्दी, उर्दू और हिन्दुस्तानी, पृ. 14
4. किशोरीदास वाजपेयी, शब्दानुशासन, पृ. 520
5. उद्धृत, श्रीनारायण चतुर्वेदी, आधुनिक हिन्दी का आदिकाल, पृ. 146
6. रामविलास शर्मा, भारत की भाषा समस्या, पृ. 29
7. देखें, आचार्य रामचन्द्र शुक्ल, 'हिन्दी साहित्य का इतिहास', पृ. 279, और शिवदान सिंह चौहान, 'परिप्रेक्ष्य को सही करते हुए', पृ. 99
8. उद्धृत, रामविलास शर्मा, भारतीय साहित्य की भूमिका, पृ. 365
9. श्री चन्द्रधर शर्मा गुलेरी, पुरानी हिन्दी और शेष रचनाएँ, पृ. 328
10. उल्लेखित, सी.ए. बैली, एम्पायर एंड इनफारमेशन, पृ. 295
11. रिपोर्ट बाई द हान फ्रेडरिक शोर आन दी इन्ट्रोडक्शन ऑव् हिन्दुस्तानी इन द देवनागरी कैरेक्टर इन द सागर एंड नर्मदा टेरीटरीज, फ्रेंड ऑव् इंडिया, 13 अक्टूबर 1936. रिपोर्ट में कहा गया : (उद्धृत, रामगोपाल, स्वतन्त्रतापूर्व हिन्दी के संघर्ष का इतिहास, पृ. 17-18) : 'फ़ारसी भाषा के विरुद्ध भारी आपत्ति यह है कि साधारण जनसमूह अदालत की कार्यवाही नहीं समझ पाता। साधारण काम के लिए भी लोगों को गुमाश्ते रखने पड़ते हैं। अंग्रेजी भाषा के विरुद्ध भी यही आपत्ति उठाई जा सकती है। अच्छा तो यह होगा कि यह थोड़े से शासक लोग जनसमूह की भाषा लें, बजाय इसके कि जन समूह को थोड़े से व्यक्तियों की भाषा सीखने के लिए मजबूर किया जाए। यदि फ़ारसी को आवश्यक माना जाय तो प्रश्न यह उठेगा कि फ़ारसी के आने से पहले हिन्दू शासक अपना सरकारी काम कैसे चलाते थे? आज मराठे, नेपाली तथा अन्य सरकारें अपना काम कैसे चला रही हैं? और स्वयं हमारे कुमायूँ तथा गढ़वाल के प्रान्तों में, जहाँ पुलिस की रिपोर्ट तथा कचहरी के कागज हिन्दुस्तानी भाषा तथा नागरी लिपि में लिखे जाते हैं, काम कैसे चलता है? एक शिक्षित व्यक्ति, जिसे हिन्दुस्तानी भाषा का साधारण ज्ञान है, नागरी लिपि

सुगमता से सीख सकता है। प्रतिदिन आध घंटे के अभ्यास से कोई भी अफसर छह मास में यह भाषा उतनी आसानी से लिख पढ़ सकता है जितनी आसानी से वह अंग्रेजी लिखता पढ़ता है।'

12. देखें, क्रिस्टोफर किंग, वन लैंग्वेज; टू स्क्रिप्ट्स : द हिन्दी मूवमेंट इन नाइनटींथ सेंचुरी नार्थ इंडिया (बम्बई, 1994)
13. देखें, सी.ए. बेली, पृ. 296
14. वही
15. देखें, वही, पृ. 296-97
16. देखें, रामविलास शर्मा, भारतेन्दु युग और हिन्दी भाषा की विकास परम्परा
17. उद्धृत, रामविलास शर्मा, भारतीय साहित्य की भूमिका, पृ. 364
18. देखें, रामगोपाल, पृ. 24-25
19. देखें, जे.टी.एफ. जोर्डेन, दयानन्द सरस्वती : हिज़ लाइफ एंड आइडियाज, ऑक्सफोर्ड, नई दिल्ली, 1978
20. रामविलास शर्मा, भारतेन्दु युग और हिन्दी भाषा की विकास-परम्परा, पृ. 123
21. (क) हिन्दी-विरोधियों के विरुद्ध शिवप्रसाद सितारेहिन्द को नेता मानते हुए रामचन्द्र शुक्ल ने लिखा है (हिन्दी साहित्य का इतिहास, पृ. 295) : "हिन्दी के विरोध की यह चेष्टा बराबर बढ़ती गई। सम्वत् 1911 के पीछे जब शिक्षा का पक्का प्रबन्ध होने लगा तब यहाँ तक कोशिश की गई कि वर्नाक्यूलर स्कूलों में हिन्दी की शिक्षा जारी ही न होने पाए। विरोध के नेता थे सर सैयद अहमद साहब जिनका अँगरेजों के बीच बड़ा मान था। वे हिन्दी को एक 'गँवारी बोली' बताकर अँगरेजों को उर्दू की ओर झुकाने की लगातार चेष्टा करते आ रहे थे। इस प्रान्त के हिन्दुओं में राजा शिवप्रसाद अँगरेजों के उसी ढंग के कृपापात्र थे जिस ढंग के सर सैयद अहमद। अत : हिन्दी की रक्षा के लिए उन्हें खड़ा होना पड़ा और वे बराबर इस सम्बन्ध में यत्नशील रहे। इसमें हिन्दी उर्दू का झगड़ा बीसों वर्ष तक–भारतेन्दु के समय तक-चलता रहा।"

    (ख) दूसरी जगह लिखा (वही, पृ. 302) : पहले कहा जा चुका है कि राजा शिवप्रसाद ने उर्दू की ओर झुकाव हो जाने पर भी साहित्य की पाठ्य पुस्तक 'गुटका' में भाषा का आदर्श हिन्दी ही रखा।

    (ग) हजारीप्रसाद द्विवेदी ने लिखा है (हिन्दी साहित्य : उद्भव और विकास, पृ. 221-22) : 'रामायण', 'प्रेमसागर' आदि कुछ पुस्तकें पाठ्यक्रम में रख अवश्य दी गयीं, परन्तु इस बात का कोई प्रयत्न नहीं किया गया कि इस विषय में ज्ञान-विज्ञान की अनेक पुस्तकें छापी जायें। ऐसे ही समय में राजा शिवप्रसाद सितारेहिन्द (1823-95 ई.) शिक्षा विभाग में आये हैं। वे देवनागरी लिपि के पक्षपाती थे, परन्तु खुलकर फ़ारसी लिपि का विरोध नहीं कर सकते थे। सरकारी नौकरी होने के कारण वे सरकार की भाषा-विषयक नीति का खुल्लमखुल्ला विरोध

भी नहीं कर सकते थे। वे शुद्ध संस्कृत-मिश्रित हिन्दी लिख सकते थे। उनकी कई पुस्तकें 'मानव धर्म सार', 'योगवाशिष्ठ के चुने हुए श्लोक', 'उपनिषद् सार', 'भूगोल हस्तामलक', 'वामा मन रंजन', 'आलसियों का कोड़ा', 'विद्यांकुर', 'राजा भोज का सपना', और 'वर्णमाला' आदि बहुत शुद्ध और संस्कृत-मिश्रित हिन्दी में लिखी गई हैं।

22. देखें, वीरभारत तलवार, की पुस्तक 'रस्साकशी', और उनके द्वारा सम्पादित 'राजा शिवप्रसाद सितारेहिन्द' की भूमिका।
23. रामविलास शर्मा, भारतेन्दु हरिश्चन्द्र और हिन्दी नवजागरण की समस्याएँ, पृ. 159
24. देखें, वीरभारत तलवार, रस्साकशी, पृ. 83-89
25. श्री ब्रजरत्नदास, भारतेन्दु हरिश्चन्द्र, पृ. 203
26. भारतेन्दु-समग्र, पृ. 461
27. वीरभारत तलवार, रस्साकशी, पृ. 252
28. वही, पृ. 85
29. वीरभारत तलवार ने लिखा है : "यह लेख रामविलास शर्मा के ग्रन्थ 'भारत में अंग्रेजी राज और मार्क्सवाद', खंड एक के चौथे अध्याय 'हिन्दी प्रदेश में समाजवादी चेतना का प्रसार' (पृ. 232-331) तथा मेरे अप्रकाशित शोध ग्रन्थ 'प्रेमाश्रम और अवध का किसान आन्दोलन' के तीसरे अध्याय के एक परिच्छेद 'बोल्शेविज्म' पर आधारित है। लेखों और किताबों के उद्धरणों को छोड़कर इनवर्टेड कामा में दी गयी पंक्तियाँ रामविलासजी के ग्रन्थ की हैं। विवेचन में मेरे निष्कर्ष कहीं उन्हीं के समान हैं, कहीं उनसे भिन्न।' आलोचना, नवांक 70, जुलाई-सितम्बर 1984, पृ. 90
30. आलोचना, 70, मार्क्स अंक, जुलाई-सितम्बर 1984, पृ. 70-71
31. वीरभारत तलवार, रस्साकशी, पृ. 72
32. रामविलास शर्मा, भारतीय संस्कृति और हिन्दी प्रदेश, खंड-2, पृ. 383
33. देखें, पहल : 73, जनवरी-फरवरी : 2003, पृ. 205, 219
34. देखें, रस्साकशी, पृ. 75, 77, 119, 294
35. देखें, आलोचना : 79, अक्टूबर-दिसम्बर 1986, पृ. 7
36. वही
37. देखें, मैनेजर पांडेय, साहित्य और इतिहास-दृष्टि, पृ. 170
38. देखें, वही, पृ. 191-93
39. आलोचना : 74, शुक्ल अंक : 2, जुलाई-सितम्बर-1985, पृ. 23
40. वही
41. देखें, रस्साकशी, पृ. 121
42. देखें, वही, पृ. 127-129
43. पायोनियर, 12 नवम्बर, 2006 में चन्द्रभान का लेख जिसमें अँगरेजी को माता कहा

गया है और उसे दलितों की सफलता का मार्ग बताया गया है।

44. मैकॉले के मिनट्स ऑन एजुकेशन, प्रस्तुति चन्द्रभान प्रसाद, वाक् : वर्ष 2007 प्रवेशांक, पृ. 143-44
45. न्यू लेफ़्ट रिव्यू : 9 मई-जून, 2001. पृ. 38
46. देखें, पहल : 73, पृ. 203 और 229
47. देखें, वसुधा डालमिया, द नेशनलाइजेशन आव् हिन्दू ट्रेडिशंस : भारतेन्दु हरिश्चन्द्र एंड नाइनटींथ सेंचुरी बनारस, पृ. 430-34
48. हजारीप्रसाद द्विवेदी, हिन्दी साहित्य : उद्भव और विकास, पृ. 68
49. देखें, रामविलास शर्मा, भारत की भाषा समस्या, पृ. 285
50. रामविलास शर्मा, भारतेन्दु हरिशचन्द्र और हिन्दी नवजागरण की समस्याएँ, पृ. 139
51. देखें, वही, पृ. 140

हिन्दी समुदाय : भाषा, साहित्य और सांस्कृतिक चेतना

1. देखें, रामचन्द्र शुक्ल, हिन्दी साहित्य का इतिहास, पृ. 333-34
2. वही, पृ. 334
3. देखें, महावीरप्रसाद द्विवेदी रचनावली खंड-1, पृ. 57-59
4. देखें, आलोक राय, हिन्दी नेशनलिज़्म, अध्याय-3
5. देखें, कौंसिल में हिन्दी, महावीरप्रसाद द्विवेदी रचनावली, खंड-1, पृ. 190-200
6. वही, पृ. 195
7. वहीं, पृ. 198
8. महावीरप्रसाद द्विवेदी ने कालिदास कपूर के नाम एक पत्र में 15-2-1918 को लिखा था : "उर्दू भिन्न भाषा नहीं। अरबी-फ़ारसी के जो शब्द प्रचलित हैं उन्हें हिन्दी ही के शब्द समझता हूँ। मेरे लेख इस बात के प्रमाण हैं। पहले लोग निन्दा करते थे। कहते थे यह हिन्दी को बिगाड़ रहा है। पर अब नहीं बोलते। और लोग भी 'सरस्वती' की अब नकल करने लगे हैं।"—महावीरप्रसाद द्विवेदी रचनावली, खंड-14, पृ. 417
9. देखें, चन्द्रधर शर्मा गुलेरी, पुरानी हिन्दी और शेष रचनाएँ, पृ. 114
10. वही, पृ. 41
11. देखें, महावीरप्रसाद द्विवेदी रचनावली, खंड-1, पृ. 95-109
12. वही, पृ. 90
13. प्रेमचन्द, सेवासदन, पृ. 185
14. महावीरप्रसाद द्विवेदी रचनावली, खंड-15, पृ. 516
15. वहीं, खंड-7, पृ. 75
16. देखें, रामगोपाल, स्वतन्त्रता-पूर्व हिन्दी के संघर्ष का इतिहास, अध्याय-10
17. देखें, ताराचंद, 'हिन्दुस्तानी,' नामक निबन्ध; 'हिन्दी भाषा और नागरी लिपि' में

संकलित, पृ. 111-14
18. उद्धृत, रामगोपाल, स्वतन्त्रता-पूर्व हिन्दी के संघर्ष का इतिहास, पृ. 68
19. पद्मसिंह शर्मा, हिन्दी, उर्दू और हिन्दुस्तानी, पृ. 26-27
20. देखें, वही, पृ. 28-29
21. देखें, महावीरप्रसाद द्विवेदी रचनावली, खंड-1. पृ. 115
22. वहीं, पृ. 116
23. देखें, प्रेमचन्द के विचार, पृ. 281
24. देखें, प्रेमचन्द, साहित्य का उद्देश्य, पृ. 162
25. देखें, प्रेमचन्द के विचार, खंड-2, पृ. 289
26. देखें, प्रेमचन्द, साहित्य का उद्देश्य, पृ. 143
27. वही, पृ. 146
28. वही, पृ. 155
29. देखें, प्रेमचन्द के विचार, खंड-2, पृ. 312-13
30. प्रेमचन्द, साहित्य का उद्देश्य, पृ. 142
31. रामचन्द्र शुक्ल, चिन्तामणी-3, पृ. 240-41
32. देखें, रामविलास शर्मा, महावीरप्रसाद द्विवेदी और हिन्दी नवजागरण, पृ. 121
33. रामविलास शर्मा, आचार्य रामचन्द्र शुक्ल और हिन्दी आलोचना, पृ. 185
34. महावीरप्रसाद द्विवेदी रचनावली, खंड-15, पृ. 354
35. देखें, भारतभारती की प्रस्तावना, पृ. 9
36. शमशेरबहादुर सिंह, कुछ गद्य रचनाएँ, पृ. 40-41
37. मैथिलीशरण गुप्त, भारतभारती, पृ. 111
38. वही, पृ. 91
39. वही, पृ. 186
40. देखें, रामविलास शर्मा, महावीरप्रसाद द्विवेदी और हिन्दी नवजागरण, पृ. 270
41. वही, पृ. 292-93
42. प्रेमचन्द, साहित्य का उद्देश्य, पृ. 172
43. रामचन्द्र शुक्ल, हिन्दी साहित्य का इतिहास, पृ. 165
44. फूको, हिस्ट्री ऑव् सेक्स्युअलिटी, खंड-1, देखें, प्रथम अध्याय—वी 'अदर विक्टोरियन्स'
45. हजारीप्रसाद द्विवेदी, हिन्दी साहित्य की भूमिका, पृ. 103
46. वही, पृ. 112-13
47. देखें, रामविलास शर्मा, परम्परा का मूल्यांकन पृ. 100-101
48. देखें, रामविलास शर्मा, हिन्दी जाति का साहित्य
49. रामचन्द्र शुक्ल, चिन्तामणि-3, पृ. 228
50. वही, पृ. 229

51. रामचन्द्र शुक्ल, चिन्तामणी, पृ. 70
52. देखें, वही, पृ. 71
53. देखें, वही, पृ. 111
54. वही, पृ. 110-12
55. देखें, रामचन्द्र शुक्ल, हिन्दी साहित्य का इतिहास, पृ. 43
56. रामचन्द्र शुक्ल, जायसी ग्रन्थावली, पृ. 1
57. रामचन्द्र शुक्ल, हिन्दी साहित्य का इतिहास, पृ. 71
58. वही, पृ. 150
59. रामचन्द्र शुक्ल, चिन्तामणि-3, पृ. 110
60. रामविलास शर्मा, हिन्दी जाति का साहित्य, पृ. 134
61. रामविलास शर्मा, महावीरप्रसाद द्विवेदी और हिन्दी नवजागरण, पृ. 18
62. जयशंकर प्रसाद, काव्य और कला तथा अन्य निबन्ध, पृ. 58
63. वही, पृ. 58-59
64. निराला रचनावली-6, पृ. 233
65. वही
66. देखें, नामवर सिंह, छायावाद, पृ. 77
67. देखें, रामविलास शर्मा, 'जातीयता और हिन्दी' अध्याय, निराला की साहित्य साधना, खंड-2
68. रामविलास शर्मा, प्रेमचन्द और उनका युग, पहले संस्करण की भूमिका
69. वही, 1993 संस्करण की भूमिका
70. डॉ. धर्मवीर, प्रेमचन्द : सामन्त का मुंशी, पृ. 80
71. अनन्तमूर्ति का लेख "ब्राह्मण और शूद्र प्रज्ञा : कन्नड़ सन्दर्भ में", आलोचना-20, जनवरी-मार्च-1972, पृ. 17
72. मैनेजर पांडेय, साहित्य और इतिहास-दृष्टि, पृ. 192
73. यह बात मुझसे बातचीत में कही गई है। देखें, पहल-50, अक्टूबर-दिसम्बर, 1994, पृ. 8
74. देखें, रामविलास शर्मा, मेरे साक्षात्कार, पृ. 334-35

राष्ट्र का वर्तमान और हिन्दी समुदाय

1. देखें, अमर्त्य सेन, दी आर्ग्यूमेंटेटिव इंडियन, पृ. 115-16
2. देखें, रामविलास शर्मा, मेरे साक्षात्कार, पृ. 240, 250, 271, 313
3. वही, देखें, पृ. 235, 271
4. देखें, हंटर कमीशन के समक्ष भारतेन्दु का वक्तव्य, रामगोपाल की पुस्तक : स्वतन्त्रता पूर्व हिन्दी के संघर्ष का इतिहास, पृ. 88
5. देखें, महावीरप्रसाद द्विवेदी रचनावली, पृ. 356-57

6. देखें, प्रेमचन्द के विचार, भाग-2, पृ. 208-9
7. निराला रचनावली, खंड-2, पृ. 167-68
8. देखें, वाद विवाद और संवाद में लेख 'विश्वविद्यालय में हिन्दी'
9. देखें, किशन पटनायक, विकल्पहीन नहीं है दुनिया, पृ. 206
10. रामचन्द्र शुक्ल, चिन्तामणि-3, पृ. 274
11. देखें, अमर्त्य सेन, दी आर्ग्यूमेंटेटिव इंडियन, पृ. 116-17
12. रवीन्द्रनाथ की 'राष्ट्रवाद' पुस्तक की भूमिका, पृ. 10, यह भूमिका अंग्रेजी पुस्तक 'नेशनलिज़्म' में शामिल नहीं है
13. हजारीप्रसाद द्विवेदी, कल्पलता, पृ. 109
14. बेनेडिक्ट ऐंडरसन, वेस्टर्न नेशनलिज़्म एंड इस्टर्न नेशनलिज्म, न्यू लेफ्ट रिव्यू-9, मई-जून, 2001, पृ. 42

संदर्भिका

हिन्दी एवं हिन्दी में अनूदित

अमीन, शाहिद/ पांडेय, ज्ञानेन्द्र (सं.) 2002, निम्नवर्गीय प्रसंग-2, राजकलम प्रकाशन, नई दिल्ली।

काणे, पाण्डुरंग वामन, धर्मशास्त्र का इतिहास, द्वितीय भाग, उत्तर प्रदेश हिन्दी संस्थान, लखनऊ।

कोठारी, रजनी, 2003, राजनीति की किताब (सम्पादक : अभय कुमार दुबे), वाणी प्रकाशन, नई दिल्ली।

खिलनानी, सुनील, 2001, भारतनामा, राजकमल प्रकाशन, नई दिल्ली।

गांधी जी. महात्मा गांधी के विचार (सं. प्रभु, आर. के./ राव, यू. आर.), 2005, नेशनल बुक ट्रस्ट, दिल्ली।

गांधी जी, 1995, हिन्द स्वराज, नवजीवन प्रकाशन मन्दिर, अहमदाबाद।

गुप्त, मैथिलीशरण, 2004, भारत-भारती, साहित्य सदन, झाँसी।

गुलेरी, चन्द्रधर शर्मा, 1988, पुरानी हिन्दी और शेष रचनाएँ (सम्पादक : मनोहर लाल), किताब घर, नई दिल्ली।

चन्द्र, बिपन, 1993, भारत का स्वतन्त्रता संघर्ष, हिन्दी माध्यम कार्यान्वय निदेशालय, दिल्ली विश्वविद्यालय।

चतुर्वेदी, श्रीनारायण, 1973, आधुनिक हिन्दी का आदिकाल. हिन्दुस्तान एकेडेमी, इलाहाबाद।

चौधरी, प्रसन्न कुमार/श्रीकान्त, 2001, बिहार में सामाजिक परिवर्तन के कुछ आया, वाणी प्रकाशन, नई दिल्ली।

चौहान, शिवदान सिंह, 1999, परिप्रेक्ष्य को सही करते हुए, वाणी प्रकाशन, नई दिल्ली।

टैगोर, रवीन्द्रनाथ के निबन्ध, 1977, साहित्य अकादेमी, नई दिल्ली।

टैगोर, रवीन्द्रनाथ, 2005, राष्ट्रवाद, नेशनल बुक ट्रस्ट, नई दिल्ली।

डॉ. धर्मवीर, 2005, प्रेमचन्द : सामन्त का मुंशी, वाणी प्रकाशन, नई दिल्ली।

तलवार, वीरभारत, 2002, रस्साकशी, सारांश प्रकाशन, नई दिल्ली।

तलवार, वीरभारत, 2005, राजा शिवप्रसाद सितारेहिन्द, नेशनल बुक ट्रस्ट, नई दिल्ली।

दामोदरन, के. भारतीय चिन्तन परम्परा, पीपुल्स पब्लिशिंग हाउस, नई दिल्ली।

द्विवेदी, महावीरप्रसाद, 1995, महावीरप्रसाद द्विवेदी रचनावली (15 खंडों में) किताबघर, नई दिल्ली।
द्विवेदी, हजारीप्रसाद, 1979, हिन्दी साहित्य की भूमिका, राजकमल प्रकाशन, नई दिल्ली।
द्विवेदी, हजारीप्रसाद, 1983, कल्पलता, राजकमल प्रकाशन, नई दिल्ली।
द्विवेदी, हजारीप्रसाद, 1987. हिन्दी साहित्य उद्भव और विकास, राजकमल प्रकाशन, नई दिल्ली।
देउस्कर, सखाराम गणेश, 2005, देश की बात, नेशनल बुक ट्रस्ट, इंडिया, नई दिल्ली।
नन्दा, बलराम, 1995, गांधी और उनके आलोचक, सारांश प्रकाशन, नई दिल्ली।
निराला रचनावली (खंड-2, 6), 1998, सम्पादक : नन्दकिशोर नवल, राजकमल प्रकाशन, नई दिल्ली।
नेहरू, जवाहरलाल, 1889, हिन्दुस्तान की कहानी, सस्ता साहित्य मंडल प्रकाशन, दिल्ली।
पटनायक, किशन, 2001, विकल्पहीन नहीं है दुनिया, राजकमल प्रकाशन, नई दिल्ली।
पन्त, सुमित्रानन्दन, 1977, तारापथ, लोकभारती प्रकाशन, इलाहाबाद।
पांडेय, मैनेजर, 1981, साहित्य और इतिहास दृष्टि, पीपुल्स लिटरेसी, नई दिल्ली।
पामदत्त, रजनी, 1977, आज का भारत, मैकमिलन, नई दिल्ली।
प्रेमचन्द, 1967, साहित्य का उद्देश्य, हंस प्रकाशन, इलाहबाद।
प्रेमचन्द, 1986, सेवासदन, हिन्द पॉकेट बुक्स, नई दिल्ली।
प्रेमचन्द के विचार (तीन भागों में), 2003, प्रकाशन संस्थान, नई दिल्ली।
प्रसाद, जयशंकर, 1983, काव्य और कला तथा अन्य निबन्ध, प्रसाद मन्दिर, वाराणसी।
प्रसाद, जयशंकर, 1998, कामायनी. जनभारती प्रकाशन, इलाहाबाद।
फुले, महात्मा जोतिबा, फुले रचनावली (दो भागों में), 2002, वाणी प्रकाशन, नई दिल्ली।
ब्रजरत्नदास, 1962, भारतेन्दु हरिशचन्द्र, हिन्दुस्तानी एकेडेमी, इलाहाबाद।
भारतेन्दु समग्र, 1989, हिन्दी प्रचारक संस्थान, वाराणसी।
मलयज (सं.), 1989, शमशेर बहादुर सिंह की कुछ रचनाएँ. सम्भावना प्रकाशन, हापुड़।
मार्क्स-एगेल्स, 1973, उपनिवेशवाद के बारे में, प्रगति प्रकाशन, मास्को।
रामगोपाल, 1964, स्वतन्त्रता-पूर्व हिन्दी के संघर्ष का इतिहास, हिन्दी साहित्य सम्मेलन, प्रयाग।
वाजपेयी, किशोरीदास, सम्वत् 2033, हिन्दी शब्दानुशासन, नागरी प्रचारिणी सभा, वाराणसी।
शर्मा, पद्म सिंह, 1951, हिन्दी उर्दू और हिन्दुस्तानी, हिन्दुस्तानी एकेडेमी, इलाहाबाद।
शर्मा, रामविलास, 1972, निराला की साहित्य साधना, खंड-2, राजकमल प्रकाशन, नई दिल्ली।
शर्मा, रामविलास, 1973, रामचन्द्र शुक्ल और हिन्दी आलोचना, राजकमल प्रकाशन, नई दिल्ली।
शर्मा, रामविलास, 1975, भारतेन्दु युग और हिन्दी भाषा की विकास परम्परा, राजकमल

प्रकाशन, नई दिल्ली।
शर्मा, रामविलास, 1977, महावीरप्रसाद द्विवेदी और हिन्दी नवजागरण, राजकमल प्रकाशन, नई दिल्ली।
शर्मा, रामविलास, 1978, भारत की भाषा समस्या, राजकमल प्रकाशन, नई दिल्ली।
शर्मा, रामविलास, 1981, परम्परा का मूल्यांकन, राजकमल प्रकाशन, नई दिल्ली।
शर्मा, रामविलास, 1986, हिन्दी जाति का साहित्य, राजपाल एण्ड सन्स, नई दिल्ली।
शर्मा, रामविलास, 1993, (छात्र संस्करण) प्रेमचन्द और उनका युग, राजकमल प्रकाशन, नई दिल्ली।
शर्मा, रामविलास, 1994, मेरे साक्षात्कार, किताबघर, नई दिल्ली।
शर्मा, रामविलास, 1996, भारतीय साहित्य की भूमिका, राजकमल प्रकाशन, नई दिल्ली।
शर्मा, रामविलास, 1999, भारतेन्दु हरिश्चन्द्र और हिन्दी नवजागरण की समस्याएँ, राजकमल प्रकाशन, नई दिल्ली।
शर्मा, रामविलास, 2000, गांधी, आम्बेडकर, लोहिया और भारतीय इतिहास की समस्याएँ, राजकमल प्रकाशन, नई दिल्ली।
शर्मा, रामविलास, 2001, ऐतिहासिक भाषाविज्ञान और हिन्दी भाषा, राजकमल प्रकाशन, नई दिल्ली।
शर्मा, रामविलास, 2001, भारतीय संस्कृति और हिन्दी प्रदेश, खंड-2, किताबघर, नई दिल्ली।
शुक्ल, रामचन्द्र, सम्वत् 2042, हिन्दी साहित्य का इतिहास, नागरी प्रचारिणी सभा, काशी।
शुक्ल, रामचन्द्र, 1983, चिन्तामणि-3, राजकमल प्रकशन, नई दिल्ली।
श्रीनिवास, एम. एन. 1998, आधुनिक भारत में सामाजिक परिवर्तन, राजकमल प्रकाशन, नई दिल्ली।
श्रीनिवास, एम.एन. 2004, आधुनिक भारत में जाति, राजकमल प्रकाशन, नई दिल्ली।
सरकार, सुमित, 1992, आधुनिक भारत, राजकमल प्रकाशन, नई दिल्ली।
सभापतियों के भाषण (तीन भाग), हिन्दी साहित्य सम्मेलन, इलाहाबाद।
सहाय, शिवपूजन/शर्मा, नलिनविलोचन, 1960, अयोध्याप्रसाद खत्री स्मारक ग्रन्थ, बिहार राष्ट्रभाषा-परिषद, पटना।
सावरकर, विनायक दामोदर, 1983, हिन्दुत्व के पंच प्राण, भारतीय साहित्य सदन, नई दिल्ली।
सावरकर, विनायक दामोदर, 1991, हिन्दुत्व, राजधानी ग्रन्थगार, नई दिल्ली।
सिंह, नामवर, 1979, छायावाद, राजकमल प्रकाशन, नई दिल्ली।
सिंह, नामवर, 1989, वाद विवाद संवाद, राजकमल प्रकाशन, नई दिल्ली।

अँगरेज़ी एवं अँगरेज़ी में अनूदित

Aloysius, G. 2004, Nationalism Without a Nation in India. Oxford University

Press, New Delhi.
Anderson, Benedict, 1983, Imagined Communities. Verso, London.
Benjamin, Walter, 1982, Illuminations. Fontana/Collins.
Benjamin, Walter, 1986, Reflections. Schocken Books, New York.
Bates, Crispin, 2003, Community, Empire and Migration. Orient Longman, New Delhli.
Bayly, C.A. 1999, Empire And Information. Cambridge University Press, New Delhi.
Chakrabarty, Bidyut. (Ed.) 2006, Communal Identity in India. Oxford University Press, New Delhi.
Chatterjee, Partha.1999, The Nation & Its Fragments. Oxford University Press, New Delhi.
Dalmia, Vasudha, 2005, The Nationalization Of Hindu Traditions : Bhartendu Harishchandra Nineteenth Century Banaras. Oxford University Press, New Delhi.
Deane, Seamus. (Ed.), 1992, Nationalism, Colonialism and Literature. University of Minnesota Press, Minneapolis.
Fanon, Frantz, 1974, The Wretched of the Earth. Penguin Books.
Foucault, Michel,1990, The History of Sexuality Volume 1: An Introduction. Vintage Books, New York.
Gramsci, Antonio, 1987, Prison Notebooks. International Publishers, New York.
Hobson J.A. 2006, Imperialism. Gaur Publishers, Delhi.
Jordon, J.T.F. 1978, Dayanand Saraswati : His Life and Ideas. Oxford, New Delhi.
King, Cristopher, 1994, One Language, two Scripts : The Hindi Movement in 19th Century North India. Bombay.
Marx, Engels.1976, On Religion. Progress Publishers, Moscow.
Minault, Gail. 1999, The Khilafat Movement. Oxford University Press, New Delhi.
Nandy, Ashish. 2005, Return from Exile. Oxford University Press, New Delhi.
Nehru, Jawaharlal, An Autobiography. Oxford University Press, London.
Rai, Alok. 2002, Hindi Nationalism. Orient Longman, New Delhi.
Sen, Amartya. 2005, The Argumentative Indian. Penguin Books.

Said, Edward W. 1994, Representations of the Intellectual. Vintage Books, New York.

Sathyamurthy, T.V. (Ed.), 2000. Region, Religion, Caste, Gender and Culture in Contemporary India. Oxford India, Delhi.

Stane, Burton. 1998, A History of India. Oxford : Blackwell.

Tagore.1985, Nationalism. Macmillan India Press, Madras.

Thapar, Romila. 1977, A History of India. Penguin Books.

Wells, Ian Bryant. 2005, Ambassador of Hindu-Muslim Unity: Jinnah's Early Politics. Permanent Black, Delhi.

पत्रिकाएँ

हिन्दी

आलोचना, नवांक : 20, 70, 74, 79

पहल, 50, 73

वाक्, वर्ष 2007, प्रवेशांक।

अँगरेज़ी

Mainstream, August. 22, 1992.

New Left Review-9. 2001.

Pioneer. New Delhi. 12 Nov. 2006.

अनुक्रमणिका

अ

अक्षय कुमार दत्त, 42
अनन्त मूर्ति, 101
अमर्त्य सेन, 32, 49-50, 103-104, 106
अब्दुल मजीद, 81
अब्दुल रहीम खानखाना, 94, 97-98
अमीर खुसरो, 94, 99
अयोध्या प्रसाद खत्री, 62, 83-84
अवनीन्द्रनाथ ठाकुर, 27
असहयोग आन्दोलन, 26

आ

आम्बेडकर, 28-30
आर्य समाज, 23, 28, 65
आशीष नंदी, 32

इ

इंडियन प्रेस, 82
इलेक्ट्रॉनिक मीडिया, 108-109
इंशा अल्ला खाँ, 62
इक़बाल, 36

ए

एंगेल्स, 35
एडम, एम.ए.टी., 64
एडवर्ड डब्ल्यू. सईद, 79

क

कबीर, 22, 34, 87
कम्युनिस्ट, 35
कांग्रेस, 19, 23, 25-26, 28-30, 39, 50, 53-54, 68, 71, 91
कार्ल मानहाइम, 57
कालिदास कपूर, 118 टि.
काशी नागरी प्रचारिणी, 80
काशी विश्वविद्यालय, 82
किदवई, एस.आर., 61
किशन पटनायक, 25, 106
किशोरीदास वाजपेयी, 55
किशोरीलाल गोस्वामी, 62
कुतुबन, 98
केशवचन्द्र सेन, 65
कोंडा वैंकटप्पया, 54
कोंह, एच. 28

ख

खिलाफ़त आन्दोलन, 26-27

ग

गाँधीजी, 25-26, 30-34, 37-39, 50-53, 68, 86, 101
गार्सां द' तासी, 85
गिलक्राइस्ट, 66
गेल ओम्वेदत्, 46

गोखले, 26
ग्राम्शी, 58
ग्रियर्सन, 64

घ
घनानन्द, 92

च
चन्द्रधर शर्मा गुलेरी, 62, 82
चन्द्रभान प्रसाद, 75
चन्द्रशेखर शुक्ल, 94
चैतन्य, 22, 34, 52

छ
छायावाद, 98-100

ज
जमाना, 87
जाति (कास्ट)
—कायस्थ, 46-47, 63
—कुर्मी, कोइरी, गुर्जर, जाट, 47
—पाटीदार, 48
—बैध, 48
—बनिया, 48
—ब्राह्मण, 47-48, 63
—भूमिहार, 47
—यादव (गोप), 48
—राजपूत, 47-48
जयशंकर प्रसाद, 98-100
जहाँगीर, 99
जायसी, 52, 57, 72, 97-98
जॉन शेक्सपियर, 64
जॉन स्टुअर्ट मिल, 17
जिन्ना, 35-39, 66
जे.ए. डबाय, 43
जोतिबा फुले, 28-29, 34, 46

ड
डॉ. धर्मवीर, 74, 101-102

त
तत्वबोधिनी सभा / पत्रिका, 42
तिलक, 25, 53, 71
तुकाराम, 34, 52
तुलसीदास, 34, 52, 64, 72, 78, 87, 96-98, 100

थ
थाम्पसन, ई.पी., 107
थाम्पसन, जे.टी., 63-64

द
दयानन्द सरस्वती, 55, 65
दादाभाई नौरोजी, 34
देव, 92
देवेन्द्रनाथ ठाकुर, 42

ध
धर्म—
—चार्वाक, 51
—बौद्ध, जैनी, ईसाई और इस्लाम, 49, 51
—सिख, 17, 51
—हिन्दू, 49-51

न
नज़ीर, 94
नस्लवाद, 22
नानक, 22, 34
नामवर सिंह, 73, 94, 100, 105

निराला, 73, 74, 88, 94, 98-100, 104-105
नेहरू, 32-34, 37, 39, 51, 100, 103

प

पटेल, 37
पट्टाभि सीतारामैया, 54
पंत, सुमित्रानंन, 100
पद्मसिंह शर्मा, 85
पद्माकर, 92
पार्थ चटर्जी, 18, 25, 41
प्रेमधन, उपाध्याय बदरीनारायण, 94-96
प्रिंट कैपिटालिज़्म, 20-21
प्रिंट मीडिया, 57, 108
पूना समझौता, 31
प्रेमचंद, 74, 82, 84, 86-89, 92, 94, 98-101, 104-5
प्रेमसागर, 64

फ

फूको, 17, 93
फेडरिक जॉन शोर, 63
फै ल्न, 64
फोर्ट विलियम कॉलेज, 77
फ्रांज फैनन, 22

ब

बंकिमचंद्र, 22, 26-27, 104
बंगभंग, 53-54
बंगदूत, 64
बालकृष्ण भट्ट, 88
बिपन चंद्र, 34
बिहारी, 92
बेनेडिक्ट ऐंडरसन, 20-21, 56, 76, 108
बैली, सी.ए., 63
ब्राह्मोसमाज, 23, 42, 65, 69
ब्रजरत्न दास, 68
ब्राह्मणीकरण, 49

भ

भक्ति आन्दोलन, 22, 52
भारतेन्दु, 62, 65-74, 76-78, 79, 83, 88, 91, 100, 104
—कालचक्र, 70
—भारत दुर्दशा, 68
—हरिश्चंद्र मैगजीन (हरिश्चंद्र चंद्रिका), 62, 70
भूदेव मुखोपाध्याय, 65
भूषण, 96
भोज, 93

म

मजुमदार, आर.सी. 98
मतिराम्, 92
मदनमोहन मालवीय, 80
महाभारत, 50
महावीर प्रसाद द्विवेदी, 79-85, 88-89, 91-93, 98, 104, 106
मार्क्स / मार्क्सवाद, 34-35
माखनलाल चतुर्वेदी, 38
मानवेंद्रनाथ राय, 35, 53
मीर, 60, 84, 94
मीरा, 57
मुसद्दस, 90
मुस्लिम लीग, 19, 26, 36, 71
मेकडॉनल, 80
मैकाले, 75
मैथिलीशरण गुप्त, 82
—भारत भारती, 82, 88, 90-91
मैनेजर पाण्डेय, 73, 102

र
रजनी कोठारी, 52
रजनी पामदत्त, 15
रजा अली, 81
रविभूषण, 73, 76
रवीन्द्रनाथ ठाकुर, 13, 17, 21-22, 31-34, 50, 100, 103-4, 106-107
रसलीन (गुलाम नबी), 94
रहमत अली, 36
रहीम, 94, 97-98
राजेन्द्रलाल मित्र, 65
रानाडे, 69
रानी केतकी की कहानी, 62
रामचन्द्र शुक्ल, 66, 74, 79, 87-89, 92, 94-98, 104-106
राममोहन राय, 32, 34, 41-2, 64-5
रामविलास शर्मा, 9, 21, 23-25, 61, 64, 66, 69-74, 79, 88-89, 91-94, 98, 100-102, 103-104, 106, 117 टि.
राष्ट्रवाद और उपनिवेशवाद, 16-20, 21
रीतिवाद, 91-93
रूसो, 57
रोमिला थापर, 47

ल
लक्ष्मीशंकर मिश्र, 62
लल्लू लाल जी, 64
लाला लाजपत राय, 53
लाला सीताराम बी.ए., 62
लुइस डुमोंट और ई.आर. लीच, 45

व
वली दकनी, 94
वसुधा डालमिया, 76-78
वादोक्त धर्मप्रकाश, 43
वाल्टर बेंजामिन, 79
विक्टोरियन नैतिकता, 93
विद्यापति, 57, 96
विद्यासागर, 69, 104
विपिनचन्द्र पाल, 53
विलियम कारपेट्रिक, 63
वीरभारत तलवार, 66-71, 69-71, 73-76, 88

श
शिवप्रसाद सितारेहिन्द, 62, 65-70, 72, 83, 116 टि.
शेरशाह, 98
शृंगारिकता, 92-93
श्रीनिवास एम.एन. 45, 114 टि.

स
संस्कृतीकरण और पश्चिमीकरण, 46-48, 114 टि.
सखाराम गणेश देउस्कर, 43
सत्तावन की क्रांति, (1857), 19, 24, 69, 79
सत्यसोधक समाज, 28, 46
सबाल्टर्न, 20, 35
सर सैयद अहमद, 19, 66, 69, 116 टि.
सरस्वती, 79, 82, 89
सावरकर, विनायक दामोदर, 27-28
सार्वभौकितावाद, 22
सुनील खिलनानी, 23, 25, 39
सुब्रह्मण्य भारती, 100
सुरेन्द्रनाथ बनर्जी, 71
सूरदास, 52, 72, 77, 87, 96
सैमुअल हटिंग्टन, 49
सौदा, 84, 94

स्वामी श्रद्धानंद, 28

ह

हजारीप्रसाद द्विवेदी, 66, 74, 93-94, 107
हॉब्सबाम, 111 टि.
हाल, 93
हाली, 90
हिन्दुत्व, 27, 31, 35
हिन्दुस्तानी, 85-87
हिन्दू पुनरुत्थानवाद, 19
हिन्दू राष्ट्र, 27
हुमायूँ कबीर, 31
हुसेन शाह, 98
हेर्डर, 57

●●●